Knaur

Von Hans-Jörg Uther herausgegeben außerdem erschienen:

Die schönsten Märchen von Himmel und Hölle
Die schönsten Märchen von Müttern und Töchtern
Die schönsten Weihnachtsmärchen
Die schönsten Märchen von Sonne, Mond und Sternen
Die schönsten Märchen vom Heilen
Die schönsten Märchen von Liebe und Sehnsucht
Die schönsten Märchen vom Essen und Trinken
Die schönsten Märchen von schlauen Katzen und listigen Katern
Großmutters schönste Märchen

Über den Herausgeber:

Prof. Dr. Hans-Jörg Uther, geboren 1944, gehört zu den bekanntesten Märchenexperten Deutschlands. Er lehrt an der Universität Essen Literaturwissenschaft und ist tätig in der Redaktion der »Enzyklopädie des Märchens«, einer Arbeitsstelle der Göttinger Akademie der Wissenschaften. Die Reihe »Die Märchen der Weltliteratur« betreut er als Herausgeber. Er ist Mitherausgeber der internationalen Zeitschrift »Fabula«, Autor zahlreicher Beiträge zur Erzählforschung und hat bedeutende Märchen- und Sagensammlungen veröffentlicht, darunter eine vierbändige kommentierte Ausgabe der Grimmschen »Kinder- und Hausmärchen«.

Die schönsten Märchen von Elfen und Feen

Zusammengestellt und herausgegeben von
Hans-Jörg Uther

Knaur

Besuchen Sie uns im Internet:
www.knaur.de

Vollständige Taschenbuchausgabe 2001
Droemersche Verlagsanstalt Th. Knaur Nachf., München

Umschlaggestaltung: ZERO Werbeagentur München
Satz: Ventura Publisher im Verlag
Druck und Bindung: Clausen & Bosse, Leck
Printed in Germany
ISBN 3-426-62083-9

2 4 5 3 1

INHALT

Die erzürnten Elfen

Wer nicht beständig in Furcht vor den Geistern lebt, der tut wohl, gewißlich haben sie dann weniger Gewalt über den Menschen; wer aber gar keine Rücksicht auf sie nimmt oder gar nicht an sie glaubt, der handelt sehr unklug, sei es Mann, Weib oder Kind.

Es heißt mit Recht: »An guten Sitten trägt keiner schwer«, oder: »Artigkeit kostet kein Geld«; und doch gibt es Menschen, die so verstockt sind, daß sie sich einer Artigkeit schämen. Diese sollten sich an Caroll O'Daly ein Beispiel nehmen. Das war ein junger Bursche aus Connaught, groß und stark gewachsen und in seiner Heimat gewöhnlich Teufel Daly genannt.

Er pflegte von einem Ort zum andern zu ziehen, ohne daß irgendeine Furcht ihn zurückhielt. Er ging zu jeder Stunde der Nacht über einen verfallenen Kirchhof oder sonst einen Platz, wo die Elfen gerne hausten. Auch trat er aus einer Wohnung in die andere, ohne das Zeichen des Kreuzes zu machen oder »Glück auf« zu sagen.

Es begab sich, daß er einmal in der Grafschaft Limerick umherzog und sich auf dem Weg nach der ehrwürdigen Stadt Kilmallock befand.

Gerade am Fuße von Knockfierna erreichte er einen Mann von würdigem Aussehen, der auf einem weißen Pferdchen dahintrabte. Die Nacht war herangekommen, und nachdem sie sich gegenseitig mit Artigkeit gegrüßt hatten, ritten sie eine Zeitlang nebeneinander her, ohne viel Worte zu wechseln.

Endlich fragte Caroll O'Daly seinen Gefährten, wie weit er noch reite.

»Nicht lange mehr Euern Weg«, antwortete der Pächter, von dem er das Aussehen hatte, »ich will bloß auf die Spitze dieses Berges.«

»Und was treibt Euch in der Nachtzeit dahin?« fragte O'Daly.

»Wenn Ihr's doch wissen wollt«, antwortete der Pächter, »das stille Volk.«

»Die Elfen meint Ihr?« rief O'Daly.

»Redet leise!« sagte der andere, »oder es könnte Euch übel bekommen.« Mit diesen Worten wendete er sein Pferdchen seitwärts nach einem schmalen Pfad, der den Berg hinaufführte, indem er dem Caroll gute Nacht und glückliche Reise anwünschte.

»Der Gesell«, dachte Caroll, »hat nichts Gutes vor in dieser lieben Nacht, und ich wollte darauf schwören, es treibt ihn zu dieser Stunde etwas ganz anderes auf den Berg als die Elfen oder das stille Volk!«

»Die Elfen!« wiederholte er. »Sollte ein vernünftiger Mensch den kleinen Rotkäppchen nachlaufen? Einige behaupten wohl, daß es solche Geschöpfe gibt, andere leugnen es. Soviel weiß ich aber, daß mich kein Dutzend davon erschrecken sollte, ja keine zwei Dutzend, wenn sie nicht größer sind, als ich sagen höre.«

Während diese Gedanken ihm durch den Kopf gingen, richtete er seine Augen beständig auf den Berg, hinter welchem der Vollmond in aller Pracht aufstieg. Er bemerkte auf einer Erhöhung gerade vor der Mondscheibe die schwarze Gestalt eines Mannes, der ein Pferd leitete, und zweifelte nicht, daß dies derselbe Mann sei, mit dem er des Weges gekommen war.

Der Entschluß, ihm zu folgen, fuhr blitzschnell durch seine Seele; Mut und Neugierde zusammen hatten jede Bedenklichkeit verscheucht. Ein Lied vor sich hin brummend, stieg er ab, band sein Pferd an einen alten Dornstamm und stieg unerschrocken den Berg hinan. Er folgte dem Pfade in der Richtung, die der Mann mit dem Pferdchen genommen hatte; dann und wann erblickte er ihn wieder und nahm ihn zu seinem Ziel. Beinahe drei Stunden lang stieg er mühsam auf dem rauhen und manchmal sumpfigen Pfad, bis er endlich zu einem grünen Rasen auf der Spitze des Berges gelangte, wo er das Pferdchen in aller Freiheit und Ruhe grasen sah. O'Daly schaute sich rings nach dem Reiter um, er war nirgends zu sehen. Bald aber entdeckte er in der Nähe des Pferdchens eine Öffnung in dem Berg, gleich der Mündung eines tiefen Schachts, und erinnerte sich, in seiner Kindheit manche Erzählungen von der schwarzen Höhle des Berges Knockfierna gehört zu haben: sie sei der Eingang zu der Wohnung, welche das stille Volk mitten im Berg innehabe, und einmal sei ein Mann namens Ahern, Landmesser in diesem Teil der Grafschaft, welcher mit einer Schnur versucht habe, die Tiefe der Höhlung zu ergründen, an ebendieser Schnur hinabgezogen worden, ohne daß man je wieder etwas von ihm gehört habe, und manches andere dieser Art. »Das sind alte Weibergeschichten!« dachte O'Daly, »und da ich den weiten Weg gemacht habe, so will ich an die Haustüre klopfen und sehen, ob die Geister daheim sind.«

Und ohne sich weiter zu bedenken, faßte er einen gewaltigen Stein, so dick, ja so dick als seine beiden Hände, und schleuderte ihn mit aller Kraft in die Öffnung. Er hörte, wie er hinabsprang und von einem Felsen zum andern mit gewaltigem Getöse abprallte; er bog sein Gesicht vor, um zu vernehmen, ob der Stein auf den Grund niederfiele. Aber derselbe Stein, den er hinabgeworfen hatte, kam mit nicht geringerer Gewalt, als er hinuntergesprungen war, wieder zurück und gab ihm einen solchen Schlag ins Gesicht, daß er über Hals und Kopf, von einer Klippe zur anderen taumelnd, den Berg hinabrollte, viel schneller, als er hinaufgestiegen war.

Am folgenden Morgen fand man Caroll O'Daly neben seinem Pferd liegend, seine Haut war geschunden und zerrissen, die Augen geschlossen, und die eingedrückte Nase entstellte ihn auf sein Lebtag.

Fingerhütchen

Es war einmal ein armer Mann, der lebte in dem fruchtbaren Tale von Acherlow an dem Fuße des finstern Galti-Berges. Er hatte einen großen Höcker auf dem Rücken, und es sah aus, als wäre sein Leib heraufgeschoben und auf seine Schultern gelegt worden. Von der Wucht war ihm der Kopf so tief herabgedrückt, daß, wenn er saß, sein Kinn sich auf seine Knie zu stützen pflegte. Die Leute in der Gegend hatten Scheu, ihm an einem einsamen Ort zu begegnen, und doch war das arme Männchen so harmlos und friedliebend wie ein neugeborenes Kind. Aber seine Ungestaltheit war so groß, daß er kaum wie ein menschliches Geschöpf aussah, und boshafte Leute hatten seltsame Geschichten von ihm verbreitet. Man erzählte sich, er besitze große Kenntnis der Kräuter und Zaubermittel, aber gewiß ist, daß er eine geschickte Hand hatte, Hüte und Körbe aus Stroh und Binsen zu flechten, womit er sich sein Brot erwarb.

Fingerhütchen war sein Spottname, weil er allzeit auf seinem kleinen Hut einen Zweig von dem roten Fingerhut oder dem Elfenkäppchen trug. Für seine geflochtenen Arbeiten erhielt er einen Groschen mehr als andere, und aus Neid darüber mögen einige wohl die wunderlichen Geschichten von ihm in Umlauf gebracht haben. Damit verhalte es sich nun, wie es wolle, genug, es trug sich zu, daß Fingerhütchen eines Abends von der Stadt Cahir nach Cappagh ging, und da er wegen des lästigen Höckers auf dem Rücken nur langsam fortkonnte, so war es schon dunkel, als er an das alte Hünengrab von Knockgrafton kam, welches rechter Hand an dem Wege liegt. Müde und abgemattet, niedergeschlagen durch die Betrachtung, daß noch ein gutes Stück Weg vor ihm liege und er die ganze Nacht hindurch wandern müsse, setzte er sich unter den Grabhügel, um ein wenig auszuruhen, und sah ganz betrübt den Mond an, der eben silberrein aufstieg.

Auf einmal drang eine fremdartige, unterirdische Musik zu den Ohren des armen Fingerhütchens. Er lauschte, und ihm deuchte, als habe er noch nie so etwas Entzückendes gehört. Es war wie der Klang vieler Stimmen, deren jede zu der andern sich fügte und wunderbar einmischte, so daß es nur eine einzige zu sein schien, während doch jede einen besonderen Ton hielt. Die Worte des Gesangs waren diese: Da Luan, Da Mort, Da Luan, Da Mort, Da Luan, Da Mort.

Danach kam eine kleine Pause, worauf die Musik von vorne wieder anfing.

Fingerhütchen horchte aufmerksam und getraute sich kaum, Atem zu schöpfen, damit ihm nicht der geringste Ton verlorenginge. Er merkte nun deutlich, daß der Gesang mitten aus dem Grabhügel kam, und obgleich anfangs auf das höchste davon erfreut, ward er es doch endlich müde, denselben Rundgesang in einem fort, ohne Abwechslung anzuhören. Als abermals Da Luan, Da Mort dreimal gesungen war, benutzte er die kleine Pause, nahm die Melodie auf und führte sie weiter mit den Worten: augus Da Cadine! dann fiel er mit den Stimmen in dem Hügel ein, sang Da Luan, Da Mort, endigte aber bei der Pause mit seinen augus Da Cadine.

Die Kleinen in dem Hügel, als sie den Zusatz zu ihrem Geistergesang vernahmen, ergötzten sich außerordentlich daran und beschlossen, sogleich das Menschenkind hinunterzuholen, dessen musikalische Geschicklichkeit die ihrige so weit übertraf, und Fingerhütchen ward mit der kreisenden Schnelligkeit des Wirbelwindes zu ihnen unter die Erde getragen.

Das war eine Pracht, die ihm in den Augen leuchtete, als er in den Hügel hinabkam, rund umher schwebend, leicht wie ein Strohhälmchen! Und die lieblichste Musik hielt ordentlich Takt bei seiner Fahrt. Die größte Ehre wurde ihm aber erzeigt, als sie ihn über alle die Spielleute setzten. Er hatte Diener, die ihm aufwarten mußten, alles, was sein Herz begehrte, wurde erfüllt, und er sah, wie gern ihn die Kleinen hatten; kurz, er wurde nicht anders behandelt, als wenn er der erste Mann im Lande gewesen wäre.

Darauf bemerkte Fingerhütchen, daß sie die Köpfe zusammensteckten und miteinander beratschlagten, und so sehr ihm auch ihre Artigkeit gefiel, so fing er doch an, sich zu fürchten. Da trat einer der Kleinen zu ihm hervor und sagte:

»Fingerhut, Fingerhut!
Faß dir frischen Mut!
Lustig und munter,
Dein Höcker fällt herunter,
Siehst ihn liegen, dir geht's gut,
Fingerhut, Fingerhut!«

Kaum waren die Worte zu Ende, so fühlte sich das Fingerhütchen so leicht, so selig, daß es wohl in einem Satz über den Mond weggesprungen wäre, wie die Kuh in dem Märchen von der Katze und der Geige. Er sah mit der größten Freude von der Welt den Höcker von seinen Schultern herab auf den Boden rollen. Er versuchte darauf, ob er seinen Kopf in die Höhe heben könnte, tat es aber mit Vorsicht und Verstand, aus Furcht, er möchte ihn an dem Tafelwerk der großen Halle einstoßen. Dann aber schaute er ringsherum mit der größten Bewunderung und ergötzte sich an all den Dingen, die ihm immer schöner vorkamen. Zuletzt war er so überwältigt von der Betrachtung des glänzenden Aufenthalts, daß ihm der Kopf schwindelte, die Augen geblendet wurden und er in einen tiefen Schlaf verfiel.

Bei seinem Erwachen war es voller Tag geworden. Die Sonne schien hell, die Vögel sangen, und er lag gerade an dem Fuße des Riesenhügels, während Kühe und Schafe friedlich um ihn her weideten. Nachdem Fingerhütchen sein Gebet gesagt hatte, war sein erstes Geschäft, mit der Hand nach seinem Höcker zu greifen, aber es war auf dem Rücken keine Spur davon zu finden, und er betrachtete sich nicht ohne Stolz, denn aus ihm war ein wohlgebildeter, behender Bursche geworden, und, was keine Kleinigkeit schien, er sah sich von Kopf bis zu Füßen in neuen Kleidern und merkte wohl, daß die Geister ihm diesen Anzug besorgt hatten.

Nun machte er sich auf den Weg nach Cappagh, er ging so tapfer daher und sprang bei jedem Schritt, als wenn er es ein Lebtag nicht anders gewohnt gewesen wäre. Niemand, der ihm begegnete, erkannte Fingerhütchen ohne den Höcker, und er hatte große Mühe, die Leute zu überreden, daß er es wirklich wäre, und in der Tat, seinem Aussehen nach war er es auch nicht mehr.

Wie es aber zu gehen pflegt, die Geschichte von Fingerhütchens Höcker wurde überall bekannt und viel Wesens davon gemacht. Meilenweit in der Gegend redete jedermann, vornehm oder gering, von nichts als von dieser Begebenheit.

Eines Morgens saß Fingerhütchen an seiner Haustüre und war guter Dinge. Da trat eine alte Frau zu ihm und sagte: »Zeigt mir doch den Weg nach Cappagh.«

»Ist nicht nötig, liebe Frau«, antwortete er, »denn das ist hier Cappagh, aber wo kommt Ihr her?«

»Ich komme aus der Gegend von Decie in der Grafschaft Waterford und suche einen Mann, der Fingerhütchen genannt wird und dem die Elfen sollen einen Höcker von der Schulter genommen haben. Da ist der Sohn meiner Gevatterin, der hat einen Höcker auf sich sitzen, der ihn noch totdrücken wird; vielleicht würde er davon erlöst, wenn er wie Fingerhütchen ein Zaubermittel anwenden könnte. Nun stellt Ihr Euch leicht vor, warum ich so weit hergekommen bin, ich möchte, wenn's möglich wäre, etwas von dem Zaubermittel erfahren.«

Fingerhütchen, das immer gutmütig gewesen war, erzählte der alten Frau den Hergang ganz umständlich, wie es den Gesang der Elfen in dem Grabhügel fortgeführt, wie sie den Höcker von seinen Schultern weggenommen und wie sie ihm einen neuen Anzug von Kopf bis zu Füßen noch obendrein gegeben hätten.

Die alte Frau dankte tausendmal und machte sich wieder auf den Heimweg, zufriedengestellt und ganz glücklich in ihren Gedanken. Als sie bei ihrer Gevatterin in der Grafschaft Waterford angelangt war, erzählte sie genau, was sie von Fingerhütchen erfahren hatte. Danach setzte sie den kleinen buckeligen Kerl, der sein Lebelang ein heimtückisches, hämisches Herz gehabt hatte, auf einen Wagen und zog ihn fort. Es war ein langer Weg, »aber was tut das«, dachte sie, »wenn er nur den Höcker los wird«; eben als die Nacht hereinbrach, langte sie bei dem Riesenhügel an und legte ihn dabei nieder.

Hans Madden, denn das war der Name des Buckligen, hatte noch gar nicht lange gesessen, so hub schon die Musik in dem Hügel an, noch viel lieblicher als je, denn die Elfen sangen ihr Lied mit dem Zusatz, den sie von Fingerhütchen gelernt hatten: Da Luan, Da Mort, Da Luan, Da Mort, Da Luan, Da Mort, augus Da Cadine, ohne Unterbrechung. Hans, der nur geschwind seinen Höcker los sein wollte, wartete nicht, bis die Elfen mit ihrem Gesang fertig waren, noch achtete er auf einen schicklichen Augenblick, um die Melodie weiter als Fingerhütchen fortzuführen, sondern als sie ihr Lied mehr als siebenmal in einem fort gesungen hatten, so schrie er ohne Rücksicht auf Takt und Weise der Melodie und wie er seine Worte passend anbringen könnte, aus vollem Halse: augus Da Dardine, augus Da Hena, und dachte: »War ein Zusatz gut, so sind zwei noch besser, und hat Fingerhütchen einen neuen Anzug erhalten, so werden sie mir wohl zwei geben.«

Kaum waren aber die Worte über seine Lippen gekommen, so ward er aufgehoben und mit wunderbarer Gewalt in den Hügel hineingetragen. Hier umringten ihn die Elfen, waren sehr böse, und schreiend und kreischend riefen sie: »Wer hat unsern Gesang geschändet? Wer hat unsern Gesang geschändet?« Einer trat hervor und sprach zu ihm:

»Hans Madden, Hans Madden!
Deine Worte schlecht klangen,
So lieblich wir sangen!
Hier bist du gefangen,
Was wirst du erlangen?
Zwei Höcker für einen! Hans Madden!«

Und zwanzig von den stärksten Elfen schleppten Fingerhütchens Höcker herbei und setzten ihn oben auf den Buckel des unglückseligen Hans Madden, und da saß er so fest, als wenn er mit Zwölfpfennigsnägeln von dem besten Zimmermann, der je Nägel eingeschlagen hat, aufgenagelt wäre. Danach stießen sie ihn mit den Füßen aus ihrer Wohnung; und am Morgen, als Hans Maddens Mutter und ihre Gevatterin kamen, nach dem kleinen Kerl zu sehen, so fanden sie ihn an dem Fuß des Hügels liegen, halbtot mit einem zweiten Höcker auf seinem Rücken. Sie betrachteten ihn eine nach der andern, aber es blieb dabei; am Ende ward ihnen angst, es könnte ihnen auch ein Höcker auf den Rücken gesetzt werden. Sie brachten den armseligen Hans wieder heim, so betrübt im Herzen und so jämmerlich anzusehen als noch je ein paar alte Weiber. Hans, durch das Gewicht des zweiten Höckers und die lange Fahrt erschöpft, starb bald hernach, indem er jedem eine schwere Verwünschung hinterließ, der auf den Gesang der Elfen horchen wollte.

Die Mahlzeit des Geistlichen

Leute, die sich auf solche Dinge verstehen, sagen, das stille Volk sei ein Teil jener aus dem Himmel verstoßenen Engel, die nun auf Erden festen Fuß gefaßt haben, während ein anderer Teil größerer Sünden wegen an einen viel schlimmeren Ort noch tiefer gesunken sei. Das mag dahingestellt bleiben.

Gegen Ende September war einmal eine muntere Gesellschaft von Elfen versammelt, welche im Glanze des Mondlichtes herumtanzte und ihre wunderlichen Streiche und Sprünge machte. Der Platz lag nicht weit von Inchegila in dem westlichen Teil der Grafschaft Cork, einem armen Dörfchen, von welchem große Berge und dürre Felsen, die es umschließen, allen Wohlstand abhalten. Doch was kümmern sich Elfen, die alles, wonach sie Verlangen tragen, herbeiwünschen können, um die Armut einer Gegend. Sie sorgen nur für einen heimlichen, unbesuchten Platz, wo sich nicht leicht jemand hin verirrt und sie in ihrer Lust stört.

Auf einem weichen grünen Rasen, nahe bei des Flusses Rand, tanzten die kleinen Gesellen im Kreis, fröhlicher als je; ihre roten Käppchen wackelten bei jedem Sprung in dem Mondschein, und doch waren diese tollen Sprünge so leicht, daß die Tautropfen unter ihren Füßen zwar zitterten, aber nicht auseinanderrollten. So trieben sie ihr wildes Spiel, zogen Kreise umher, wirbelten und zappelten durch die Luft, und auf- und niedertauchend, erschöpften sie ihre Künste, bis endlich einer von ihnen zirpte:

»Geschwind, geschwind, hört auf zu sausen,
Laßt euer tolles, wildes Brausen.
Ich witt're einen, der kommt heran,
Ich witt're einen geistlichen Mann!«

Alsbald fuhren sie auseinander, so geschwind als möglich, und steckten sich unter die grünen Blätter des Fingerhuts, denn wo ihre roten Käppchen hervorguckten, da schienen sie nur die dunkelroten Blütenglocken der Pflanze zu sein. Andere verbargen sich in dem Schatten von Steinen und Brombeergesträuch, wieder andere unter dem Ufer des Flusses oder sonst in einer Höhle oder Spalte.

Der Elfe hatte sich bei seiner Warnung nicht geirrt, denn auf dem Weg, den man von dem Fluß aus sehen konnte, kam Vater Horrigan auf seinem Klepper dahergeritten, und indem er bedachte, daß es schon so spät wäre, entschloß er sich, seiner Reise bei der ersten Hütte, zu der er gelangte, ein Ende zu machen. Er hielt demnach bei dem Hause des Dermod Leary, drückte auf die Klinke, und mit den Worten: »Gesegnet sei alt und jung!« trat er ein.

Ich brauche nicht zu sagen, daß Vater Horrigan überall, wo er eintrat, ein willkommener Gast war, denn in der ganzen Grafschaft war niemand frömmer und mehr geliebt. Nur ein Umstand bekümmerte Dermod: Er hatte dem ehrwürdigen Herrn zu einer Abendmahlzeit nichts anzubieten als ein Gericht Kartoffeln, welche die alte Mutter, so nannte Dermod seine Frau, obgleich sie nicht viel über zwanzig war, in einem Topf zum Feuer gebracht hatte. Ihm fiel ein, daß er sein Netz in den Fluß gestellt hatte, aber da es erst vor kurzem geschehen war, so war wenig Hoffnung vorhanden, einen Fisch darin zu finden.

»Was tut's«, dachte Dermod, »es kann nichts schaden, wenn ich mich aufmache und nachsehe; wer weiß, vielleicht fängt sich ein Fisch zu dem Abendessen des Herrn, eh ich dort hinkomme.«

Dermod ging also hinaus nach dem Flusse und fand in dem Netz einen Lachs, so schön, als je einer im Wasser geschnalzt hat. Doch als er sich näherte, um ihn herauszunehmen, ward ihm, er wußte nicht wie und von wem, das Netz aus der Hand gerissen und der Fisch weggenommen, der dahinschwamm, so vergnügt, als wenn gar nichts vorgefallen wäre.

Dermod sah betrübt die Furche an, die der Fisch im Wasser gezogen hatte und die wie ein Silberfaden im Mondlicht glänzte; dann, mit einer ärgerlichen Bewegung seiner rechten Hand und mit dem Fuß auf den Boden stampfend, brummte er zornig: »Ei, so möge das böse Geschick euch treffen Tag und Nacht, wo ihr den Fuß nur hinsetzt, um so ein armseliges Ding von einem Fisch! Ihr müßt euch vor euch selber schämen, wenn ihr noch wißt, was Scham heißt, mich auf diese Art hinters Licht zu führen! Euch hat ein anderer geholfen! Fühlt ich nicht, daß mir mit solcher Gewalt das Netz entrissen würde, als hätte es der Teufel selbst in den Klauen?«

»Das ist nicht wahr!« rief einer von den Elfen, der bei der Annäherung des Geistlichen entflohen war und jetzt zu Dermod Leary herauskam, indem ein ganzer Haufen seiner Gesellen ihm auf der Ferse folgte, »es waren bloß anderthalb Dutzend der Unsrigen, die es dir wegrissen.«

Dermod starrte voll Verwunderung auf das winzige Geschöpf, das in seiner Rede fortfuhr: »Sorge nicht um die Abendmahlzeit für den geistlichen Herrn, denn wenn du zurückgehen willst und ihm eine Frage von uns vorlegen, so soll er ein Essen haben, so gut, als je eins auf eine Tafel ist aufgetragen worden, und das in weniger als gar keiner Zeit.«

»Ich will mit Euch nichts zu schaffen haben«, antwortete Dermod rasch und ohne sich einen Augenblick zu besinnen; nach einer Pause fügte er hinzu: »Ich sage Euch Dank für Euer Anerbieten, Herr, aber ich habe keine Lust, für eine Mahlzeit mich an Euch oder Euresgleichen zu verkaufen, und außerdem weiß ich, Vater Horrigan trägt zuviel Sorge für meine Seele, als daß er wünschen sollte, sie auf immer wegen irgendeiner Sache, die Ihr ihm vorsetzen könnt, zu verpfänden. Darum laßt's gut sein!«

Der Kleine aber, ohne sich durch Dermods Äußerungen

abhalten zu lassen, hub wieder an: »Willst du dem Geistlichen unseretwegen eine bescheidene Frage vorlegen?«

Dermod besann sich eine Zeitlang und tat recht daran, doch da er überlegte, daß eine solche bescheidene Frage ihm nicht zum Nachteil gereichen könnte, so antwortete er: »Ich sehe keinen Grund, warum ich das nicht tun sollte, aber mit Eurer Mahlzeit will ich mein Lebtag nichts zu schaffen haben.«

»Wohlan«, sagte das kleine Geschöpf, während die übrigen von allen Seiten sich herzudrängten, »geh und frage den Vater Horrigan, ob unsere Seelen am Jüngsten Tag begnadigt werden, gleich den Seelen guter Christen? Und wenn du es gut mit uns meinst, so bringe uns alsbald seinen Ausspruch zurück.«

Dermod ging wieder nach seiner Hütte, wo er die Kartoffeln schon auf den Tisch ausgeschüttet sah. Seine Frau reichte dem Vater Horrigan die größte dar, einen schönen, lachend roten Erdapfel, rauchend wie ein Roß, das in kalter Nacht stark getrabt hat.

»Ehrwürdiger Herr«, sagte Dermod nach einigem Zaudern, »erlaubt Ihr mir wohl eine Frage?«

»Was begehrst du zu wissen?« antwortete Vater Horrigan.

»Verzeiht mir meine Freiheit, ich möchte wissen, ob die Seelen des stillen Volkes am Jüngsten Tage werden begnadigt werden?«

»Wer hieß dich das fragen?« sagte der Priester und richtete seine Augen so fest auf Dermod, daß dieser davor nicht bestehen konnte.

»Ich will's Euch offenherzig bekennen«, antwortete Dermod, »wie ich mein Lebelang getan habe. Das stille Volk selbst hat mich geschickt, Euch die Frage vorzulegen; sie sind zu Tausenden drunten an dem Rand des Flusses und warten auf die Antwort, die ich ihnen bringen soll.«

»Geh sogleich wieder hin«, sprach der Geistliche, »und sage ihnen, wenn sie es zu wissen wünschten, so möchten sie selbst zu mir herkommen; ich wollte ihnen auf jede Frage, die sie mir vorzulegen Lust hätten, herzlich gerne Antwort geben.«

Dermod ging also wieder zu den Elfen zurück, die gleich um ihn herumschwärmten und wissen wollten, was der Geistliche erwidert hätte. Er trat ohne Furcht mitten unter sie und teilte ihnen die Antwort mit. Als sie aber hörten, daß sie zu dem Geistlichen selbst gehen sollten, flogen sie fort, einige hierhin, andere dorthin, und rauschten an dem armen Dermod so hart und in so großer Menge vorbei, daß er ganz verwirrt wurde.

Als er nach einiger Zeit wieder zu sich kam, ging er nach seiner Hütte zurück und aß seine trockenen Kartoffeln mit dem Vater Horrigan, der wenig aus dem Vorfall machte. Aber Dermod konnte es nicht vergessen, daß der ehrwürdige Herr, dessen Worte Kraft genug hatten, die Elfen in alle Welt zu jagen, nicht ein erträgliches Gericht bei seiner Abendmahlzeit haben sollte und daß der gute Lachs auf eine so ärgerliche Art ihm aus dem Netz genommen war.

Die Brauerei von Eierschalen

Frau Sullivan fürchtete, die Elfen hätten ihr jüngstes Kind gestohlen und ein anderes an seine Stelle gelegt, und gewisse Anzeichen schienen auch den Verdacht zu bestätigen, denn ihr gesundes blauäugiges Kind war in einer einzigen Nacht zu einem armen Wicht zusammengeschrumpft, der unaufhörlich schrie und heulte. Die arme Frau Sullivan ward recht unglücklich, und alle die Nachbarn, mit denen sie über diese Angelegenheit sprach, sagten, daß ihr eigenes Kind ohne allen Zweifel bei dem stillen Volke sich befände und eins aus diesem dafür hingelegt worden wäre.

Frau Sullivan mußte wohl glauben, was jedermann sagte, aber ein gewaltsames Mittel wollte sie doch nicht anwenden. Obgleich sein Gesicht verwelkt, sein Leib fast zu einem Gerippe abgemagert war, so hatte es doch eine bestimmte Ähnlichkeit mit ihrem eigenen Kind, und sie konnte sich nicht entschließen, es lebendig auf einen glühenden Rost zu legen oder seine Nase mit einer glühenden Zange zu zwicken oder es in den Schnee neben den Weg zu legen, obgleich ihr diese und ähnliche Mittel angelegentlich empfohlen wurden, um ihr Kind wieder zurückzuerhalten.

Eines Tages begegnete Sullivan einer weisen Frau, unter dem Namen der grauen Lene in der Gegend wohlbekannt. Sie hatte die Gabe (wie sie auch immer mochte dazu gelangt sein) zu sagen, wo der Tod umgehe und was für die Ruhe der Seelen gut sei. Sie konnte Warzen und Kröpfe heilen und manches andere Wunder dieser Art vollbringen.

»Ihr seht mir heute so trübselig aus, Frau Sullivan«, waren die ersten Worte der grauen Lene.

»Das geht natürlich zu, Lene«, antwortete Frau Sullivan, »mein eigenes liebes Kind ist mir ohne weiteres aus der Wiege geholt worden und ein häßliches, winziges, eingeschrumpftes Ding von den Elfen an seine Stelle gelegt; kein Wunder, daß Ihr mich voll Sorgen seht.«

»Das macht Euch keine Schande, Frau Sullivan«, sagte Lene, »aber seid Ihr auch gewiß, daß es die Elfen getan haben?«

»Freilich!« erwiderte Frau Sullivan, »gewiß genug zu meinem Leidwesen; und darf ich meinen beiden Augen nicht trauen? Jedes Mutterherz müßte es an meiner Stelle fühlen.«

»Wollt Ihr den Rat einer alten Frau annehmen?« sagte die graue Lene, indem sie die unglückliche Mutter mit einem seltsamen, geheimnisreichen Blick anschaute und nach einigem Stillschweigen hinzufügte: »Doch Ihr werdet ihn vielleicht töricht nennen.«

»Kann ich mein Kind zurückerhalten, mein eigenes liebes Kind, Lene?« fragte Frau Sullivan mit großer Bewegung.

»Wenn Ihr tut, wie ich Euch sage«, antwortete Frau Lene, »so werdet Ihr's erfahren.« Frau Sullivan schwieg voll Erwartung, und die Alte fuhr fort: »Setzt einen Kessel mit Wasser über das Feuer und laßt es sieden, dann holt ein Dutzend frischgelegter Eier, schlagt sie auf und nehmt die Schalen; das übrige schüttet weg. Wenn das getan ist, werft die Schalen in den Kessel mit dem siedenden Wasser, und dann werdet Ihr bald erfahren, ob es Euer eigen Kind ist oder ein Elfe. Findet Ihr aber, daß es ein Wechselbalg ist, so nehmt die glühende

Feuerzange und stoßt sie ihm in seinen garstigen Rachen, und er soll Euch weiter keinen Verdruß machen, dafür stehe ich Euch.«

Frau Sullivan ging heim und folgte dem Rat der grauen Lene. Sie setzte den Kessel über das Feuer, legte Torf genug unter und brachte das Wasser in ein gewaltiges Sieden und Sprudeln.

Das Kind lag zum Erstaunen still und ruhig in der Wiege, doch jetzt, beim Anblick des großen Feuers und des Kessels mit Wasser darüber, riß es die Augen auf, die wie Sterne in einer Winternacht funkelten. Es sah mit großer Aufmerksamkeit zu, als Frau Sullivan die Eier aufschlug und die Schalen in das siedende Wasser warf. Endlich fragte es, und es klang wie die Stimme eines alten Mannes: »Was macht Ihr da, Mutter?«

Der Frau war, wie sie selbst sagte, zumut, als ob ihr der Atem genommen würde, wie sie das Kind sprechen hörte. Doch sie beschäftigte sich nur damit, das Eisen in die Glut zu legen, und antwortete, ohne ein Erstaunen über die Worte zu zeigen: »Ich braue, mein Sohn.«

»Und was braut Ihr, Mutter?« fragte der Balg, dessen unnatürliche Gabe zu sprechen außer allen Zweifel gesetzt hatte, daß er von den Elfen abstammte.

»Wäre nur das Eisen schon glühend!« dachte Frau Sullivan; aber das erforderte einige Zeit, und sie entschloß sich, ihn im Gespräch aufzuhalten, bis das Eisen geschickt wäre, durch seine Kehle zu fahren. Sie wiederholte deshalb die Frage: »Du willst wissen, was ich braue, mein Söhnchen?«

»Ja, Mutter«, sagte er, »was braut Ihr?«

»Eierschalen, mein Söhnchen.«

»Ach«, schrie das Teufelchen laut auf, richtete sich in der Wiege in die Höhe und schlug die Hände zusammen: »Ich bin fünfzehnhundert Jahre auf der Welt und habe niemals gesehen, daß man Eierschalen braut!«

Indessen war das Eisen glühend geworden. Die Frau ergriff es und eilte damit nach der Wiege, aber wie es nun geschah, sie glitt mit dem Fuß aus, fiel zu Boden, und das Eisen fuhr aus ihrer Hand in die andere Ecke des Hauses. Sie raffte sich jedoch geschwind auf und lief zu der Wiege, in der Absicht, den verwünschten Balg, der darin lag, in das siedende Wasser zu werfen. Doch was erblickte sie darin? Ihr eigenes Kind in süßem Schlafe, eines seiner weichen runden Ärmchen auf das Kopfkissen gelegt, und seine Züge waren so mild, als wenn es niemals in seiner Ruhe wäre gestört worden, bloß der rote Mund ward von einem reinen und sanften Atem bewegt.

Wer kann beschreiben, was eine Mutter fühlt, die auf ihr schlafendes Kind blickt! Und diese hier erhielt eben den lang verlorenen Knaben wieder. Du kannst denken, daß ihr stillschweigend die Tränen über die Wangen liefen und sie sich keine Mühe gab, sie zurückzuhalten, denn sie weinte vor Freude.

Eine junge Frau, Marie Scannell, lebte mit ihrem Ehemann noch nicht viele Jahre zu Castle Martyr. Eines Tages zur Herbstzeit war sie mit andern hinausgegangen, um beim Weizenbinden behilflich zu sein; sie legte ihr Kind, das sie noch stillte, in eine Ecke des Feldes und glaubte, es wäre da, in ihren Mantel eingewickelt, auf das beste versorgt.

Als sie mit ihrer Arbeit zu Ende war, kehrte sie zu dem Kinde zurück, aber an dessen Stelle fand sie in dem Mantel ein Geschöpf, das nicht halb so groß war und ein solches Zetergeschrei ausstieß, daß man es eine Meile weit hören konnte. Sie vermutete gleich, was möchte vorgefallen sein, und ohne sich einen Augenblick aufzuhalten, nahm sie es in den Arm, und indem sie behauptete, daß sie ganz vernarrt in das Kind sei, brachte sie es zu einer weisen Frau. Diese flüsterte ihr zu, sie sollte ihm nicht satt zu essen geben und auf es loshauen und peitschen ohne Barmherzigkeit.

Marie befolgte den Rat, und gerade eine Woche hernach fand sie morgens beim Erwachen ihr eigenes Kind wieder an ihrer Seite im Bett liegen. Dem Elfen, der an die Stelle des Kindes gelegt war, hatte die Behandlung der Marie Scannell, wozu sie sich, obgleich sie eine mitleidige Frau war, entschlossen hatte, schlecht gefallen, und er machte sich, nachdem er es eine Woche versucht, wieder fort und schickte der Frau ihr eigenes Kind zurück.

Die Flasche

In den guten Tagen, wo das stille Volk sich noch häufiger sehen ließ als jetzt in dieser ungläubigen Zeit, lebte ein Mann, Michael Purcell, der einige Äcker schlechtes und unfruchtbares Land gepachtet hatte, in der Nachbarschaft der ehemals so berühmten Pfründe von Mourne, anderthalb Stunden von Mallow und sieben von Cork. Michael hatte Frau und Kinder, sie taten, was in ihren Kräften stand, das war freilich nicht viel, denn es war noch kein Kind so weit herangewachsen, daß es dem armen Manne bei seiner Arbeit helfen konnte, und die gute Frau besorgte die Kinder, melkte die Kuh, kochte Kartoffeln und trug die Eier nach Mallow; doch wie sie auch schafften, es war kaum genug, um die Pacht zu zahlen.

Sie schickten sich eine Zeitlang, so gut es gehen wollte, in die Umstände, doch zuletzt kam ein schlechtes Jahr, das bißchen Hafer verdarb, die Hühnchen verkümmerten, das Schwein magerte ab und wurde beinahe für nichts zu Mallow verkauft; und der arme Michael fand, daß er nicht genug hatte, um die Hälfte des Pachtgeldes zu zahlen, und zwei Termine war er schon schuldig.

»Was sollen wir nun anfangen, Marie?« fragte er.

»Was wir anfangen sollen?« antwortete sie, »treib unsere Kuh auf den Markt nach Cork und verkaufe sie dort. Montag ist Markttag, da mußt du frühe gehen, damit das arme Tier sich verschnauft, ehe es auf den Markt kommt.«

»Und was sollen wir anfangen, wenn sie fort ist?« sagte Michael bekümmert.

»Das weiß ich nicht, Michael, doch gewißlich wird uns Gott nicht verlassen, und du weißt doch, wie gütig er gegen uns war, als der kleine Wilhelm krank lag und wir gar nichts für ihn hatten. Der Doktor von Ballydahin, der sanfte, feine Mann, kam geritten und verlangte einen Trank Milch; er gab uns zwei Schillinge, schickte die Arzneien für das Kind und was es sonst nötig hatte, und gab mir jedesmal etwas zu essen, wenn ich kam, ihn um Rat zu fragen, den er mir niemals versagte; er kam auch und sah nach dem Kind und hörte mit seinen Wohltaten nicht auf, bis es ganz gesund war.«

»Du denkst immer so, Marie, und ich glaube, du hast recht, darum will ich mir auch über den Verkauf der Kuh keine Sorgen machen. Ich will morgen gehen, du mußt aber Nadel und Zwirn nehmen und meinen Rock flicken, er ist unter dem Arm aufgerissen.«

Marie versicherte, daß sie alles in Ordnung bringen wollte; den folgenden Tag schickte er sich an, und sie schärfte ihm beim Abschied ein, die Kuh nicht anders zu verkaufen als um den höchsten Preis. Michael versprach, es nicht zu vergessen, und machte sich auf den Weg. Er trieb die Kuh langsam durch den kleinen Fluß, der den Weg durchschneidet und unter den alten Mauern von Mourne hinrinnt. Als er vorbeikam, fielen seine Augen auf die Türme und einen von den alten Holunderstämmen, die damals wie kleine Gerten aussahen.

»Ja«, rief er aus, »hätte ich nur die Hälfte des Geldes, das unter euch begraben liegt, so brauchte ich die arme Kuh nicht dahin zu treiben! Ist's nicht ein Jammer, daß es unter der Erde ruht, während noch andere als ich es entbehren müssen! Nun, wenn's Gottes Wille ist, so komme ich mit etwas Geld in der Tasche zurück.«

Mit diesen Worten trieb er sein Vieh weiter. Es war ein schöner Tag, und die Sonne schien glänzend auf die Mauer der alten Abtei, als er daran vorbeikam. Der Weg führte über eine Reihe allmählich aufsteigender Berge, wie er nach drei Stunden auf die Spitze der Anhöhe (die jetzt der Flaschenberg heißt, aber damals den Namen noch nicht führte) gelangte, an welcher Stelle ihn jemand einholte. »Guten Morgen!« sagte dieser. »Guten Morgen!« antwortete Michael freundlich und sah sich nach dem Fremden um; es war ein kleines Männchen, daß man ihn einen Zwerg hätte nennen können, doch war er nicht ganz so klein. Er hatte ein altes, verschrumpftes, gelbliches Antlitz, das genau wie welker Blumenkohl aussah, dabei eine dünne kleine Nase, rote Augen und weiße Haare. Seine Lippen waren nicht rot, sondern sein ganzes Gesicht von einer Farbe, seine Augen ohne Ruhe, überall sich umschauend, und obgleich sie rot waren, so ward doch Michaels Herz eiskalt, wenn er sie ansah. Er hatte in der Tat wenig Gefallen an der Gesellschaft des Kleinen, und er konnte nicht das mindeste von seinen Beinen oder seinem Körper erblicken; das Männchen hatte sich, obgleich der Tag warm war, ganz in einen dicken, weiten Rock eingewickelt.

Michael trieb die Kuh ein wenig schneller, aber der Kleine hielt sich immer neben ihm. Er wußte nicht, auf welche Art er schritt, denn er fürchtete sich zu sehr, um sich nach ihm umzuschauen, und wollte auch nicht das Kreuz über sich schlagen, denn er war bange, der alte Mann möchte zornig werden. Doch deuchte ihn, sein Reisegefährte ginge nicht wie ein anderer Mensch und setzte einen Fuß vor den andern, sondern glitte nur über den rauhen Weg (und rauh war er genug) wie ein Schatten dahin, ohne Geräusch und ohne Anstrengung. Dem armen Michael zitterte das Herz im Leibe, er sagte ein Gebet für sich und wünschte, er wäre den Tag nicht ausgegangen oder er wäre schon auf dem Markt oder er brauchte die Kuh nicht zu hüten, damit er vor dem Gespenst fortlaufen könnte.

Mitten in diesen Ängsten ward er von seinem Gefährten angeredet: »Wohin wollt ihr mit der Kuh, lieber Mann?«

»Nach dem Markt von Cork«, antwortete Michael zitternd bei dem schnarrenden und schneidenden Ton der Stimme.

»Wollt Ihr sie mir verkaufen?«

Michael fuhr erschrocken zurück, er fürchtete sich, mit dem Kleinen etwas zu tun zu haben, und fürchtete sich noch mehr, nein zu sagen. Endlich sprach er: »Was wollt ihr mir dafür geben?«

»Ich will Euch etwas sagen«, antwortete der Kleine, »ich gebe Euch diese Flasche dafür«; indem er eine Flasche unter dem Mantel hervorholte.

Michael schaute erst ihn und die Flasche an, dann mußte er, mitten in seiner Angst, in ein lautes Gelächter ausbrechen.

»Lacht nach Herzenslust«, sprach der Kleine, »aber ich sage Euch, diese Flasche ist mehr wert für Euch als alles Geld, das Ihr für die Kuh in Cork bekommt, ja tausendmal mehr.«

Michael lachte wieder: »Ihr denkt wohl«, sagte er, »ich wäre ein solcher Narr, daß ich meine gute Kuh für so eine Flasche hingäbe, die obendrein noch leer ist? Wahrhaftig, daraus wird nichts.«

»Ihr tut besser, wenn Ihr mir die Kuh gebt und die Flasche nehmt; Ihr braucht es Euch bestimmt nicht gereuen zu lassen.«

»Aber Marie, was würde die sagen? Das würde kein Ende nehmen! Und wie sollte ich meine Pacht zahlen? Und was sollen wir anfangen ohne einen Heller Geld?«

»Ich versichere Euch, die Flasche ist besser als alles Geld, nehmt sie und gebt mir die Kuh. Jetzt sage ich es Euch zum letztenmal, Michael Purcell.«

Michael war bestürzt. »Wie hat er meinen Namen erfahren?« dachte er.

Der Fremde fuhr fort: »Michael Purcell, ich kenne Euch und habe Achtung vor Euch, darum folgt meinem Rat, oder Ihr werdet es empfinden. Wißt, Eure Kuh wird Euch hinfallen, ehe Ihr nach Cork kommt.«

Michael wollte eben sagen: »Das verhüte Gott!« Aber der Kleine setzte hinzu (und Michael war zu aufmerksam, um etwas zu sagen, das ihn schweigen gemacht hätte, und viel zu höflich, als jemand in der Rede zu unterbrechen): »Dann sollt Ihr wissen, es wird so viel Vieh auf dem Markt sein, daß Ihr zu einem geringen Preis losschlagen müßt, und vielleicht fallt Ihr, wenn Ihr nach Haus geht, noch Räubern in die Hände. Doch wozu sage ich Euch das alles, da Ihr doch entschlossen seid, Euer Glück von Euch zu stoßen!«

»O nein, Herr, mein Glück möchte ich nicht von mir stoßen«, sagte Michael, »und wäre ich gewiß, daß die Flasche so gut ist, als Ihr sagt, obgleich ich niemals großen Gefallen an einer leeren Flasche gehabt, wenn ich sie auch selbst ausgetrunken hatte, so wollte ich Euch die Kuh geben im Namen –«

»Bekümmert Euch nicht um Namen«, unterbrach ihn der Kleine, »sondern gebt mir die Kuh; ich habe Euch keine Unwahrheit gesagt, und wenn Ihr damit heimkommt, so tut genau, was ich Euch heißen werde.«

Michael zögerte.

»Wohlan«, sagte der Fremde, »guten Tag, Michael Purcell, ich kann nicht länger warten. Noch einmal, nehmt sie hin und seid reich; schlagt sie aus und bettelt für Euern Lebensunterhalt, seht Eure Kinder in Armut, Euer Weib sterbend vor Mangel: das wird Euer Schicksal sein, Michael Purcell.« Bei diesen Worten lächelte der Kleine boshaft, was seinen Anblick noch grauenhafter machte.

»Mag sein! Ist wohl wahr!« sagte Michael immer noch zaudernd und unschlüssig, was er tun sollte. Er konnte nicht anders, er mußte dem alten Manne glauben, und endlich, in einem Anfall von Verzweiflung, griff er nach der Flasche und sagte: »Nehmt die Kuh, und wenn Ihr mich belogen habt, so wird Euch der Fluch des Armen treffen.«

»Ich achte weder auf Euern Fluch noch auf Euern Segen, Michael Purcell, ich habe die Wahrheit gesprochen, das werdet Ihr noch heute abend erfahren, wenn Ihr tut, was ich Euch sage.«

»Was soll ich tun?« fragte Michael.

»Wenn Ihr heimkommt, so kümmert Euch nicht darum, daß Euer Weib ärgerlich ist, sondern bleibt selbst gelassen und heißt sie die Flur sauberkehren, setzt den Tisch zurecht und deckt ein reines Tuch darüber, dann stellt die Flasche auf den Boden und sprecht die Worte: Flasche, tue deine Schuldigkeit! Und ihr werdet den Erfolg sehen.«

»Und das ist alles?« fragte Michael.

»Nichts weiter«, sagte der Kleine. »Guten Tag, Michael Purcell, Ihr seid ein reicher Mann.«

»Das gebe Gott!« sagte Michael, als der alte Mann die Kuh forttrieb und er wieder auf dem Heimweg war; doch konnte er nicht umhin, den Kopf umzudrehen und dem Käufer seiner Kuh nachzusehen, bis er verschwunden war.

»Gott behüte und bewahre uns!« rief Michael, »der gehört nicht dieser Welt an. Aber wo ist meine Kuh?« Sie war fort, und Michael ging heimwärts, Gebete für sich hersagend und seine Flasche festhaltend.

»Was wollt' ich anfangen«, dachte er, »wenn sie mir zerbräche, doch dafür will ich tun«, und steckte sie vor seine Brust, besorgt über den Erfolg und zweifelhaft über den Empfang, den er bei seiner Frau zu erwarten hatte. Während er Sorge und Erwartung, Furcht und Hoffnung gegeneinander abwog, erreichte er abends seine Hütte und überraschte seine Frau, die bei dem flackernden Torffeuer am Herde saß.

»Ei, Michael, du bist wieder da! Gewiß bist du nicht nach Cork gekommen! Sprich, was ist dir begegnet? Wo ist die Kuh? Hast du sie verkauft? Wieviel hast du dafür gelöst? Was gibt's Neues? Erzähl mir davon.«

»Willst du mir Zeit lassen, Marie, so will ich dir alles haarklein erzählen. Wo unsere Kuh ist, möchtest du gerne wissen; aber das kann ich dir nicht sagen, denn ich weiß am allerwenigsten, wo sie ist.«

»Was hast du dafür gelöst, Michael? Heraus mit dem Geld!«

»Kleine Geduld, Marie, und du sollst alles hören.«

»Aber was ist das für eine Flasche unter deiner Weste?« fragte Marie, die den hervorragenden Hals bemerkte.

»Nun sei vergnügt«, sagte Michael, »doch ich muß dir erst erzählen!« Und er stellte die Flasche auf den Tisch. »Das ist alles, was ich für die Kuh bekommen habe.«

Die arme Frau war wie vom Donner gerührt. »Alles, was du bekommen hast! Und wozu taugt das, Michael? So hätte ich doch mein Lebtag nicht gedacht, daß du ein solcher Narr wärest. Wie willst du nun die Pacht bezahlen?«

»Willst du Vernunft annehmen, Marie?« sagte Michael, »so will ich dir erzählen, wie der alte Mann, oder wer es sonst war, mir begegnete, nein, er begegnete mir nicht, sondern er war da bei mir, oben auf dem Berg, und wie er mich dazu bewog, ihm die Kuh zu verkaufen, und mir sagte, diese Flasche wäre etwas für mich.«

»Wahrhaftig bloß für dich, du Narr!« sagte Marie und griff nach der Flasche, um sie ihrem armen Mann an den Kopf zu werfen. Aber Michael faßte sie geschwind, machte sie ganz gelassen (denn er erinnerte sich an den Befehl des Kleinen) von den Händen seines Weibes los und steckte sie wieder vor seine Brust.

Die arme Marie saß da und weinte, während ihr Michael seine Geschichte erzählte und sich dabei oft bekreuzigte und segnete. Indessen konnte sie nicht umhin, ihm Glauben beizumessen, zumal sie an Geister glaubte. Ohne ein Wort zu sprechen, stand sie auf und fing an, die Flur mit einem Büschel Heidekraut zu kehren. Hierauf ordnete sie alles, setzte den langen Tisch zurecht und deckte ein reines Tuch, das einzige, das sie hatten, darüber her, und Michael stellte die Flasche auf die Erde und sprach: »Flasche, tue deine Schuldigkeit!«

»Dort! Dort! Mutter, sieh doch!« rief der älteste Knabe, ein pausbackiges Kind von fünf Jahren, und sprang an seiner Mutter Seite, als zwei winzige kleine Gestalten wie Lichtstrahlen aus der Flasche hervorstiegen und in einem Augenblick den Tisch mit silbernen und goldenen Schüsseln und Tellern besetzten, auf welchen die köstlichsten Speisen lagen, und, sowie alles in Ordnung war, wieder in die Flasche hinabstiegen. Michael und seine Frau betrachteten alles mit höchstem Erstaunen, denn sie hatten solche Schüssel und Teller ihr Lebtag nicht gesehen und glaubten, dergleichen könnte man nicht genug bewundern, so daß sie von dem bloßen Anschauen allen Hunger vergaßen. Endlich sagte Marie: »Komm, Michael, und setz dich nieder, versuch's und iß ein wenig, du mußt ja hungrig sein nach einem so guten Tagwerk.«

»Siehst du, der Mann hat keine Unwahrheit von der Flasche gesagt.«

Michael setzte sich und gab auch den Kindern ihren Platz an dem Tisch; sie hielten eine herrliche Mahlzeit, und doch blieb die Hälfte der Schüsseln unangerührt.

»Mich soll doch wundern«, sagte Marie, »ob die guten, kleinen Herrn diese kostbaren Sachen wieder wegnehmen werden!« Sie warteten, aber niemand kam. Da hob Marie sorgfältig Schüssel und Teller auf und sprach: »Gewißlich, es war keine Unwahrheit, du bist jetzt ein reicher Mann, Michael Purcell.«

Sie gingen alle zu Bett, doch nicht um zu schlafen, sondern um zu verabreden, wie sie diese köstlichen Dinge, deren sie nicht bedurften, zu Geld machen wollten, um mehr Ländereien zu übernehmen. Michael ging nach Cork, verkaufte seine Goldschüsseln, erhandelte sich Wagen und Pferd und überlegte, wie er viel Geld erwerben könnte. Sie gaben sich alle Mühe, die Flasche geheimzuhalten, doch vergeblich; der Gutsherr brachte es heraus. Eines Tages kam er zu Michael und fragte ihn, wie er zu all dem Geld gekommen wäre, das er doch in keinem Falle durch die Pacht gewonnen hätte; er quälte ihn so lange, bis Michael ihm endlich von der Flasche sagte. Der Gutsherr bot viel Geld, doch dafür wollte sie Michael nicht geben, bis er ihm zuletzt alles, was er jetzt in Pacht hatte, als Eigentum anbot. Da dachte Michael, der reich genug war, nun bedürfe er des Geldes weiter nicht mehr, und gab die Flasche hin.

Michael hatte sich verrechnet, er und die Seinigen verschleuderten das Geld, als wenn es kein Ende nehmen könnte, und um die Geschichte kurz zu machen, sie wurden immer ärmer, bis sie am Ende nichts mehr übrig hatten als eine Kuh, welche Michael abermals wieder vor sich hertrieb, um sie auf dem Markt zu Cork zu verkaufen, nicht ohne Hoffnung, dem kleinen Mann von neuem zu begegnen und eine andere Flasche zu erhalten. Der Tag brach eben an, als er sich von zu Haus aufmachte, und er ging einen guten Schritt, bis er zu der Höhe kam. Die Nebel schliefen noch in den Tälern und kräuselten sich in duftigen Kränzen auf der braunen Heide rings um ihn her. Die Sonne erhob sich zu seiner Linken, und vor seinen Füßen sprang eine Lerche aus ihrem Lager im Gras und stieg, ihren fröhlichen Morgengesang anstimmend, in den blauen Himmel hinauf.

Michael bekreuzigte sich, horchte auf den süßen Gesang der Lerche und mußte beständig an das alte, kleine Männchen denken. Da wurde er, gerade als er den Gipfel des Berges erreichte und seine Augen auf die weite Aussicht vor und hinter sich warf, von der wohlbekannten Stimme sowohl erschreckt als erfreut, die ihm zurief: »Nicht wahr, Michael Purcell, ich sagte dir, du würdest ein reicher Mann werden?«

»Gewiß, es war keine Lüge, Herr! Ich wünsche Euch einen guten Morgen, aber daß ich zur Zeit ein reicher Mann bin, kann ich nicht sagen. Habt Ihr eine andere Flasche? Ich bedarf ihrer so gut wie vordem. Habt Ihr sie, Herr, hier ist die Kuh dafür.«

»Und hier ist die Flasche«, sagte der Kleine und lächelte, »du weißt, was du damit zu tun hast.«

»Ach ja«, antwortete er, »ich will es schon recht machen.«

»Guten Tag, Herr«, rief Michael, als er sich auf den Heimweg begab, »gutes Glück Euch und Glück dem hohen Berg, dem Flaschenberg, damit er einen Namen bekommt; guten Tag, Herr, guten Tag!« Damit eilte er, so schnell er konnte, zurück, ohne sich nur einmal nach dem Kleinen mit dem weißen Gesicht und der Kuh umzuschauen, nur besorgt, seine Flasche heimzubringen. Wohlbehalten langte er damit an, und sobald er Marie erblickte, rief er aus: »Ja, ich habe eine andere Flasche!«

»Tausend!« rief die Frau, »hast du sie? Du bist ein Glückskind, Michael Purcell, ja, das bist du!«

Sie brachte alles sogleich in Ordnung, und Michael, seine Flasche betrachtend, schrie in seiner Freude: »Flasche, tue deine Schuldigkeit!« In einem Augenblick sprangen zwei große, gewaltige Männer aus der Flasche mit dicken Knütteln in den Händen, die den armen Michael, seine Frau und seine ganze Familie unbarmherzig bläuten, bis alles auf dem Boden lag, worauf sie in die Flasche zurückeilten. Michael, sobald er wieder zu Besinnung kam, stand auf und sah sich um. Er sann und sann. Endlich hob er Frau und Kinder in die Höhe und sprach: »Macht, daß Ihr Euch wieder erholt, so gut es geht«, nahm die Flasche unter den Mantel und begab sich zu seinem Gutsherrn.

Dort war große Gesellschaft, und Michael bat einen Bedienten, dem Herrn zu sagen, daß er ein paar Worte mit ihm zu sprechen wünschte. Endlich kam der Herr heraus und fragte: »Was bringt Ihr mir Neues, Michael?«

»Nichts, Herr, als daß ich eine andere Flasche habe.«

»Ei, ei! Ist sie auch so gut, wie die erste?«

»Jawohl, Herr, noch besser. Wenn's Euch beliebt, so will ich sie Euch vor allen Herren und Damen zeigen.«

»Tretet nur herein«, sprach der Gutsherr, und Michael ward in den Saal geführt, wo er seine alte Flasche erblickte, die oben auf dem Gesimse stand. »Sieh da!« sagte er zu sich selbst, »vielleicht habe ich dich in kurzem wieder!«

»Wohlan«, sagte der Gutsherr, »zeigt her Eure Flasche!« Michael setzte sie auf den Boden und sprach die Zauberworte. In einem Augenblick lag der Gutsherr danieder, Damen und Herren, Bediente und wer sonst zugegen war, rannten, schrien, wälzten sich, stießen mit den Füßen und heulten. Becher und Teller rollten nach allen Seiten hin, bis der Gutsherr endlich ausrief: »Bring diese zwei Teufel zur Ruhe, Michael Purcell, oder ich lasse dich aufhängen!«

»Nicht eher sollen sie aufhören«, sagte Michael, »als bis Ihr mir meine Flasche wiedergebt, die ich dort oben auf dem Gesims sehe.«

»Holt sie ihm herab«, sagte der Herr, »ehe wir alle ermordet sind.«

Michael steckte die alte Flasche vor seine Brust, die Männer sprangen wieder in die neue hinein, und er trug sie beide heim. Was soll ich noch weiter erzählen, daß Michael reicher ward als zuvor, daß sein Sohn die Tochter des Gutsherrn heiratete, daß er und sein Weib in hohem Alter starben und bei ihrer Leichenfeier einige Diener in Streit gerieten und die Flaschen zerbrachen! Doch der Berg hat noch immer den Namen und wird wohl Flaschenberg heißen bis ans Ende der Welt.

Die verwandelten Elfen

Johann Mulligan war ein so ehrlicher alter Bursche, als je einer in Carlow seinem Pferde Sporn in die Seiten gesetzt hat. Zudem war er der lustigste und munterste Geselle, den man weit und breit beim Punsch finden konnte. Er pflegte ein gutes Pferd zu reiten, und ein besserer Punsch als seiner wurde bei neunzehn Edelleuten nicht getrunken.

Mulligan glaubte steif und fest an Geister und ward bös, wenn jemand daran zweifelte. Er wußte mehr Geschichten davon, als in zwei Quartanten könnten gedruckt werden, und er versäumte nicht, sie zu erzählen, sobald er einen Zuhörer finden konnte. Einige glaubten ihm diese Geschichten, die meisten glaubten sie nicht; doch niemand pflegte zuletzt mehr dem alten Manne zu widersprechen, weil es unbarmherzig gewesen wäre, ihn damit zu quälen. Doch in seiner Nachbarschaft befanden sich ein paar junge Leute, welche eben zum ersten Male während der Ferienzeit von der hohen

Schule gekommen waren und die Sommermonate bei ihrem Oheim, Herrn Whaley, zubrachten, einem alten Anhänger von Cromwell, der zu Ballybegmullinahone wohnte. Sie waren von ihrer Schulweisheit zu sehr angefüllt, als daß es ihnen möglich gewesen wäre, den alten Mann unangefochten seiner Wege gehen zu lassen.

Sie belachten jede Geschichte, die er vorbrachte, und riefen: »Das ist unmöglich! Das ist alter Weiber Geschwätz!« oder dergleichen. Wenn er behauptete, seine Geschichten wären aus der reinsten Quelle geflossen, ja einige ihm von seiner eigenen Großmutter, einer achtungswürdigen alten Dame, wenn auch leicht beweglichen Geistes, als Dinge erzählt worden, die sie selbst erlebt hätte, so schnitten sie das Gespräch damit ab, daß sie behaupteten, die Großmutter wäre schon damals kindisch gewesen und hätte ohnehin in ihrer besten Zeit große Neigung gehabt, bei ihren Erzählungen ein langes Seil zu drehen.

»Aber«, sagten sie, »Mulligan, habt Ihr denn selbst jemals einen Elfen gesehen?«

»Niemals«, antwortete er.

»Wohlan«, riefen sie, »bis dahin narrt uns nicht mit solchen Erzählungen von Eurer Großmutter.«

An diesem Fleck war Mulligan besonders empfindlich, und er wollte für seine Großmutter in die Schranken treten, aber die jungen Leute waren ihm zu scharf, und zuletzt geriet er in Hitze, wie gewöhnlich der, welcher bei einem Streit im Nachteil ist. Diesen Abend (da er bei ihrem Oheim, der sein alter Freund war, zu Mittag gegessen) hatte er ziemlich reichlich getrunken und war ganz aufgeregt. Endlich ward er ganz leidenschaftlich, ließ die Pferde vorführen, und ungeachtet aller Bitten des Hausherrn jagte er fort, obgleich er willens gewesen war, da zu schlafen.

»Ich mag nichts mehr mit diesen beiden Maulaffen und Gelbschnäbeln zu tun haben«, rief er, »die, weil sie gelernt haben, unnützes in Drudenfüßen gedrucktes Zeug zu lesen, und von einigen rotnasigen, geschwätzigen alten Perückenstöcken unterrichtet worden sind (nicht daß ich sagen wollte, es könnte einer, der eine rote Nase hat, kein ehrlicher Mann sein), sich einbilden, sie wüßten mehr als ein rechtschaffener Kerl, der sich's sauer auf der Welt hat werden und ein paar Jahre lang sich den Wind ins Gesicht wehen lassen.«

In ärgerlicher Hast ritt er fort und jagte so gewaltig, als sein Roß über die Kalksteine dahinsprengen konnte. »Verdammt!« stammelte er, »Gott verzeihe mir meine Sünde! Die Schurken hatten in einem Stücke recht, daß ich niemals Elfen gesehen! So wollte ich doch fünf Acker Land so gut als eins, auf dem je Kartoffeln wuchsen, darum geben, könnte ich nur einen Schimmer – aber, gerechter Himmel, was ist das?«

Er blickte auf, vor seinen Augen zeigte sich das artigste Schauspiel von der Welt. Der Weg führte an einer anmutigen Ebene vorüber, hier und da standen Bäume, nicht dicht wie in einem Wald, sondern fünf oder sechs beisammen oder auch einer ganz allein, und erhoben sich über dem grünen Grund, wie ein Vorgebirg aus der See aufsteigt. Er war gerade der Krone des Gehölzes gegenüber gekommen, einer Eiche, welche in den ältesten Urkunden der Grafschaft (und die waren wenigstens fünfhundert Jahre alt) die alte Eiche von Ballinhassig genannt wurde. Die Zeit hatte den Stamm ausgehöhlt, während noch immer mächtige Äste mit ihrem dunkeln, gezackten Laubwerk hin und her sich bewegten. Der

Mond schien eben in vollem Glanz, und bei diesem Licht bemerkte Mulligan eine allerliebste Gesellschaft kleiner, artiger Gestalten, die unter der Eiche in immerwährender, behender Bewegung tanzten. Es waren viele beisammen, einige breiteten sich fern noch über den fernsten Schatten der Eichenäste aus, andere zeigten sich glänzend in den fliegenden Lichtern, die zwischen den Blättern durchdrangen, andere konnte man ungehindert sehen, wie sie sich am Stamme unten niedergelassen hatten, andere endlich waren ohne Zweifel vor seinen Augen noch verborgen. Niemals hat man etwas Lieblicheres gesehen. Sie waren kaum drei Daumen hoch, aber weiß wie der gefallene Schnee und von unzähliger Menge. Mulligan legte dem Pferd den Zügel über den Hals und ritt bis zu der niedrigen Mauer, welche die Anlage umgab, und darauf gelehnt, beobachtete er mit unaussprechlichem Vergnügen ihre Tänze und Sprünge. Bei diesem längeren Anschauen bemerkte er bald manches, was ihm anfangs nicht in die Augen gefallen war. Besonders zeigte sich in der Mitte der König in größerer Gestalt, um welchen sich die Gruppe zu bewegen schien. Er starrte so lange, bis er endlich vor Freude sich nicht mehr zurückhalten konnte und laut rief: »Recht so, kleiner Geselle! Wohl gesprungen und tüchtig!« Aber in demselben Augenblick, wo er diese Worte ausgesprochen hatte, verfinsterte sich die Nacht, und die Elfen verschwanden mit Blitzesschnelle.

»Ich wünschte«, sagte Mulligan, »ich hätte meine Zunge im Zaum gehalten, doch es macht nichts aus. Jetzt will ich sogleich umkehren und nach der Burg Ballybegmullinahone zurückgehen und die eingebildeten, überklugen jungen Herrn auf diesen Platz heraustreiben.«

Mulligan eilte mit Windesschnelligkeit zurück. Er rasselte heftig an der Türe und rief laut nach den beiden Jünglingen.

»Heda«, sagte er, »Ihr jungen Plattköpfe, kommt herunter, wenn Ihr Euch getraut. Ihr sollt Euch mit eigenen Augen überzeugen, daß ich wahr gesprochen habe.«

Der alte Whaley steckte seinen Kopf aus dem Fenster und sprach: »Johann Mulligan, was bringt Euch so spät wieder zurück?«

»Die Elfen!« schrie er, »die Elfen!«

»Ich fürchte«, murmelte der Herr von Ballybegmullinahone, »Ihr habt in das letzte Glas, das Ihr trankt, zuwenig Wasser gegossen; doch es hat nichts zu sagen, kommt herein und kühlt Euch bei einem Becher Punsch ab.«

Er kam herein und setzte sich wieder an den Tisch. In großer Begeisterung erzählte er seine Geschichte. Tausend und abermal tausend Elfen hatte er gesehen, tanzend unter der alten Eiche von Ballinhassig. Er beschrieb ihre prächtigen Kleider von glänzendem Silber, ihre runden flachen Hüte in dem Mondschein schimmernd und die fürstliche Gestalt und Haltung des Oberhaupts. Er fügte hinzu, daß er ihren Gesang gehört und die entzückende Musik, die sie gemacht hätten. Doch das war bloße Einbildung. Die jungen Leute lachten, Mulligan ließ sich nicht beirren.

»Wenn wir nun«, sagte einer von ihnen, »mit Euch gemeinschaftlich zu dem Platz hinausritten, wo Ihr die prächtige Gesellschaft von Elfen gesehen habt?«

»Gut«, rief Mulligan, »nur kann ich Euch nicht versprechen, daß Ihr sie dort finden werdet, denn ich sah sie in die Höhe rauschen wie einen Schwarm Bienen und hörte ihre

Flügel in der Luft sausen.« Das war aber eine Prahlerei, denn Mulligan hatte nichts dergleichen gehört.

Sie ritten alle drei fort und kamen zu dem Gehölz. Sie langten bei der Mauer an, dem großen Baum gegenüber, und der Mond war aus den Wolken wieder aufgetaucht und schien so hell, als wie Mulligan zuerst vorbeikam. »Schaut dort«, rief er frohlockend, denn dasselbe Schauspiel begann wieder vor seinen Augen, und deutete mit seiner Reitgerte hin, »schaut und leugnet, wenn Ihr imstande seid.«

»Wahrhaftig«, sagte einer von den Jünglingen mit einigem Nachsinnen, »dort sehen wir eine Gesellschaft weißer Gestalten, aber wären das Geister noch zehnmal mehr, ich gehe doch unter sie.« Damit stieg er ab, um über die Mauer zu klettern.

»Ach, Thomas, Thomas!« rief Mulligan, »halt! Halt! Was wollt Ihr tun? Die Geister, das stille Volk mein ich, haben es nicht gern, wenn sich jemand unter sie mischt. Ihr werdet gezwickt oder geblendet oder Euer Pferd verliert die Eisen oder – nun seht! Einen Eigensinnigen muß man gewähren lassen. Ach! Oh! Oh! Jetzt ist er bald bei der Eiche. Gott stehe ihm bei, denn kein Mensch kann ihm mehr helfen!«

In diesem Augenblick war Thomas bei der Eiche angelangt und wollte bersten vor Lachen. »Mulligan«, rief er, »behaltet Eure Gebete für Euch, Eure Geister sind nicht so bösartig. Ich glaube, sie geben eine leidlich gute Brühe.«

»Brühe?« sagte Mulligan, welcher, als er fand, daß die beiden Jünglinge (denn der zweite war seinem Bruder gefolgt) mitten unter den Geistern lachend standen, abgestiegen und langsam vorgegangen war, »was meint ihr mit Brühe?«

»Nichts«, antwortete Thomas, »als daß es Schwämme

sind«, denn das waren sie wirklich, »und Euer Oberon ist nur ein übergroß gewachsener Pilz.«

Der arme Mulligan gab sein Erstaunen in einem langen Ausruf zu erkennen, schwankte, ohne noch ein Wort zu sprechen, zu seinem Pferd und ritt in starkem Galopp nach Haus, ohne einmal hinter sich zu schauen. Es dauerte lang, ehe er es wagte, den beiden Lachern in Ballybegmullinahone vor die Augen zu treten, und bis zu seinem Tod nannte ihn das Volk den Pilzenhans in diesem und fünf andern Kirchsprengeln.

Die Banshee von Bunworth

Um die Mitte des vorigen Jahrhunderts war Pfarrer zu Buttevant in der Grafschaft Cork der ehrwürdige Herr Carl Bunworth, ein Mann von gründlichen Kenntnissen und ungeheuchelter Frömmigkeit. Von den Reichen war er geachtet, von den Armen geliebt, und ein Unterschied im Glauben minderte nicht die Zuversicht, mit der sie sich in einer schwierigen Angelegenheit oder in Zeiten des Mißgeschickes an ihn wendeten; denn sie waren gewiß, von ihm Beistand in Rat und Tat zu erhalten, wie ihn ein Vater seinen Kindern zu gewähren pflegt. Zu ihm kamen aus der benachbarten Stadt Newmarket seines Rates und Unterrichtes wegen Curran sowohl als Yelverton vor ihrem Eintritt in die hohe Schule zu Dublin. Jung, ohne Vermögen und Erfahrungen, empfingen diese späterhin berühmten Männer außer der Belehrung, die sie suchten, noch Unterstützung in Geld, und ihre glänzende Laufbahn in der Folge rechtfertigte den feinen Takt, womit der Geber sie auszeichnete.

Was indessen den Ruf des Herrn Bunworth weit über die Grenzen der nächsten Kirchsprengel verbreitete, war seine Fertigkeit auf der irischen Harfe und die gastfreundliche Aufnahme und Bewirtung der armen Harfenspieler, die von Haus zu Haus in der Grafschaft umherzogen. Dankbar sangen sie auf ihren Wanderungen den Ruhm des Wohltäters zu den rauschenden Tönen ihrer Harfe, indem sie zur Vergeltung seiner Güte reiche Segnungen auf sein weißes Haupt herabriefen und in schlichten, kunstlosen Worten die Reize seiner blühenden Töchter Elisabeth und Marie priesen. Es war alles, was diese armen Sänger vermochten, aber wer will an der Aufrichtigkeit ihres Dankes zweifeln, da bei dem Tod des Herrn Bunworth nicht weniger als fünfzehn Harfen auf dem Boden seines Kornhauses sich hinterlegt fanden, die ihm von den letzten Gliedern eines Stammes, der nun aufgehört hat zu bestehen, waren vermacht worden? Geringfügig ohne Zweifel war der eigentliche Wert dieser Überbleibsel, doch in den Gaben des Herzens liegt etwas, das verdient, erhalten zu werden, und es ist zu bedauern, daß nach seinem Tode diese Harfen eine nach der andern zerschlagen und von einem unwissenden Glied der Familie, welchem man, als sie für eine Zeitlang ihren Aufenthalt in Cork nahm, die Sorge für das Hauswesen übertragen hatte, zum Feueranmachen verbraucht wurden.

Die Umstände bei dem Tode des Herrn Bunworth mögen von manchem in Zweifel gezogen werden; doch es leben noch jetzt glaubwürdige Zeugen, welche die Wahrhaftigkeit davon behaupten und gestellt werden können, um die meisten, wo nicht alle Einzelheiten der folgenden Erzählung zu verbürgen.

Ungefähr eine Woche vor seinem Ende bei dem Eintritt der Nacht ward ein Geräusch an der Saaltüre vernommen, etwa als ob ein Schaf geschoren würde, ohne daß man damals besonders darauf acht hatte. Es war bald elf Uhr in derselben Nacht, als der Hirte Kavanagh von Mallow zurückkehrte, wohin er einiger Arzneien wegen nachmittags war ausgeschickt worden, und Miß Bunworth, welcher er das Glas überreichte, bemerkte, daß er sehr verstört aussah. Zu dieser Zeit glaubte man, daß der Zustand ihres Vaters durchaus nicht gefährlich sei.

»Was habt Ihr, Kavanagh?« fragte sie; aber der arme Mensch mit ganz verwildertem Blick brachte nur die Worte hervor: »Der Herr, Miß, der Herr, er verläßt uns!« Und überwältigt von heftiger Betrübnis, brach er in eine Flut von Tränen aus.

Miß Bunworth, deren kräftige Natur nicht leicht zu schrecken war, fragte, ob er in Mallow etwas gehört hätte, was ihn veranlassen könnte zu vermuten, daß es mit ihrem Vater schlimm stände?

»Ach, nein, es war nicht in Mallow«, antwortete er.

»Kavanagh«, sagte Miß Bunworth mit jenem entschiedenen Wesen, das in ihrem Charakter lag, »ich fürchte, Ihr habt getrunken, und ich gestehe, daß ich es am wenigsten in dieser Zeit von Euch erwartete, wo Ihr besonders verpflichtet wart, nüchtern zu bleiben. Ich dachte, man könnte sich auf Euch verlassen. Was hätten wir anfangen sollen, wenn die Arzneiflasche zerbrach oder verlorenging? Denn der Arzt hat gesagt, es sei von größter Wichtigkeit, daß der Herr noch heute nacht davon nehme; doch ich will morgen mit Euch sprechen, wenn Ihr Euch in einem Zustand befindet, in welchem Ihr fähiger seid zu wissen, was Ihr sagt.«

Kavanagh schaute auf mit einem dummen Blick, der nicht dazu dienen konnte, den Eindruck seiner Trunkenheit zu entfernen, sowenig als die trüben, vom Weinen geschwollenen Augen; doch seine Stimme war nicht die eines Berauschten.

»Miß«, sagte er, »so wahr mir Gott helfe! Kein Tropfen ist über meine Lippen gekommen, seit ich dieses Haus verlassen habe; doch der Herr –«

»Redet leise«, antwortete Miß Bunworth, »er schläft, und es geht so gut, als wir nur immer erwarten können.«

»Gott sei gelobt!« sagte Kavanagh; »doch ach, er verläßt uns, wahrhaftig, Miß, er verläßt uns!« Und rang die Hände.

»Was meint Ihr, Kavanagh?« fragte sie.

»Was ich meine? Die Banshee hat sich gezeigt, seinetwegen, und ich bin es nicht allein, der sie gehört hat.«

»Das ist bloßer Aberglaube!« sagte Miß Bunworth.

»Mag wohl sein!« versetzte Kavanagh, als wenn die Worte bloßer Aberglaube nur in seine Ohren geklungen wären, ohne seine Seele zu erreichen; »mag wohl sein; doch«, fuhr er fort, »als ich durch das Tal von Ballybeg kam, ging sie daher, jammernd und schreiend und die Hände zusammenschlagend; an meiner Seite war sie bei jedem Schritt, den ich auf dem Weg tat; ihr langes weißes Haar fiel über ihre Schultern, und ich konnte hören, wie sie des Herrn Namen dann und wann aussprach, so deutlich, als ich jemals gehört habe. Wie ich zu der alten Abtei kam, verließ sie mich und wendete sich nach dem Taubenfeld zunächst dem Gottesacker und, sich in ihren Mantel hüllend, setzte sie sich unter einen vom Blitz gespaltenen Baum und hub an, so bitterlich zu wehklagen, daß es durchs Herz ging, es mit anzuhören.«

»Kavanagh«, sagte Miß Bunworth, die gleichwohl aufmerksam seiner wunderlichen Erzählung zugehört hatte, »mein Vater befindet sich, wie ich glaube, besser, und ich hoffe, er wird bald wieder auf sein und selbst imstande, Euch zu überzeugen, daß dies alles nur Einbildung von Euch ist. Indessen verlange ich von Euch, nichts von dem zu erwähnen, was Ihr mir soeben erzählt habt, denn es ist nicht der Augenblick, die Leute im Hause mit dieser Geschichte in Furcht zu setzen.«

Herrn Bunworths Kräfte nahmen allmählich ab, doch kein besonderer Umstand ereignete sich, bis zu der Nacht vor seinem Tode. In dieser Nacht ließen die beiden Töchter, erschöpft vom Wachen und der beständigen, aufmerksamen Pflege, sich überreden, ein wenig auszuruhen; eine ältliche Frau, nahe Verwandte und Freundin der Familie, blieb neben dem Bett des Kranken sitzen. Der alte Mann lag in dem Gesellschaftszimmer, wohin er den Morgen auf sein eigenes Verlangen gebracht worden war, weil er sich einbildete, diese Veränderung würde ihm einige Erleichterung gewähren; mit dem Kopf lag er nahe an dem Fenster. In dem anstoßenden Zimmer saßen einige Freunde, und wie gewöhnlich bei solchen traurigen Anlässen waren in der Küche mancherlei Menschen aus Anhänglichkeit an die Familie versammelt.

Es war eine mondhelle Nacht, der Kranke schlief, und nichts unterbrach die Stille des traurigen Wachens, als die kleine Gesellschaft in dem anstoßenden Zimmer, dessen

Türe offenstand, aufgeschreckt wurde durch einen Ton an dem Fenster nahe bei dem Bett. Ein Rosenbaum stand außen so nahe, daß er die Scheiben des Fensters berührte. Dieses wurde plötzlich mit einigem Geräusch aufgestoßen und leises Wimmern gehört und ein Zusammenschlagen der Hände wie von einem Weib in tiefem Jammer. Es schien, als käme der Ton von jemand, der seinen Mund ganz nah an das Fenster hielt. Die Frau, welche neben dem Bette des Kranken saß, stand auf und ging in das Nebenzimmer und fragte mit ängstlichem Ton die Herren, ob sie die Banshee gehört hätten? Zwei von ihnen, die an übernatürliche Erscheinungen wenig glaubten, standen sogleich auf, um die Ursache jener Klänge zu entdecken, die sie gleichfalls deutlich vernommen hatten. Sie gingen rund um das Haus, untersuchten jede Stelle, vorzüglich jene in der Nähe des Fensters, woher die Stimme gekommen war; alles Suchen war jedoch vergeblich, sie entdeckten nicht das geringste, und ununterbrochene Stille herrschte überall. In der Hoffnung, das Geheimnis zu enthüllen, setzten sie ihre Nachforschungen die Straße entlang auf das genaueste fort, und da diese sehr gerade war und die Nacht vollkommen hell, hinderte sie nichts, rundumher eine ziemliche Strecke zu übersehen; indessen war alles still und öd, und sie kehrten mit Verwunderung und getäuscht in ihren Erwartungen zurück. Um so größer war ihr Erstaunen, als sie vernahmen, daß in der ganzen Zeit während ihrer Abwesenheit jene, die im Hause zurückgeblieben waren, das Wehklagen und Zusammenschlagen der Hände gehört hatten, und zwar viel lauter und deutlicher als zuvor; und kaum hatten sie die Türe des Zimmers hinter sich zugemacht, als sie abermals jene klägliche Stimme vernahmen. Der Kranke ward von Stunde zu Stunde schlimmer, und beim ersten Schimmer des Morgens tat Herr Bunworth den letzten Atemzug.

Feenwäsche

Auf Anglesea war jemand, der eines Morgens beim Erwachen sein Hemd gar nicht finden konnte. Am anderen Morgen erstaunte er beim Erwachen noch mehr, da er Feen in seinem Zimmer tanzen und gleich darauf verschwinden sah. Als er kurz danach aufstand, fand er sein Hemd rein gewaschen und eine halbe Crown darin eingewickelt.

Eliodorus in der jenseitigen Welt

Vor langer Zeit lebte an den Ufern des Flusses Neath im Süden von Wales ein zwölf Jahre alter Junge, der hieß Eliodorus. Es war die Hoffnung seiner Mutter, daß aus ihm einmal ein Priester werden würde, und also ließ sie ihn bei einem strengen Lehrer erziehen. Dieser Lehrer aber hatte nichts anderes im Sinn, als ihn immer wieder windelweich zu schlagen. Eines Tages nun, als Eliodorus wieder einmal mit Schlägen rechnen mußte, rannte er fort, hinunter zum Fluß, und versteckte sich dort in einer Höhle in der Uferböschung. Zwei Tage blieb er in seinem Versteck. Am ersten Tag sagte er sich: »Lieber Hunger als Schläge«, und am zweiten Tag: »Ich glaube, ich habe lieber Hunger als Schläge!« Am dritten Tag war er nahe daran zu sagen: »Ich glaube, ich lasse mich lieber schlagen, als daß ich weiter hungere« und wollte schon fortgehen, um sich seinem Lehrer zu stellen, als zwei kleine Männer mit einem Korb voller Beeren und einem Krug voller Milch die Höhle betraten, beides vor Eliodorus hinstellten und zu ihm sagten: »Wir sind der Meinung, es ist besser, weder zu hungern noch geschlagen zu werden.«

Er hielt dies für eine sehr vernünftige Ansicht und machte sich daran, zu essen und zu trinken. »Wir haben Mitleid mit dir gehabt«, sagten die kleinen Männer zu ihm, als er sich nach dem Essen den Mund abwischte, »und wenn du willst, werden wir dich in ein wunderschönes Land führen, wo man immer nur spielt und seine Freude hat.«

Das schien Eliodorus weit angenehmer als die Aussicht, sich vor seinem Lehrer verantworten zu müssen, und er folgte ihnen einen Pfad entlang, der weiter und weiter in die Höhle hineinführte, bis sie schließlich ein Land erreichten, in dem es grüne Bäume, blühende Sträucher und fette Wiesen gab. Es unterschied sich von der Welt, die Eliodorus kannte, nur dadurch, daß es weder Sonnen- noch Mondlicht dort gab, daß die Tage düster und grau, die Nächte aber stockfinster waren. Die beiden kleinen Männer führten Eliodorus vor ihren König, der zwar auch winzig war, aber dennoch seine Untertanen so überragte wie die Birke die Brombeerbüsche. Er stellte Eliodorus viele Fragen über sein Leben in der Welt der Menschen und versprach dann, ihn mit soviel Freundlichkeit wie den eigenen Sohn zu behandeln. »Es steht dir frei zu spielen«, sagte der König, »aber das Alphabet wirst du dennoch lernen müssen. Wie schon der alte König Salomo gesagt hat: Wenn auch die Wurzeln der Gelehrsamkeit bitter sind, so sind doch ihre Früchte süß. Und wenn Lernen gut ist für einen Prinzen, ist es auch gut für einen Priester.«

Ein ganzes Jahr wohnte der Junge in der jenseitigen Welt bei den Feen. Er lernte seine Buchstaben und spielte mit dem Sohn des Königs Ball. Wenn diese Männer und Frauen auch winzig waren, so waren sie doch schöner als irgendwelche Menschen, die Eliodorus zuvor gesehen hatte. Sie besaßen Pferde und Windhunde und all die Haustiere der Menschen, nur eben war auch das Vieh viel kleiner. Sie aßen nie Fisch oder Fleisch, sondern lebten nur von Milch, die sie mit Safran und anderen süßschmeckenden Kräutern würzten. Vor allem aber waren sie sehr freundlich. Sie liebten einander. Sie hielten sich an die Wahrheit und waren einander treu ergeben. »Vertrauen ist unser Fels«, sagte der König häufig zu Eliodorus, »und auch du tust gut, das nie zu vergessen.«

Während dieses einen Jahres kehrte der Junge bei mehreren Gelegenheiten auf die Erde zurück. Manchmal auf jenem Pfad, den er beim ersten Mal gegangen war, manchmal auf einem anderen, der länger war und tiefer unten verlief, zuerst begleitet von den zwei kleinen Männern, die die Beeren und die Milch gebracht hatten, später auch ganz allein, so groß war inzwischen das Vertrauen, das das kleine Volk in ihn setzte. Er hatte sich auch seiner Mutter bemerkbar gemacht, deren Freude keine Grenzen kannte, und als er häufiger kam, erzählte er ihr immer mehr von den Sitten und Gebräuchen der jenseitigen Welt.

»Was, selbst ihre Tassen und Teller sollen aus Gold sein?« sagte sie erstaunt zu ihm.

»Gewiß doch«, versicherte er ihr, »und sogar der Ball, mit dem ich mit dem Königssohn spiele, ist durch und durch aus Gold.«

Als sie ihn das sagen hörte, kam es ihr in den Sinn, wie angenehm es doch für eine hart arbeitende Witwe wäre, einen solchen goldenen Ball zu besitzen.

»Sohn«, sprach sie, »du liebst doch deine Mutter?« Natürlich liebte er sie. »Dann tu mir einen Gefallen.«

Freilich würde er ihr einen Gefallen tun. Aber er war doch sehr bekümmert, als sie ihn dann darum bat, den Ball aus der jenseitigen Welt mitzubringen. Aber er hatte es ihr versprochen, auch schien dort Gold nicht gerade knapp zu sein, und niemand hielt offensichtlich ein Auge drauf.

Als er nun das nächste Mal mit dem Sohn des Königs spielte, stahl er den Ball und lief auf dem Pfad, der zur Höhle führte, davon.

Zu Anfang ging er gemächlich, aber am Ende rannte er doch, denn er hörte hinter sich ein Geräusch wie von Mäusen und sah graue Schatten huschen. Noch ehe er das Tageslicht erreichte, war er sicher, daß er verfolgt wurde, und als er hinab zum Flußufer wollte, erkannte er, daß es seine beiden alten Freunde waren, die ihm nachliefen und ihn mit ihren dünnen Stimmen baten, den goldenen Ball wieder herzugeben. Obgleich sie so klein waren und sie deshalb nur kurze Schritte machen konnten, holten sie rasch auf, und als er auf der Schwelle des Hauses seiner Mutter stolperte und hinfiel, brachten sie den Ball an sich, den er dabei verloren hatte.

»Bitte«, rief er, »ich habe es doch nur für meine Mutter getan. Das ist doch nur menschlich.«

»Wir halten es für besser«, erwiderten sie, »weder treulos noch menschlich zu sein.«

Und als er wieder auf den Beinen stand, ließen sie ihn ihre Verachtung spüren und gingen davon. »Nehmt mich doch mit«, rief er, »bitte, verzeiht mir. Ich bitte euch!«

Aber sie wandten sich nicht einmal mehr nach ihm um. Über viele Jahre hin ging er jeden Tag an den Fluß, um die Höhle zu suchen und den Pfad, der tiefer in die Erde hineinführte ... vergebens. So kehrte er schließlich zu seinem Lehrer zurück, und nachdem Jahre vergangen waren, wurde er ein Mönch in einem Kloster.

Immer wieder erzählte er hohen Herren und den heiligen Bischöfen von seinem Ausflug in die jenseitige Welt. Und was alle Zuhörer immer am meisten beeindruckte, daß er es nie fertigbrachte, das Ende der Geschichte zu erzählen, ohne dabei bittere Tränen der Reue darüber zu vergießen, daß er den Feen die Treue gebrochen und dadurch seine Freunde und das kleine Volk für immer verloren hatte.

Die drei Feen

Es lebte einmal in dem Flecken Marcianise eine Witwe namens Caradonia. Sie konnte man als die wahre Mutter des Neides betrachten, da sie nie einer Nachbarin etwas Angenehmes widerfahren sah, das ihr nicht in der Kehle steckengeblieben wäre, nie von dem Glücke einer Bekannten hörte, worüber sie sich nicht schwer geärgert hätte, und nie weder Mann noch Frau froh und zufrieden sehen konnte, ohne daß sich ihr der Hals zusammenschnürte.

Diese Witwe nun besaß eine Tochter. Sie hieß Grannizia und war ein Ausbund an Häßlichkeit, die Königin der Scheusale und die Zier aller Wechselbälge. Sie hatte einen Kopf voll Nüsse, verfilzte Haare, kahle Schläfen, eine Stirn voller Beulen, Augen so rot wie Feuer, eine Nase voll Blattern, Zähne so schwarz wie Kohlen, einen Rachen wie ein Werwolf, ein Kinn so spitz wie ein Dreieck, einen Hals wie ein Rabe, Brüste wie die Schrotbeutel, Schultern so gewölbt wie eine Kuppel, Arme wie die Bohrer, Beine wie die Türkensäbel, Füße wie ein Affe – mit einem Wort: vom Wirbel bis auf die Zeh eine Vogelscheuche, eine widerliche Fratze, eine abscheuliche Hexe, besonders aber ein wahrer Zwerg von einem kurzen, dicken Knirps. Dennoch erschien sie trotz aller dieser Gebrechen ihrer Mutter so schön wie ein Püppchen.

Es geschah nun aber, daß diese Witwe sich wieder mit einem gewissen Micco Antonio verheiratete, einem steinreichen Landmann aus Panecuocolo, welcher zweimal Bürgermeister und Syndikus dieses Dorfes gewesen und bei allen Panecuocolesen sehr angesehen und hochgeachtet war. Auch Micco besaß eine Tochter. Sie hieß Cecella und wurde für das größte Wunder an Schönheit in der Welt gehalten. Sie hatte ein lockendes Auge zum Bezaubern, einen Kußmund zum Entzücken, einen milchweißen Hals, um außer sich zu geraten, und war mit einem Wort so lieblich und anmutig, so voll Übermut, Scherz und Spiel, so voll Gekose und Schmeichelei, daß sie die Herzen aus der Brust stahl. Wozu aber so viel

Worte? Es genügt, wenn ich sage, daß sie wie mit dem Pinsel gemalt schien und man keinen Fehl an ihr finden konnte. Als daher Caradonia wahrnahm, daß Cecella gegen ihre Tochter sich ausnahm wie ein Sammetkissen gegen einen Scheuerwisch, wie ein venezianischer Spiegel im Vergleich zu einem rußigen Ziegel, wie die Fee Morgana neben einer Hexe, so fing sie an, Cecella mit scheelen Augen anzusehen und sie herzlich dick zu bekommen.

Sie hatte deshalb kaum im Haus festen Fuß gewonnen, als das Geschwür an ihrem Herzen aufplatzte, und da sie nicht länger diese Folter ertragen konnte, fing sie an, das unglückliche Mädchen auf jede mögliche Weise zu quälen. Denn ihre eigene Tochter ließ sie in einem ausgezackten Kleid aus Serge und einem Mieder aus Sammet, die arme Stieftochter aber in den ärmsten Lumpen und Fetzen des ganzes Hauses einhergehen. Der Tochter gab sie Brot so weiß wie Schnee, der Stieftochter ein Stück vertrockneten und verschimmelten Brotes. Ihre Tochter ließ sie den ganzen Tag die Hände müßig in den Schoß legen, die Stieftochter aber immerfort arbeiten wie ein Pferd, indem sie allein das Haus fegen, die Teller abscheuern, die Betten machen, die Wäsche waschen, die Schweine füttern, den Esel striegeln und die Prost-Mahlzeit ausgießen mußte, welches alles das wackere, fleißige Mädchen, ohne Rast und Ruh und ohne irgendeine Mühe zu sparen, gern verrichtete, um nur der bösen Stiefmutter ihren Willen zu tun.

Nun fügte es aber einmal ihr guter Stern, daß, als sie eines Tages aus dem Hause ging, um den Kehricht an einen Ort zu werfen, wo sich eine großmächtige Grube befand, ihr der Korb hinunterfiel. Während sie nachsann, auf welche Weise sie ihn aus der gewaltigen Tiefe herausfischen könnte, erblickte sie ein schwarzes Ungeheuer, von dem man nicht recht sagen konnte, ob es das Original oder die Kopie der häßlichsten Scheusale sein mochte. Dies war nämlich ein wilder Mann, der Haare hatte, pechschwarz wie Schweineborsten, welche ihm bis auf die Fersen reichten, eine runzelige Stirn, von der jede Falte eine mit dem Pflug gemachte Furche schien, gewölbte und buschige Brauen, schielende und tief eingesunkene Augen voll Butter, die zwei schmutzigen Läden unter großen Regenbächen von Wimpern glichen, ein schiefes, geiferndes Maul, aus welchem, wie bei einem wilden Schweine, ein paar Hauer hervorragten, eine blattrige, mit Haaren bewaldete Brust, mit denen man eine Matratze hätte anfüllen können, und außerdem noch einen hohen Buckel, einen dicken Wanst, dünne Beine und krumme Füße, so daß ein anderer vor Furcht in Ohnmacht gefallen wäre; Cecella jedoch, obwohl sie solch ein entsetzliches Ungeheuer vor sich sah, faßte sich ein Herz und sprach: »Wolltet ihr nicht, mein lieber Mann, mir den Korb, der mir da hinuntergefallen ist, heraufreichen, ihr sollet auch eine recht reiche Frau bekommen.« Der wilde Mann antwortete: »Steige herab, meine Tochter, und hole dir ihn selbst.« Das wackere Mädchen stieg auch wirklich, indem sie sich an die Baumwurzeln anhielt und an die Steine anklammerte, in die Tiefe hinunter, woselbst sie – man sollte es kaum glauben! – drei Feen fand, eine immer schöner als die andere. Sie hatten Haare von gesponnenem Gold, Gesichter wie der Vollmond, Augen, welche redeten, einen Mund, der mit lieblicher Musik zu zuckersüßen Küssen einlud, und was kann man weiter sagen? Einen zarten Hals, eine elastische Brust, eine weiche Hand, einen zierlichen Fuß und mit einem Wort eine Anmut, daß man sie einen mit lauter Schönheiten vergoldeten Rahmen nennen konnte. Diese nun erwiesen Cecella so viele Schmeicheleien und Liebkosungen, wie man sich kaum zu denken vermag, faßten sie darauf bei der Hand, führten sie in ein Haus, welches zwischen Schlupfwinkeln verborgen lag und einem gekrönten Haupt hätte zur Behausung dienen können. Als sie es betreten und sich auf türkische Teppiche und Kissen von glattem Sammet mit Troddeln aus gesponnenem oder gedrehtem Gold niedergesetzt hatten, ließen sich die Feen von Cecella die Haare kämmen, und während sie mit einem durchsichtigen Kamm aus Büffelhorn dieses Geschäft höchst sorgfältig und vorsichtig verrichtete, fragten sie die Feen: »Liebes Töchterlein, was findest du auf den Köpfchen?« worauf sie artig antwortete: »Ich finde Nüßchen und Läuschen wie die Perlen und Granaten.« Den Feen gefiel die Artigkeit Cecellas über alle Maßen, und nachdem diese trefflichen Frauen sich die zerstreuten Haare aufgesteckt hatten, führten sie Cecella mit sich umher und zeigten ihr nach und nach alle Herrlichkeiten jenes Zauberpalastes. Bald sah man Schreine, sorgfältig ausgelegt mit Kastanien und Hagbuchenholz, bald Kästchen, überzogen mit Roßleder und geschmückt mit zinnernen Verzierungen, bald Tische aus Nußbaumholz, so blank, daß man sich darin spiegeln konnte, bald Truhen mit Messingbeschlägen, von deren Glanz man geblendet wurde, bald Himmelbetten mit Vorhängen aus grüngeblümtem Stoff, bald lederne Lehnstühle und noch so viel andere Pracht, daß jeder andere bei diesem Anblick vor Staunen außer sich geraten wäre. Cecella jedoch betrachtete die Herrlichkeiten jenes Palastes mit größester Gleichgültigkeit und ohne sich irgendwie darüber zu wundern oder zu vergucken. Als sie nun zuletzt in eine mit den kostbarsten Gewändern dicht angefüllte Kleiderkammer getreten waren, zeigten die Feen ihr Frauenröcke aus spanischem Brokat, Roben mit Hängeärmeln aus dem schwersten Sammet und goldverziertem Zaum, Überwürfe aus Flor mit Schmelzspitzen besetzt, Leibchen aus dem stärksten Taffet, Stirnbänder aus natürlichen Blümchen und Zieraten in Gestalt von Eichenlaub, Muscheln, Halbmonden und Schlangenzungen, ferner blaue und weiße Spangen mit glänzenden Spitzen, Kornähren, Lilien und Federbüsche, alles Gegenstände für den Kopfputz, künstliche Granaten, mit Silber eingelegt, und endlich noch tausend andere Figürchen und Schmucksachen, die man um den Hals zu tragen pflegt. Indem nun die Feen alle diese Pracht Cecella zeigten, sagten sie zu ihr, sie solle ganz nach ihren Wünschen von diesen Sachen wählen und sich davon nehmen, soviel sie wolle. Cecella jedoch, welche demütig und anspruchslos war wie ein Veilchen, überging alle Sachen von größerem Wert und ergriff nur einen zerlumpten Frauenrock, der nicht sechs Pfennige wert war.

Hierauf fragten die Feen Cecella: »Durch welche Tür willst du aus dem Hause gehen, liebes Herzchen?«, und diese, sich bis auf die Erde verneigend und gleichsam im Staub wälzend, versetzte: »Für mich ziemt es sich, durch den Stall hinauszugehen.« Da umarmten sie die Feen auf das allerfreundlichste, küßten sie tausendmal, zogen ihr ein nagelneues, ganz mit Gold gesticktes Gewand an und machten ihr den Scheitel auf schottische Weise in Form eines Körbchens und mit so vielen Löckchen und Bändern, daß er wie eine blumige Flur aussah, das Stirnhaar mit einem Toupet und Knöpfen, die Flechten aber ließen sie ihr hinten herabhängen. Alsdann begleiteten sie Cecella bis an die Tür, welche aus massivem Gold und ringsherum mit Karfunkeln besetzt war, und sprachen zu ihr: »Gehe jetzt, liebe Cecella, begleitet von unseren Wünschen, dich blad verheiratet zu sehen; gehe jetzt also, und wenn du aus dieser Tür getreten bist, so schlag die Augen auf und sieh, was da droben ist.«

Cecella machte hierauf tiefe Verbeugungen und ging fort. Sobald sie aber zur Tür hinausgegangen war, hob sie den Kopf empor, und ein goldener Stern fiel ihr auf die Stirn, so daß sie, gestirnt wie Hesperus, langsamen Schrittes nach Hause zurückkehrte und vor die Stiefmutter trat. Ihr erzählte sie alles Vorgefallene vom Anfang bis zum Ende. Dies war jedoch für die boshafte Frau nichts Angenehmes, sondern vielmehr nur ein Stich ins Herz, weshalb sie sich gar nicht zufriedengeben konnte und sich endlich den Wohnsitz der Feen von Cecella bezeichnen ließ, wohin sie denn unverweilt das Scheusal von Tochter schickte. Sobald diese den Zauberpalast betreten und jene drei Edelsteine von Feen daselbst angetroffen hatte, erhielt sie zuerst und vor allen Dingen den Auftrag, ihnen den Kopf zu durchsuchen, und befragt, was sie fände, antwortete sie: »Jede Laus ist so groß wie eine Faust und jede Nisse wie ein Ei.« Zwar ärgerten sich hierüber die Feen gar sehr, und das unartige Benehmen der groben Liese fuhr ihnen heftig in die Nase. Doch schwiegen sie ganz still, indem sie an dieser Probe das ganze Stück erkannten, führten sie hierauf in die Zimmer, wo sich die kostbaren Gewänder befanden, und sagten zu ihr, daß sie sich das allerbeste auswählen sollte. Grannizia nun, welche sich einen Finger anbieten sah, wollte die ganze Hand ergreifen und nahm sich daher das schönste Kleid, das sich in den Schränken befand. Als die Feen Grannizia etwas so Kostbares ergreifen sahen, grollten sie ihr noch viel mehr, indes wollten sie abwarten, wie weit ihre Unverschämtheit gehen würde, und fragten sie daher: »Durch welche Tür willst du aus dem Hause hinausgehen, liebes Jüngferchen, durch die goldene oder durch die Hintertür?«, worauf Grannizia mit kecker Stirn versetzte: »Durch die beste, die da vorhanden ist.« Die Feen konnten nun nicht länger die Frechheit dieser Vettel ertragen und gaben ihr daher auch nicht das allergeringste, sondern schickten sie mit leeren Händen fort, indem sie zu ihr sagten: »Sobald du aus der Stalltür trittst, hebe dein Gesicht in die Höhe und sieh zu, was dann herabfallen wird.« Kaum war daher Grannizia über die Misthaufen hinweg hinausgetreten, so hob sie den Kopf empor. Schon fiel ihr eine Eselshode auf die Stirn, die unverzüglich mit der Stirnhaut zusammenwuchs und so aussah, als ob ihre Mutter während ihrer Schwangerschaft ein sonderbares Gelüst gehabt hätte.

Mit diesem schönen Geschenk nun kehrte Grannizia ganz langsam zu ihrer Mutter zurück, so daß diese wütend wie eine Hündin, die geworfen hat, und mit schäumendem Munde, Cecella sich sogleich ausziehen ließ und sie mit ein paar Lumpen, die ihr kaum die Blöße deckten, fortschickte, die Schweine auszutreiben, während sie ihre eigene Tochter mit den Kleidern derselben herausputzte, welche unbarmherzige Behandlung Cecella jedoch mit großer Ergebenheit und wahrer Hiobsgeduld ertrug. O mitleidlose Grausamkeit, welche die Steine auf dem Feld hätten erweichen müssen, daß jener Mund, den die Natur nur für Liebesspiel gebildet hatte, sich gezwungen sah, das Horn eines Haushirten zu blasen und »Husch, husch, hoi, hoi« zu rufen, daß jene Schönheit, welche für Freier geschaffen war, sich stets im Freien und unter Schweinen umhertreiben mußte, daß jene Hand, deren Zartheit Hunderte von Herzen hätte in Fesseln schlagen können, statt dessen Hunderte von Säuen mit einem Knüppel vor sich herjagte. Hätte doch lieber die Pest jene Fratzengesichter geholt, welche sie in die Wälder hinausschickten, wo unter dem bunten Laubdach die Furcht und das Stillschweigen Schutz gegen die Sonne suchten.

Der Himmel jedoch, welcher die Hochmütigen in den Staub tritt und die Demütigen emporhebt, sandte Cecella einen vornehmen Herrn namens Cuosemo auf ihrem Weg entgegen. Sobald er diesen Edelstein im Kot, diesen Phönix unter den Schweinen, diese herrliche Sonne unter den zerrissenen Wolken der sie umhüllenden Lumpen erblickte, war er im selben Augenblick auch schon so von ihr angetan, daß er sie alsbald fragen ließ, wer sie wäre und wo sie wohnte. Sogleich begab er sich zu ihrer Stiefmutter und begehrte sie zur Frau, wobei er ihr eine ungeheure Summe als Morgengabe verhieß. Caradonia, welche diesen Braten für ihre Tochter zu erhaschen wünschte, erwiderte ihm, er möchte nur am Abend wiederkehren. Sie wolle ihre Vettern zu sich einladen, um sich mit ihnen zu beraten. Cuosemo kehrte hierauf voll froher Hoffnungen nach Hause zurück. Die Zeit bis zu dem Augenblick, wo die Sonne sich in das silberne Bett niederlegt, das ihr der indische Strom bereitet, schien ihm tausend Jahre lang, indem er selbst sich mit der Sonne, von der ihm das Herz entflammt war, niederzulegen sehnte. Caradonia hatte unterdessen Cecella in ein Faß gesperrt, in der Absicht, ihr ein warmes Bad zu bereiten. Wie ein Schwein wollte sie Cecella mit heißem Wasser abbrühen, weil sie die Schweine verlassen hatte. Cuosemo dagegen, der sich in einer unglaublichen inneren Hochstimmung befand und vor Verlangen starb, wollte durch das Andrücken der geliebten Schönheit seine Leidenschaft ausdrücken. Als sich die Luft endlich verdunkelt hatte und der Himmel wie ein Wolfsrachen aussah, sprach er: »Dies ist denn nun die Stunde, wo ich den Baum, den Amor mir in die Brust gepflanzt hat, einkerben kann, um das Manna der Liebessüßigkeit hervorzulocken. Dies die Stunde, wo ich den Schatz, den Fortuna mir versprochen, ausgraben kann. Darum keine Zeit verloren, Cuosemo, wenn man dir ein Schwein versprochen, komm gelaufen und nicht gekrochen. O Nacht, o glückliche Nacht, Freundin der Liebenden, die du diese in einen Leib und ein Leben, in ein Herz und eine Seele verwandelst, und du, o Amor, eilet, eilet über Hals und Kopf herbei, damit ich unter dem Zelt der Dunkelheit mich gegen die Glut, die mich verzehrt, schützen kann.« Indem er also sprach, langte er in dem Hause Caradonias an und fand Grannizia statt Cecella, eine Eule an der Stelle einer Nachtigall, eine Distel für eine aufgeplatzte Rose. Denn wenngleich Grannizia sich die Kleider Cecellas angezogen hatte und man zu sagen pflegt: »Kleider machen Leute«, sah sie dennoch aus wie ein Mistkäfer auf Brokat, und weder die rote und weiße Schminke noch die Schönpflästerchen noch irgendein anderer Aufputz, welchen die Mutter mit ihr vorgenommen, konnten ihr die Schuppen vom Kopf, die Butter aus den Augen, die Sommersprossen aus dem Gesicht, den Brand aus den Zähnen, die Warzen vom Hals, die Geschwüre von der Brust und den Bock unter den Achseln verbannen, dessen Gestank man auf eine Meile weit merken konnte.

Als Cuosemo dieses Scheusal vor sich sah, so wußte er gar nicht, wie ihm geschah, und indem er zurückfuhr, als wäre ihm der Gottseibeiuns erschienen, sprach er zu sich selbst: »Bin ich wach, oder hat mir die Schwalbe auf die Augen gemacht? Bin ich's, oder bin ich's nicht? Was siehst du da vor dir, unseliger Cuosemo? Du bist da gehörig angeführt! Das ist das Gesicht nicht, das mich heute früh so plötzlich beim Wickel kriegte. Das ist das Bild nicht, das ich im Herzen umhertrage! Was soll das bedeuten, o Schicksal? Wo ist die Schönheit, wo der Haken, der mich enterte? Die Winde, die mich an sich zog? Der Pfeil, der mich durchbohrte? Wohl weiß ich, daß weder Leinwand noch Weiber bei Licht besehen werden müssen, aber diese wählte ich mir ja am hellen Tag! Weh mir, das Goldstück von heute früh hat sich mir in Kupfermünze, der Diamant in Glas und der Wein in Essig verwandelt.« Diese und noch viele andere Worte brummte und murmelte er in den Bart. Zuletzt jedoch von der Notwendigkeit gezwungen, gab er Grannizia einen Kuß, aber gleich wie wenn er einen alten Nachttopf küssen sollte, näherte und entfernte er mehr als dreimal seine Lippen, bevor er den Mund seiner Braut berührte, und als dies endlich geschah, glaubte er sich am Ufer der Chiaja zu befinden, um die Stunde, da mangels richtiger Kanäle die wackeren Frauen dem Meer den Tribut von was anderem als arabischen Wohlgerüchen entrichten.

Da nun aber inzwischen der Himmel, um jung auszusehen, sich seinen weißen Bart schwarz gefärbt hatte und die Wohnung Cuosemos sehr weit entfernt war, sah er sich gezwungen,

Grannizia für jene Nacht in ein nicht weit von Panecuocolo gelegenes Haus zu bringen, in das er einen Strohsack auf ein Paar Kisten warf und sich dann mit seiner Braut darauflegte. Wer könnte jedoch beschreiben, welch eine böse Nacht beide zubrachten! Denn obwohl es Sommer war und sie daher kaum acht Stunden dauerte, schien sie ihnen doch länger als die längste Winternacht. Die lüsterne Braut freilich kratzte, hustete, stieß zuweilen mit den Füßen, seufzte und forderte mit stummen Worten den Zins für das vermietete Haus. Cuosemo jedoch tat, als ob er schnarchte, und retirierte sich an den Rand der Lagerstätte, um Grannizia nicht zu berühren, daß er vom Sack herab auf den Nachttopf fiel und sich ein schmählicher Gestank erhob. O wie oft verwünschte Cuosemo die Grausamkeit der Sonne, die so endlos zauderte, um ihn desto länger auf diese Folter zu spannen, und wie innig flehte er, daß die Nacht den Hals brechen und die Sterne verschwinden möchten, damit er durch die Ankunft des Tages sich diesen bösen Tag vom Halse schaffen könnte.

Kaum war aber endlich die Morgendämmerung erschienen, um die Gluckhenne zu verscheuchen und die Hähne aufzuwecken, so sprang auch Cuosemo vom Lager und eilte, ohne sich auch nur die Hosen gehörig festgeknöpft zu haben, in das Haus Caradonias, um sich von ihrer Tochter loszusagen und ihr das Reugeld mit einem Besenstiel zu bezahlen. Als er jedoch bei ihr anlangte, fand er sie nicht zu Hause, da sie nach einem Bündel Holz in den Wald gegangen war, um ein heißes Bad für die Stieftochter zu bereiten, die in Bacchus' Grab, einem Weinfaß, eingesperrt war, obwohl sie eher in der Wiege Amors mit aller Bequemlichkeit hätte ruhen sollen. Indem nun Cuosemo Caradonia überall suchte, sie aber nirgends finden konnte, und daher anfing zu rufen: »Heda, wo seid ihr?«, erhob eine schwarze Katze, die in der Asche kauerte, plötzlich und ganz unerwartet ihre Stimme und sprach: »Miau, miau, deine Braut ist in dem Faß eingesperrt.« Alsbald näherte Cuosemo sich dem Faß und hörte ein dumpfes, leises Wimmern, worauf er hurtig eine Axt vom Kamin nahm und die Reifen des Fasses zerhieb, so daß bei dem Niederfallen der Dauben der Vorhang einer Schaubühne auseinanderzugehen und eine Göttin, die den Prolog spräche, sichtbar zu werden schien. Nur wie ein Wunder geschah es, daß Cuosemo bei so großem Glanz nicht plötzlich blind wurde. Nachdem er aber eine Zeitlang dagestanden, als wenn er einen Hauskobold gesehen hätte, und endlich wieder zu sich gekommen war, schloß er sie endlich in seine Arme und rief aus: »Wer hat dich in diesem finsteren Kerker eingesperrt, o Juwel meines Herzens? Wer hat dich mir so lange verborgen, o Hoffnung meines Lebens? Was ist das? Ein holdes Täubchen in einem Käfig von Reifen, und ein Vogel Greif mit mir im Bette? Was ist hier vorgegangen? Sprich, mein süßes Mäulchen, tröste mich in meinem Leib und lege Balsam auf mein wundes Herz!«

Hierauf nun begann Cecella, ihm alles, was vorgefallen war, ohne daß sie auch nur ein Titelchen überging, ausführlich zu erzählen, was sie nämlich von ihrer Stiefmutter, seitdem diese ihren Fuß ins Haus gesetzt, bis zu dem Augenblick erduldet hatte, wo sie sie in ein Faß begraben, um ihr das Lebenslicht auszublasen. Sobald Cuosemo dies vernahm, hieß er Cecella, sich hinter der Tür zusammenkauern und dort versteckt halten, worauf er das Faß wieder zusammenschlug, dann Grannizia herbeiholte und, nachdem er sie hineingepackt, zu ihr sagte: »Halte dich hier drinnen eine kurze Zeit ganz ruhig, bis ich einen gewissen Zauber ausgeführt habe, damit dir keine Behexung etwas anhaben kann.« Alsdann machte er das Faß fest zu, umarmte Cecella, und indem er sie hinter sich auf ein Pferd nahm, eilte er mit ihr spornstreichs nach Pascarola, woselbst er wohnte. Kaum war nun Caradonia mit einem großen Bund Holz nach Hause zurückgekehrt, so machte sie ein großmächtiges Feuer, setzte einen gewaltigen Kessel mit Wasser über, und sobald dies zu sieden anfing, ließ sie es durch das Spundloch in das Faß laufen, so daß Grannizia über und über verbrüht, mit den Zähnen knirschte, als wenn sie Krampfkraut gegessen hätte, und die Haut sich ihr ablöste wie einer Schlange, wenn sie ihren Balg wechselt. Als es aber Caradonia schien, daß Cecella gehörig abgesotten sein und alle viere von sich gestreckt haben müßte, zerschlug sie das Faß, und indem sie nun (o Himmel, welch ein Anblick!) ihre eigene Tochter vor sich sah, die von ihrer leiblichen Mutter auf so grausame Weise war abgekocht worden, riß sie sich die Haare aus, zerkratzte sich das Gesicht, zerfleischte sich die Brust, zerbiß sich die Hände, rannte mit dem Kopfe an die Mauer, stampfte mit den Füßen und machte ein solches Geschrei und Getöse, daß der ganze Ort zusammenlief. Nachdem sie sich nun so lange Zeit wie eine Wahnsinnige gebärdet hatte, dergestalt, daß kein Trost sie beruhigen und kein Zureden sie besänftigen konnte, rannte sie mit einem Male spornstreichs nach dem Brunnen, und – plumps! – stürzte sie sich mit dem Kopfe voran hinunter, indem sie auf diese Weise die Wahrheit des Sprichwortes bewies:

Wer andern eine Grube gräbt, fällt selbst hinein.

Ein Mann hatte eine Frau, einen Sohn, eine Siedlung und ein Winterblockhaus. Nun wohl, so lebend träumte er einst: »Nun, du Mann, übernachte in der Taiga, auf einer Insel, zur Zeit, wenn die Enten kommen, im Frühling, auf dem oberen Ende der Insel, im Herbst aber auf dem unteren Ende; ich werde zu dir kommen.« Nach einiger Zeit umband sich jener Mensch den Damm mit einem zehn Klafter langen Riemen. Danach übernachtete er auf dem unteren Ende der Insel. Bei der Übernachtung entfachte er ein Lagerfeuer, hielt es so angefacht. Als er dort saß, kam um Mitternacht die Kalgam-Fee zu ihm. Als sie gekommen war, kämpfte sie mit dem Mann. Beim Kampf fiel der Mann alsbald hin. Als er hingefallen war, packte die Kalgam-Fee seinen Damm mit der Hand. Als sie zupackte, war es wie eine Zündschnur, die nahm er. Als er die Zündschnur genommen hatte, verschwand die Kalgam-Fee. Nachdem sie verschwunden war, lag sie jenem Menschen Tag und Nacht in den Ohren: »Gib eine Zündschnur!« Sieben Jahre lang bat sie Tag und Nacht.

Als die sieben Jahre angefangen hatten, da hatte der Mann jeden Abend seine Stiefel, seine Handschuhe und seine Gewänder auf die andere Seite seiner Pritsche gelegt. Hatte er sie so hingelegt, dann waren am anderen Tage, wenn er aufstand, seine Stiefel, seine Gewänder, seine Handschuhe völlig ausgebessert. Jeden Abend auch, wenn er getrocknetes Fleisch mit dem Messer auf einem Teller grob zuschneidet, sieht er am nächsten Tage, wenn er aufsteht, daß alles fein zerschnitten ist. Dieses fein Zerschnittene, Fertige nimmt er und ißt es. So lebend, schläft er jede Nacht mit jener Frau in einem Bett, unter einer Decke. So schlafend, umarmt er jene Frau. Beim Umarmen faßt er sie an der Brust. Hat er das getan, ist er damit zu Ende, so wacht er auf, sucht die Frau – wie er sie auch sucht, sie ist nicht da.

So lebt er sieben Jahre. Die Frau wird schwanger, wird schwer. Als dann die sieben Jahre zu Ende gehen, legt er sich mit seiner Frau schlafen; stets wenn er sich (jetzt) abends hinlegt, ist sie auch da, bleibt derselbe (sichtbare) Mensch. Dann spricht die Frau: »Nun, Kamerad, gut wär's, in dein Haus, in deine Siedlung zu gehen, wie soll ich im Taigalande ein Kind kriegen? Besser wär's, ich ginge in dein Haus und gebäre dort das Kind.« Zwei Jahre lebten sie so, da geht die Frau mit ihrem Ehemann in dessen Haus, geht in seine Siedlung, in sein Winterblockhaus.

Dort hingegangen, gebar sie einen Sohn. Da wurde der Mensch sehr reich: Geht er auf die Jagd, Armbrustfallen auf dem Zobelpfade aufzustellen, und stellt auch nur eine Falle auf, so fängt er am Fallenverschluß einen Zobel, an der Bogensehne einen Zobel, an der Armbrust einen Zobel, an der Unterlage einen Zobel, mit einer Armbrustfalle fängt er sechs Zobel. Der Mensch wurde sehr reich, sehr reich. Als er nun reich geworden ist, da stiehlt die Kalgam-Frau Zobel: Zobel von überall herumstreifenden Leuten. Diese stiehlt sie und bringt sie ihrem Mann. In einem Winter erlegt der Mann (täglich) dreißig Zobel, erlegt vierzig; was die Kalgam-Frau stiehlt, das tötet er und nimmt es an sich.

DIE FEENMUTTER

In alten Zeiten lebte ein junger Mann mit einem guten Herzen. Obgleich er immer gute Werke tat, war er arm und hatte nicht genügend Geld, sich eine Frau zu nehmen. Deshalb gab der Himmelsherrscher ihm eine seiner Töchter, und diese Fee bekam ein Kind von ihm. Nach sieben Jahren war die Zeit der Fee vorüber. Der Himmelsherrscher schickte ein paar Götter auf die Erde und ließ die Fee zurückholen. Ihr kleiner Sohn war nun verwaist; die Nachbarskinder lachten ihn immer aus und sagten, er hätte keine Mutter.

Später einmal fragte er den Lehrer in der Schule: »Jedes Kind hat eine Mutter; warum nicht ich?« Der Lehrer sah in einem seiner Bücher auf dem Schreibtisch nach und sagte: »Nach dem, was hier geschrieben steht, ist deine Mutter eine Tochter des Himmelsherrschers. Wenn du sie sehen willst, mußt du am Vorabend des Festes, das auf den siebten Tag des siebten Monats fällt, zum Fluß hinuntergehen und sie suchen. Sie wird an diesem Tag dort mit deinen Tanten beim Fischen sein.«

Am Festtag ging der Junge vor Tagesanbruch an den Fluß, und bald erschienen ein paar Feen. Er rannte auf sie zu und rief: »Mutter, meine Mutter!« Eine der Feen lief ihm entgegen und sagte: »Ja, ich bin es, deine Mutter!« Sie spielte nun mit ihm; wie er sich da freute! Beim Abschied gab sie ihm eine Schnur mit Feuerschwärmern und sagte: »Mein Sohn, wenn du morgen in die Schule gehst, lege diese Feuerschwärmer auf die Bücher deines Lehrers auf dem Tisch.«

Am nächsten Tag ging der Junge in die Schule, stapelte die

Bücher seines Lehrers auf dem Schreibtisch und zündete darauf die Feuerschwärmer an. Viele Bücher verbrannten. Ich habe mal gehört, daß es früher einhundertzwanzig Bücher über Himmel und Erde gab. Sechzig davon verbrannten hier: alle Bücher über den Himmel! Das ist der Grund, daß man seither nichts über Himmelssachen weiß.

DIE MEERESFEE

Im Tal von Fusang, im Ostmeer, wächst ein Weidenbaum mit Zweigen, die lang herunterhängen. Darunter liegen zwei große, weiße Steinplatten, die eine Höhle bedecken. Dort wohnten einst acht Feen. Eines Tages gingen sie zum Himmelsfluß zum Baden und nachher zurück zur Höhle. Doch als die achte Fee die wogenden Wellen sah, verspürte sie eine Regung, und sie erkannte, daß es unten auf der Erde einen Mann gab, mit dem es ihr bestimmt war, drei Jahre lang als Frau zu leben. Während ihre sieben Schwestern im Wasser waren, bestieg sie einen Wolkenwagen und fuhr hinab zur Erde.

Eben kam im Abendlicht der Kleine Kahlkopf von den Westbergen mit einer Last von grünen Kiefern nach Hause. Nah bei seiner Tür sah er jemanden sitzen, und beim Näherkommen erkannte er ein Mädchen in grünem Kleid. Sie saß auf einer kleinen Wiese und wischte sich gerade mit dem Ärmel Tränen aus den Augen. Er setzte seine Traglast ab und fragte freundlich: »Warum sitzt du hier?«

»Meine Eltern wollen nichts mehr von mir wissen, da bin ich weggegangen. Aber im Gebirge hier ist überall der Wald so dicht. Ich kann den Weg nicht finden, und es ist spät am Abend!«

»Am besten bleibst du hier für heute nacht, du schläfst oben auf dem Bett, ich schlafe im Stroh auf der Erde.«

Das Mädchen sagte: »Vielen Dank.«

Sie fanden einen Rest von Tarorüben in dem alten Kochtopf aus Ton. Den aßen sie, das Mädchen aus dem ockerfarbenen Deckel, der Kahlkopf aus dem schwarz verbrannten Topf. Es wurde Nacht, sie machten Licht. Da sah das grüne Mädchen, daß der Kleine Kahlkopf einen Kopf voll roter Schwären hatte, dazu ein Plattgesicht mit aufgeworfenen Lippen. Seine Kleidung war ein kurzer Rock aus blauem Tuch, armselig und zerrissen. Sie senkte ihren Kopf. Ihr langes Haar fiel schwarz und glänzend auf das grüne Kleid. Es fiel ihr Blick auf ihre Hände: die zarten Finger glichen jungen Bambussprossen. Mit einem leisen Seufzer blies sie die Kerze aus.

Sie lag im Bett an der Wand, er lag im Stroh auf der Erde. »Wie hart es ist, das Bett! Wer kann da schlafen?« sagte sie und wälzte sich im Mondlicht hin und her.

Kahlkopf wachte davon auf und fragte: »Schläfst du nicht?«

»Die Nacht ist lang, wollen wir uns nicht ein bißchen unterhalten? Lebst du hier ganz allein?«

»Meine Eltern sind seit langem tot. Außer dem Hund des Nachbarn Wang, der hier ab und zu mal einen Brocken stiehlt, kommt zu mir nicht mal der Schatten eines Geistes.«

Das Mädchen fragte: »Ist es nicht schwer, in solcher Einsamkeit zu leben?«

»Ja, schwer ist es schon, was soll man aber tun? Ich muß halt in den Bergen Bäume fällen, und ich tu es gern. Dann komme ich nach Haus, koche mir mein Essen und gehe schlafen. Sieh meinen Rock: zerrissen! Da ist niemand, der ihn flickt. Geh ich mal unter Menschen, zeigt man auf mich mit Fingern, oder man lacht mich aus.«

Als das grüne Mädchen all dies hörte, sagte sie ganz schüchtern: »Ich bin ein Wesen ohne Heimat. Könnten wir versuchen, uns zusammen durchzuschlagen?« Das Gesicht des Kleinen Kahlkopfs war vom Mond beschienen. Er lachte laut vor Freude, und seine dicken Lippen wurden groß wie Meereswellen.

Nachdem auf diese Weise Kahlkopf eine Frau bekommen hatte, wurde er allmählich reicher. Er baute sich ein großes Ziegelhaus. Die roten Schwären verschwanden nach und nach von seinem Kopf, und er bekam viel schönes, schwarzes Haar. Zwei Jahre später hatte er ein schönes Kind von ihr.

Im Nu vergingen die drei vorherbestimmten Jahre. Eines Tages kam ein weitgereister Mann am Haus vorbei und sagte: »In deinem Haus weht Geisterluft. Du hast einen Geist zur Frau! Wenn du es nicht glauben willst, nimm diese drei Amulette. Kleb eins ans Tor, das zweite an die Tür, das dritte an den Kopf der Frau. Dann wird sie es dir selber sagen.« Und damit ging er wieder weiter.

Der Kleine Kahlkopf ging ins Haus mit den drei Amuletten. Da kamen Frau und Kind ihm schon entgegen. Sie sagte traurig: »Die uns bestimmten Jahre sind nun abgelaufen. Ich habe dir vertraut und hätte nicht gedacht, daß du drauf hörst, was Fremde auf der Straße sagen, und daß du bereit sein würdest, mir zu schaden. Hier, nimm das Kind. Wenn sich der

Junge später nach mir sehnt, dann komm mit ihm zum Ostmeer ins Tal von Fusang, wo der Weidenbaum mit den langen Zweigen wächst. Setz dich dort auf einen weißen Stein und laß den Jungen ›Mama‹ rufen, dreimal nach links, dreimal nach rechts. Dann können wir uns wiedersehen.« Sie ließ ihr Kind nun los und stieg auf eine Wolke, mit der sie nach dem Ostmeer flog.

Sie war noch nicht drei Tage fort, da hatte Kahlkopf all sein schönes schwarzes Haar verloren. Das Söhnchen wurde dünn und dünner. Es brach ein Feuer aus, und das ganze Haus brannte ab. Da sahen dann die Leute wieder einen roten Kahlkopf ins Gebirge ziehen zum Holzabschlagen. Man mußte Mitleid mit ihm haben! Mit den Händen schlug er Holz, mit dem Herzen litt er um sein armes Kind, das neben ihm im Grase lag, und seine Tränen rannen auf die grünen Kiefern. Er warf sich immer wieder vor, daß er dem fremden Mann geglaubt und so die Frau vertrieben hatte. Er hielt es schließlich nicht mehr aus und warf Tragstange, Axt und Seil in eine Ecke! In seiner Tasche fand er noch zwei große Kupfermünzen. Mit der einen kaufte er dem Kind ein Stück Gebäck, das er ihm gab. Die zweite hob er auf als Reisegeld. Er fragte nicht nach den Mühen der Reise, sondern wanderte nach Osten, immer nur nach Osten, um die Mutter seines Sohnes zu sehen.

Nach ein paar Monaten kam er mit dem Kind an einen hohen Berg. Am Fuß des Berges lag das Meer, unendlich, unabsehbar. Viele Leute hatte er inzwischen nach dem Land Fusang ausgefragt. Alle sagten: »Dort liegt es, wo die Sonne aufgeht; geh immer nur nach Osten!« Hier stand er nun am Meer und wußte, daß es nicht mehr weit nach Fusang war.

Das Meer lag da, in Dunst gehüllt. Die Wellen, wie wollig weiße Schafe, sprangen auf die Ufersteine und zerstoben. Es wurde dunkel. War dort Fusang, dort mitten im Meer? Kahlkopf schaute auf sein Kind, das eingeschlafen war. Er schaute auf das weite, weite Meer und fing dann an zu weinen.

Etwas Großes kam in weiter Ferne auf Wellenkronen angeschwommen, größer als ein Wasserbüffel! Es schwamm auf Kahlkopf zu, und er sah, daß es eine riesengroße Krabbe war. Er rief sie an und sagte: »Wenn du mich fressen willst, dann sperr dein Maul weit auf. Wenn du mir helfen willst, dann nicke mit dem Kopf.« Die Krabbe nickte zweimal mit dem Kopf. Da packte Kahlkopf sein Kind, setzte sich der Krabbe auf den Rücken und kniff die Augen zu. An seinen Ohren rauschte es, er hörte Wellen zischen, Kühle legte sich an sein Gesicht, Wasserperlen glitten über ihn. Nach einem Augenblick berührten seine Füße wieder festen Boden. Er öffnete die Augen: da war ein Weidenbaum, wie ein Sonnenschirm ausgebreitet über seinem Kopf, und neben ihm zwei große, weiße Steine. Da wußte er, es mußte Fusang sein. Inzwischen war das Kind durch die Wellen aufgewacht und rief nach seiner Mutter. Er hielt das Kind nach links und ließ es dreimal rufen; er hielt das Kind nach rechts und ließ es dreimal rufen. Da hoben sich die beiden weißen Steine, nach Osten und nach Westen. Es gab ein Klirren, und von unten kam an einem Eisenseil die Fee herauf! Kahlkopf erkannte sie sofort. Zwei Tränenbäche rannen auf ihren weißen Wangen.

Als das Kind die Unbekannte sah, hörte es gleich auf zu weinen, und die Mutter streichelte seine pfirsichfarbenen Bäckchen, die noch ganz kalt vom Meereswasser waren. Dann ließ die Fee sich einen Windhut geben und setzte ihn dem Jungen auf. Zu Kahlkopf sagte sie: »Ich habe Strafe bekommen. Meine Mutter fand mein Verhalten einer Fee nicht würdig und hat mich eingeschlossen. Weiter kann ich dir nichts sagen!« Gerade wollte Kahlkopf ihren Ärmel fassen, gerade wollte er ihr sagen, wie ihn sein Vergehen von damals reute, da wurde ihm schwarz vor Augen, und die Mutter seines Kindes war verschwunden. Über den weißen Steinen hing der Weidenbaum wie ein Sonnenschirm.

Kahlkopf setzte sich und guckte sich den Windhut an, an dem sechs Kupfermünzen hingen. Er sah die große Krabbe unter dem Weidenbaum herumkriechen, und wie zuvor bestieg er sie. So fuhren sie übers Meer zurück bis zu dem hohen Berg. Es war schon Abend, und die Flut war hoch. Der Weg ging über Felsen und durch dichte Wälder. Jeder Schritt war schwer zu gehen. Da legten sie sich unter einen dicken Baum. Er nahm dem Kind den Windhut ab, deckte es gut zu, und beide schliefen ein.

Als Kahlkopf früh erwachte, sah er erst mal nach der Sonne. Dann ging er in ein Dorf, halbhoch am Berg, trennte von dem Windhut eins der Kupferstücke ab und erstand ein Brötchen, das er dem Kind ins linke Händchen legte. Dann sah er, daß an dem Hut immer noch sechs Kupferstücke hingen. Er löste noch eins ab und kaufte noch ein Brötchen, das er dem Kind ins rechte Händchen legte. Doch es hingen immer noch sechs Kupfer an dem Hut! Nun kaufte er Brötchen für sich selbst, gleich für zwei Kupferstücke. Aber die Kupferstücke an dem Hut blieben immer sechs. Da küßte er sein Kind und sagte: »Das ist ein Schatz, den deine Mutter dir geschenkt hat.« Dann ging er mit dem Kind über Berge und Flüsse zurück in seine Heimat.

Noch heute, wenn die Flut von Osten kommt, hört man dort am Meer aus den Wellen ein Geräusch, als ob dort jemand an einem Eisenseil zöge.

Drei Brüder und eine Fee

Einst lebte eine arme Witwe, die drei Söhne hatte: einer immer schöner und klüger als der andere, einer immer mutiger und stärker als der andere. Je älter sie wurden, um so enger wurde ihnen ihr Haus, bis schließlich kaum Platz war, um sich umzudrehen. Deshalb beschlossen sie, hinaus in die Welt zu ziehen, um etwas aus sich zu machen und sich eine glänzende Zukunft zu sichern.

Eines Tages hörten sie von einer schönen Fee an einem fernen Ort. Wem es gelänge, zu ihr zu kommen, bekäme sie zur Frau, und sein Leben wäre dann für immer voll Seligkeit und Glück. Um diese Fee zu finden, müßte man allerdings viel Mühsal und Gefahr ertragen, vielleicht sogar sein eigenes Leben opfern. Trotzdem wollten die Brüder ihr Glück versuchen. Sie drängten zum Aufbruch und brannten darauf, sich auf die Probe zu stellen.

Als erster sprach der älteste Sohn zur Mutter: »Da jeder Mann sein Glück sich selbst erschaffen muß, bin ich entschlossen, nach der schönen Fee zu suchen. Das soll die Probe meines Schicksals sein.« Die Mutter sprach: »Sein Schicksal macht sich jeder selbst. Um deine Wahl zu treffen, bist du alt genug. Laß aber Vorsicht deine Reiseregel sein.« Der Sohn nahm darauf Abschied von der Mutter und den Brüdern und ritt davon.

Nach einer Weile sprach der zweite Sohn zur Mutter: »Wir haben keine Nachricht von unserm großen Bruder. Ich will auf die Suche nach ihm gehen und möglichst auch die Fee zu uns nach Hause bringen.« Die Mutter sagte: »Gut, mein Sohn, doch komm zurück, so schnell du kannst.« Der zweite Sohn nahm darauf Abschied von der Mutter und dem Bruder und ritt davon.

Ein paar Monate vergingen schnell, doch der jüngste Sohn zu Hause hatte nun genug vom Warten. Er sprach zu seiner Mutter: »Meine großen Brüder ritten aus, ihr Glück zu suchen. Mein Glück wird kaum von selbst auf den Kopf mir fallen, wenn ich weiter wie ein Dummer hier zu Hause sitze. Auch ich will deshalb fort. Meine Brüder und die Fee will ich holen, so daß das Glück in deinem Hause wohnt.« Die Mutter sagte: »Guter Sohn, du hast recht. Obgleich du noch so jung bist, will ich dich nicht halten. Doch ich will dir ein Geschenk mit auf die Reise geben.« Mit diesen Worten ging sie in den Hof hinterm Haus und nahm vom Rand des Hauses ein paar Hände Erde. Sie tat die Erde in ein Beutelchen und gab es ihm: »Auf dieser guten Erde sind unsere Vorfahren gelaufen. Im Fall der Not kann sie für dich von großem Nutzen sein.« Der Sohn empfing das Beutelchen und hängte es an seinen Gürtel. Dann nahm er Abschied von der Mutter, bestieg sein Pferd und ritt davon.

Er ritt durch Wälder, über Bergeshöhen; es war ein langer Ritt, und schließlich sah er eine offene Bodenspalte. Er stieg vom Pferd und schritt hinüber. Da war er plötzlich in einem Obstgarten mit vielen verschiedenen Bäumen, alle voll von schönen, frischen Früchten. Er spürte Durst und Hunger. Den Hunger stillte er mit ein paar Äpfeln, den Durst mit Wasser aus der Quelle.

Als er nach dem Trinken aufstand, um weiterzugehen, sah er auf einmal neben sich einen müden, alten Mann, der zu ihm sagte: »Durch den Wahrsagspruch für heute im Kalender wußte ich, daß zu dieser Stunde hier ein Mann mit Mut erscheinen würde, und so habe ich auf dich gewartet. Du hast Wasser getrunken aus der Quelle, deshalb können giftige Käfer und andere böse Tiere dir kein Leid mehr tun. Zwar wirst du noch vielen Gefahren begegnen, du brauchst dich aber nicht zu fürchten. Wenn du mit Mut und Klugheit handelst, kannst du sie überwinden. Hast du sie überwunden, wirst du die Fee gleich finden. Dann mußt du unbedingt dran denken, ihr heimlich einen Schuh zu stehlen. Nimm den Schuh und renne hierher zu mir, ohne dich umzusehen. Die Fee gehört dann dir.«

Der dritte Bruder dankte für den Rat und setzte seine Reise fort. Er kam in einen dichten Wald. In der Ferne hörte er Geräusche wie von Wagenrädern, aber laut wie ein Vulkanausbruch. Vor Schreck wich er zurück, doch er nahm sich schnell zusammen, gab seinem Pferd die Peitsche und ritt weiter. Er kam an einen breiten, reißenden Fluß. Die Strömung klang, als ob sich Heere von tausend, ja zehntausend Mann bekriegten. Am Ufer sprangen die Wellen mehrere Meter hoch und klatschten mit Macht auf die Felsen.

Der dritte Bruder schrie: »Wasser des Flusses! Trotz deiner hohen Wellen bist du flach! Niemals kannst du mich ertränken!« So sprach er, und als er kräftig vorwärts schritt, wurde das Wasser wunderbarerweise ruhig und wich zurück. Bald war das Flußbett sichtbar. Auf einmal sah er einen Stein sich bewegen und hörte, wie er stöhnte. Es kam ihm der Verdacht, daß ein Geist darin sein könnte.

Er steckte seine Hand in das Beutelchen an seinem Gürtel, nahm eine Handvoll Erde und warf sie auf den Stein. Sieh da! Es wurde aus dem Stein der erste Bruder! An dieser Stelle war er damals ausgerutscht; er fiel dabei ins Wasser, wo er zu Stein geworden war.

Der erste Bruder hatte nicht den Mut, sich weiteren Gefahren auszusetzen. Er kehrte lieber zu dem Obstgarten zurück, und der Jüngste mußte ohne Bruder weiterziehen. Er kam an eine Schlucht, aus der ein heißes Feuer loderte. Er wich jedoch nicht zurück, sondern sagte: »Was willst du, Schlucht? Mich verbrennen? Du bist ja gar nicht heiß!« Da ließ die Wucht des Feuers nach, und es ging aus. Es wurde kühl und angenehm.

Es wuchs ein Baum am Rand der Schlucht. Er war vom Feuer angegriffen und hatte kaum noch grüne Blätter, die nacheinander auf die Erde fielen, wie Tränen aus weinenden Augen. Der Jüngling fragte sich, was das bedeuten könnte. Wieder nahm er etwas Erde aus dem Beutelchen und warf sie auf den Baum. Sieh da! Sein zweiter Bruder sprang heraus aus diesem Stamm! Er hatte damals vor dem Feuer Angst gehabt und war in einen Baum verwandelt worden.

Der zweite Bruder war am Ende seiner Kraft und kehrte zu dem Obstgarten zurück, um sich auszuruhen. Der Jüngste mußte wieder ohne Bruder weiterziehen, die nächste Schwierigkeit zu überwinden. Dabei kam er schließlich an den Palast, den grünen. Links ans Tor gekettet war ein Löwe, und rechts war eine Ziege. Trocknes Heu lag vor dem Löwen, und rohes Fleisch lag vor der Ziege. Der Löwe schnappte nach dem Fleisch vor der Ziege, die Ziege nach dem Heu vor dem Löwen. Doch sie konnten ihr Futter nicht erreichen, denn die Ketten waren zu kurz. Beide waren hungrig und zerrten an den Ketten. Es fehlte wenig, daß sie sich gegenseitig aufgefressen hätten.

So war dem dritten Bruder der Weg durchs Tor versperrt, bis ihm etwas einfiel: Er nahm der Ziege das Fleisch und gab es dem Löwen. Dann nahm er dem Löwen das Heu und gab es der Ziege. So hatten beide Tiere, was sie wollten, und machten sich friedlich ans Fressen.

Der dritte Bruder ging nun ohne weiteres in den Palast. An einem großen Teich im Schatten üppig grüner Bäume sah er die Fee. Schön war ihr Gesicht, wohlgebaut ihr Körper. Hier lag sie nach dem Bade, um sich auszuruhen. Verstohlen schlich er sich heran, nahm einen ihrer Schuhe, die ihr zur Seite lagen, und rannte mit dem Schuh davon. Sie wachte auf und lief ihm nach. Zu spät! Er war nicht einzuholen. Als der dritte Bruder den Obstgarten erreichte, standen dort, ihn zu empfangen, der alte Mann und die zwei Brüder. Kaum später kam die Fee. Sie kniete vor dem alten Mann und sagte, sie sei gewillt, des dritten Bruders Frau zu werden. Beide baten nun den Alten, ihr Ehevermittler zu sein. Sie wurden also Mann und Frau und erreichten das Ziel des Lebenstraums. Nach der Hochzeit, am dritten Tag, kam der dritte Bruder mit der Fee und seinen Brüdern heim zur Mutter, und sie alle lebten nun im Glück.

Es war einmal ein Zar, der hatte eine Tochter, die noch nie in ihrem Leben gelacht hatte. Darüber war der Zar sehr traurig, und so ließ er in der ganzen Welt verkünden, daß er seine Tochter demjenigen, der sie zum Lachen bringen würde, zur Frau geben wolle und dazu noch die Hälfte seines Zarenreiches.

Als sich das in der Welt herumgesprochen hatte, kamen aus allen Himmelsrichtungen die besten Spaßmacher und Komödianten zusammen – aber umsonst, keinem gelang es.

Auf einem Feld aber waren zwei Schnitterinnen und hinter ihnen ein Bursche, der die Garben band. Und als sie den Aufruf des Zaren erwähnten, sagte der Bursche zu seiner Mutter: »Mutter, ich werde hingehen und die Zarentochter so richtig zum Lachen bringen.«

»Ach, laß das, du Dummkopf«, antwortete sie ihm, »die klügsten Leute sind da hingegangen und haben nichts erreicht, und ausgerechnet dir sollte es gelingen!«

Aber der Bursche ließ sich nicht davon abbringen, sondern machte sich auf den Weg, und auf ging's!

Er war schon ziemlich weit von zu Hause fort, als auf einmal hinter ihm auf der Landstraße eine Kutsche ohne Pferde daherkam. Und in der Kutsche spielte eine Flöte. Er sah sich um, und da bemerkte er, daß die Kutsche ganz von alleine fuhr. Drinnen aber saßen drei Mädchen, von denen eines auf der Flöte spielte. Und die Kutsche fuhr nur so dahin. Als sie ihn eingeholt hatte, rief er ihnen zu: »Grüß euch Gott, Wahlschwestern!«

»Gott sei mit dir, Wahlbruder!« antworteten sie ihm. »Du willst also unser Wahlbruder sein?«

»Ja«, sagte er, »und ihr, wollt ihr meine Wahlschwestern sein?«

»Ja«, antworteten die Mädchen, die in Wirklichkeit drei Feen waren.

Und nachdem sie auf diese Weise Freundschaft geschlossen hatten, stiegen die Mädchen aus der Kutsche und sagten zu ihm: »Hier, nimm die Kutsche und die Flöte! Wenn du anfängst, auf der Flöte zu spielen, dann wird die Kutsche in die Richtung fahren, in die du die Flöte hältst. Wenn du aber aufhörst zu spielen, bleibt die Kutsche stehen.«

Kaum hatte er das gehört, stieg er auch schon in die Kutsche, und als er auf der Flöte zu spielen begann, setzte sich die Kutsche in Bewegung, und los ging's!

So kam er, gerade als die Dunkelheit hereinbrach, zu einem Wirtshaus. Er fuhr also mit der Kutsche in den Hof, hielt an, ging ins Haus und verlangte ein Abendbrot. Nachdem er zu Abend gegessen hatte, ging er wieder hinaus und legte sich in der Kutsche schlafen.

Der Wirt hatte drei Töchter, die waren gewohnt, nackt zu schlafen, und so zogen sie sich auch in dieser Nacht ganz aus und legten sich nieder. Auf seiner Kutsche aber waren drei goldene Äpfel, die leuchteten bis in ihre Fenster. Als die Mädchen die Äpfel entdeckten, beschlossen sie, sie ihm zu stehlen. Gesagt, getan: Sie stiegen hinab in den Hof, und jede griff nach einem Apfel. Aber kaum hatten sie sie angefaßt, da blieben ihre Hände daran kleben.

Als der Morgen anbrach, stand der Bursche auf, und was sieht er da? – die Mädchen! Aber das kümmerte ihn gar nicht.

Er nahm seine Flöte, fing an zu spielen, und die Kutsche fuhr los. Die drei Mädchen aber mußten mit und hasteten und stolperten neben der Kutsche her.

Wie er so fuhr, kam er auch an einer Kaserne vorbei, wo drei Soldaten gerade ihre Uniform reinigten. Als sie die Mädchen so daherhasten sahen, liefen sie schnell hin, und jeder packte eine an den Brüsten. Sofort blieben auch sie mit den Händen kleben, und so hasteten und stolperten nun auch sie neben der Kutsche her.

Unser Held schaute sich um und sah das alles, aber es kümmerte ihn gar nicht. Er spielte nur immer auf seiner Flöte, und die Kutsche fuhr dahin.

Als er schon ganz in der Nähe des Zarenpalastes war, kam er noch an einem Haus vorbei, wo gerade eine Bäuerin Brot in den Backofen schob und es mit Asche bedeckte. Und als sie das Treiben um die Kutsche herum sah, kam sie herausgestürzt und versetzte einem der Soldaten mit ihrem Brotschieber einen kräftigen Schlag über den Rücken. Aber da blieb auch der Brotschieber kleben und mit ihm die Alte.

So gelangten sie schließlich alle zusammen vor den Zarenpalast. Schon als die Zarentochter sie herankommen sah, fing sie an zu lachen, lachte und lachte und konnte gar nicht wieder aufhören.

Als der Zar das sah, machte er dem Burschen mit der Hand ein Zeichen, daß er die Kutsche anhalten solle. Da hielt er die Kutsche an und ging zum Zaren. Der Zar aber sagte zu ihm: »Du hast meine Tochter, die noch niemals gelacht hat, zum Lachen gebracht. Jetzt ist sie dein!«

Und der Zar nahm den Burschen zu sich, verheiratete ihn

mit seiner Tochter und gab ihm die Hälfte seines Reiches. Und wenn er nicht gestorben ist, dann herrscht er heute noch als Zar.

Wie Aryo Menak eine Fee heiratete

Früher, so wird erzählt, lebte einmal ein Jüngling namens Aryo Menak. Er liebte es, bei Tag und Nacht umherzustreifen; hinein in die Wälder, heraus aus den Wäldern, hinein in die Kampongs, heraus aus den Kampongs. Kein anderer Gedanke lebte in seinem Herzen als der Wunsch, sein Leben mit vielfältigen Abenteuern zu erfüllen. »Viel gereist, viel gesehen«, sagte er einmal. Von seinen Streifzügen ragt ein Ereignis besonders in der Erinnerung hervor.

Eines Abends, als Aryo Menak noch tief in den Wäldern unterwegs war, hörte er aufgeregte, auf und ab wogende Stimmen. Manchmal war deutlich ein lautes Rufen zu hören, dann schwächte es sich wieder ab und schwand fast bis zur Unhörbarkeit. Zu der Zeit war es schon spät am Abend, und der zunehmende Mond hatte begonnen, verschämt und schüchtern lächelnd wie ein anmutiges Mädchen, sein Gesicht hinter den Bäumen zu zeigen.

»Der Abend ist so schön«, flüsterte es in ihm.

»So ruhig, so still. Doch was für Stimmen sind das?« setzten sich seine Träumereien fort. Er schritt geradewegs in die Richtung, aus der die Stimmen kamen. Manchmal klopfte sein Herz. Ein Gefühl der Furcht schlich sich herbei und erfüllte seine Gedanken, doch sein Wunsch, etwas zu erfahren, zwang ihn weiterzugehen. »Wozu taugen all meine Wanderungen, wenn ich ein solches Wunder einfach so vorbeigehen lasse«, flüsterte es in ihm und befahl ihm weiterzugehen.

Aryo Menak ging weiter, und je näher er kam, desto klarer waren die Stimmen zu vernehmen. Und jetzt konnte er deutlich hören, daß diese Stimmen Frauen gehörten. Seine Begierde, mehr zu erfahren, wurde noch heftiger. Er spitzte seine Ohren, und mit funkelnden Augen sah er sich um. Schließlich blieben sie an einem merkwürdigen Anblick haften. In dem Teich Taman Sarida sah er himmlische Wesen im Wasser. Alle waren sie sehr schön. Wenn der zunehmende Mond sie bestrahlte, leuchtete ihre Haut wie mit goldenen Flecken übersät. Heimlich ging Aryo Menak näher. Plötzlich zuckte er zusammen, denn er sah ihre Jacken am Rand des Wassers hingestreut. »Ich nehme eine Jacke«, sprach es in ihm. Auf Zehenspitzen bewegte er sich zu den Jacken und hob eine auf. Es war ihm gleichgültig, wessen Jacke er nahm. Dann ging er wieder auf sein Versteck zu. Er wollte ganz genau wissen, wie dieses Wunder endete.

Noch war er nicht ganz zu seinem früheren Platz zurückgekommen, als eine Fledermaus piepste und eine Jambu-Frucht vor ihm hinunterfallen ließ. Aryo Menak schrak zusammen, sein Herz klopfte heftig.

»Verbrecher«, schimpfte er und war noch nicht fertig damit, als er hinter seinem Rücken Geschrei hörte. Er blickte sich um und wurde gewahr, daß die Mädchen, die soeben noch in dem Wasser gebadet und geplantscht hatten, fort waren und über den Himmel verteilt davonflogen. »Uh, das scheinen Feen gewesen zu sein, die zum Baden herunterkamen«, sagte er bedächtig und erschrak bei dem Gedanken, daß er allein Zeuge dieses Geschehens geworden war. Schließlich dachte er wieder an die Jacke, die er in Händen hielt. »Lho, wem gehört diese Jacke?« fragte er sich und schaute zu dem Badeplatz. Erschrocken sah er, daß dort noch eine Fee stand, die nicht gemeinsam mit ihren Gefährtinnen davongeflogen war. Aus einer geringen Entfernung blickte Aryo Menak sie an. Die Fee war offensichtlich verlegen und furchtsam. Ihr Gesicht war abgewendet, und sie drehte Aryo Menak den Rücken zu. Langsam begann sie zu weinen. Vielleicht war sie traurig, weil ihre Gefährtinnen sie verlassen hatten, vielleicht auch, weil sie bei dem Gedanken an ihr Schicksal erschrak. Mitfühlend näherte sich Aryo Menak ihr und versuchte, sie mit den Worten »Adinda, warum weinst du?« einzufangen. Die Befragte antwortete nicht, ja drehte sich nicht einmal um. »Adinda, woher kommst du? Warum bist du so spät am Abend noch in diesem einsamen Wald? Wie heißt du?« Die Fee antwortete auch jetzt nicht. »Adinda, was geschehen ist, ist geschehen, warum jetzt noch trauern. Vielleicht war es der Wille der Götter, daß du auf der Erde leben sollst.« Als sie diese letzten Worte hörte, begann die Fee zu überlegen. »Vielleicht sind die Worte dieses Menschen tatsächlich richtig. Anstatt hier zu frieren – was kann daran falsch sein, wenn ich ihm folge.«

»Adinda, verzeih mir!« fuhr Aryo Menak mit seinen Schmeicheleien fort. »Wie heißt du?« wiederholte er seine Frage von vorher.

»Ni Perri Tunjung Wulan«, antwortete die frierend im Wasser stehende Fee. Da trat Aryo Menak heran, nahm die

Fee auf seinen Rücken und trug sie nach Hause. Später wurde Ni Perri Tunjung Wulan seine Frau.

Es wird erzählt, daß Aryo Menak ein reicher Mann war. Seine Reisfelder waren groß, und er besaß viel Reis; doch seit Ni Perri Tunjung Wulan in sein Haus gekommen war, wuchs sein Reichtum noch mehr. Es schien, als mangele es ihm nie an Reis. Im Gegenteil, er wurde immer mehr. Aryo Menak fragte sich im Inneren immer, warum sein Reis nicht abnahm, und ebenso erstaunte es ihn ständig, warum seine Frau nie Reis stampfte, sondern immer gleich gekochten Reis hatte.

Aus der Ehe von Aryo Menak und Ni Perri Tunjung Wulan entstammte ein Sohn, der den Namen Aryo Kedot erhielt, doch dieses Kind spielt in dieser Erzählung keine Rolle. Aryo Kedot ist es, dessen Nachkommen später Herrscher von Madura wurden.

Doch zurück zu Aryo Menak. Sein Wunsch, das Geheimnis seiner Frau zu erfahren, die nie die Reiskörner stampfte, doch immer gekochten Reis hatte, wurde von Tag zu Tag mächtiger, dies um so mehr, als seine Frau, wenn sie zum Waschen ging und der Reis in der Küche am Kochen war, ihm auftrug, nicht in die Küche zu gehen. So konnte Aryo Menak seinen Wunsch allmählich nicht mehr zurückhalten.

Eines Tages wollte seine Frau wieder zum Fluß waschen gehen. Bevor sie aufbrach, befahl sie ihrem Mann: »Nachher, wenn ich weg bin, gehe auf keinen Fall in die Küche, ich bin beim Kochen.« Aryo Menak antwortete: »Ja.« Als Ni Perri Tunjung Wulan gegangen war, begann ihr Mann zu überlegen: »Meine Frau hat mir wieder verboten, in die Küche zu gehen. Was ist wohl ihr Geheimnis? Nun denn …« Und mit diesen Gedanken ging er in die Küche. Er öffnete den Deckel des Topfes, in dem der Reis kochte, und kaum hatte er ihn geöffnet, erschrak er. Was er sah, war kein enthülster Reis, sondern ein Reiskorn noch am Halm. »Oh, so ist das«, sprach er zu sich und schüttelte den Kopf. »Es ist nur ziemlich, wenn mein Reis nicht weniger wird. Jetzt kenne ich das Geheimnis meiner Frau. Aber warum nur hält sie das so streng geheim? Doch laß sie. Ich werde so tun, als ob ich nichts weiß.« Nach diesen Worten kehrte Aryo Menak zu seinem früheren Platz zurück und saß zufrieden da, als sei nichts geschehen. Unterdessen war seine Frau zurückgekommen und sah gleich in der Küche nach dem Essen. Im Topf war immer noch nur ein Reiskorn. »O weh, vielleicht ist das Feuer nicht groß genug«, dachte sie und ließ das Feuer größer werden. Sie legte mehr Holz zu, doch das Reiskorn veränderte sich nicht im geringsten. »Ach, wenn das so ist, dann ist bestimmt mein Mann hergekommen und hat nachgesehen, was ich koche«, flüsterte es in ihr. Ihr Gesicht wurde dunkel, als wenn sie etwas betrübte. »Sei es. Wahrscheinlich haben mich die Götter dazu bestimmt, hart zu arbeiten. Anstatt Lärm zu machen, schweige ich besser.« Nach diesen Worten ging Ni Perri Tunjung Wulan zum Reisspeicher und begann, Reis zu stampfen. Jetzt lernten ihre zarten Hände den Reisstampfer kennen. Das Ergebnis ihrer Arbeit reichte nie länger als für die Bedürfnisse eines Tages, und so stampfte sie täglich von Aryo Menaks Reis. Und als fast ein Jahr vergangen war, wurde der Reisspeicher, dessen Vorrat zu Beginn nie abgenommen hatte, leer. Da fand Ni Perri Tunjung Wulan ihre

Jacke, die ihr Aryo Menak damals beim Baden weggenommen hatte, wieder, denn er hatte sie unter dem Reis im Speicher versteckt.

Ni Perri Tunjung Wulans Herz schlug heftig, und alles Blut schoß ihr ins Gesicht. Die Erinnerung an lange vergangene Zeiten kam ihr wieder. Sie dachte an ihre Gefährtinnen im Himmel. Ihr Antlitz wurde wieder jung. Nachdem sie ihre alte Jacke angezogen hatte, flog sie geradewegs hoch zum Himmel. Doch bevor sie aus dem Blick verschwand, hatte sie noch eine Gelegenheit, zu ihrem Mann zu sprechen. »Wenn du mich wiedertreffen willst, dann sieh hoch zum Mond, wenn er voll am Himmel steht. Dort werde ich sein.« Nach diesen Worten verschwand Ni Perri Tunjung Wulan aus seinem Blick.

Bis heute wollen die Männer nicht in die Küche gehen, denn das bringt, wie die Leute sagen, nur Verschwendung mit sich. So wie es der Fall mit Aryo Menak war, der daran schuld hatte, daß der gespeicherte Reis zu Ende ging, weil er den Fehler beging, wissen zu wollen, wie seine Frau kochte.

Ebenso finden es liebeskranke junge Leute bis heute nicht langweilig, den Mondschein zu betrachten.

Die Schlangenfee

Einmal, in längst vergangenen Zeiten, ritt ein Padischah allein auf die Jagd. Als er so das Wild jagte, sah er etwas in der Ferne. Vorsichtig ritt er heran. Und was sieht er da? Eine Fee ruht am Fuße eines Baumes! Wie er das Mädchen erblickt, verliert er die Besinnung. Die Fee holt Wasser herbei und benetzt sein Gesicht damit. Dies bemerkt der Padischah, als er nach einer Weile wieder zu sich kommt. Er trinkt Wasser, das sie ihm in ihren Händen reicht, dann reitet er mit ihr zurück auf sein Schloß.

Vierzig Tage und vierzig Nächte wird nun die Hochzeit gefeiert. Nach einiger Zeit aber ließen die Kräfte des Padischahs nach, seine Gesichtsfarbe welkte, und sein Aussehen begann sich zu verändern. Endlich vertraute er sich seinem Wesir an: »Ach, Großwesir, seit ich geheiratet habe, schwinden meine Kräfte zusehends, und ich beginne, mich nicht wohl zu fühlen. Was soll ich bloß tun?«

Der Wesir antwortete: »Ihr habt recht, Majestät, Eure Haut ist gelb geworden, Euer Aussehen verändert, Ihr werdet immer dünner. Man muß diesen Zustand genau untersuchen. Majestät, wenn Ihr es mir nicht übelnehmt, werde ich Euch ein Geheimnis erzählen, darf ich es?«

»Erzähle nur«, sagte der Padischah.

Da sprach der Wesir: »Majestät, das Mädchen, das Ihr aus der Steppe heimgebracht habt, könnte eine Schlangenfee sein. Früher pflegten die Alten zu erzählen, daß es in der Steppe unsichtbare Schlangen gäbe. Wenn sie vierzig Jahre lang keinen Menschen gesehen haben, verwandeln sie sich in

Feen, und so erscheinen sie am Tage dem Menschen, aber des Nachts werden sie wieder zu Schlangen. Ich vermute, daß Eure Frau auch eine solche Schlange ist.«

Da fragte der Padischah: »Wenn das wahr ist, was soll ich tun?«

»Wenn Ihr einverstanden seid, dann müssen wir zunächst genau feststellen, ob es stimmt, dann werden wir sehen, was wir tun müssen«, antwortete der Wesir.

Der Wesir überlegte eine Weile, dann gab er dem Padischah den folgenden Rat: »Majestät, sagt spät am Abend Eurer Frau, daß sie Euch Ásch zubereiten solle. Wenn sie feingeschnittenes Gemüse und Zwiebeln in den Kessel gelegt und angebraten hat, wird sie Wasser holen gehen. Dann werft schnell eine Handvoll Salz in den Topf. Wenn das Ásch fertig ist und sie es Euch bringt, dann eßt mit ihr zusammen. Danach wird sie viel Tee und Wasser trinken, weil das Ásch zu salzig war. Ihr werdet auch viel trinken. Was dann noch zu tun ist, werdet Ihr in der Nacht wissen.«

Noch am selben Tag machte es der Padischah so, wie es ihm der Wesir gesagt hatte. Als seine Frau Gemüse und Zwiebeln angebraten hatte und Wasser holen ging, warf er eine Handvoll Salz in den Kessel. Das Ásch wurde sehr salzig. Der Padischah konnte es kaum essen. Die Fee aber aß sehr viel, da sie sich schämte. Da das Essen versalzen war, tranken beide viel Tee und Wasser. Spät am Abend legten sie sich schlafen. Um Mitternacht wachte der Padischah auf. Erstaunt sieht er, daß neben ihm eine große, lange Schlange liegt! Die Schlangenfee, durstig geworden, war langsam davongekrochen, hatte den Kopf in den Teich getaucht, der im Hofe war, und trank in vollen Zügen Wasser. Das heißt, ihr Kopf war im

Teich, aber ihr Schwanz lag neben dem Padischah! Aus Angst konnte dieser nichts sagen, und so lag er ganz still da. Als er in der Frühe aufblickte, da lag wieder die Fee neben ihm. Der Padischah erzählte niemandem sein Geheimnis.

Nur dem Wesir erzählte er es. Da sagte dieser: »Majestät, es hilft nichts, Ihr müßt Euch ein für allemal von Eurer Frau trennen. Das kann nur so geschehen: Laßt ein Haus in der Form eines eisernen Käfigs bauen. Mit welcher List auch immer, führt Eure Frau in dies Haus hinein. Wenn Ihr es wieder verlaßt, schließt Ihr die Tür und laßt unter dem Hause Feuer anmachen, dann wird die Schlangenfrau zu Tode verbrennen.«

Der Padischah tat, wie der Wesir ihm geraten hatte. Er ließ ein Haus wie einen eisernen Käfig bauen. Zusammen mit seiner Frau betrat er das Haus. Nach einer Weile kam der Padischah heraus, schloß den Käfig von oben ab und ließ von unten ein Feuer machen. Mit einem lauten Gekreisch verbrannte die Schlangenfrau. Der Padischah aber war nun für immer von ihr erlöst.

DER VERSTOSSENE PRINZ UND DIE FEE

So erzählen die Alten: In einer früheren, längst vergangenen Zeit lebte einmal ein Padischah. Der hatte zwei Frauen. Eine von ihnen liebte er sehr, die andere vernachlässigte er. Von beiden Frauen hatte er Söhne. Die Frau, die er nicht liebte, hatte der König vom Palast entfernt. Sie lebte zusammen mit ihrem Sohn in einem anderen Haus. Von der jüngeren Frau, seiner Lieblingsfrau, hatte er zwei Söhne. Mit ihnen lebte der Padischah in Pracht und Prunk. Er verschwendete viel Geld für sie. Die beiden Prinzen hatten viele Kleider, doch dachten sie nicht an ihren Bruder, der von allem Reichtum und der Liebe seines Vaters ausgeschlossen war.

Eines Tages aß der Padischah einen Fisch. Da blieb eine Gräte in seinem Halse stecken. Niemand am Hof konnte ihm die Gräte entfernen. Da ließ der Padischah durch Boten im Bazar ausrufen: »Wer ein guter Arzt ist, soll zum Padischah kommen. Dies ist sein Befehl.«

Da kamen die weisen Alten und die Ärzte zu ihm. Sie sagten ihm, daß es in einer fernen Stadt, wo die Riesen leben, eine Fee gäbe. Wenn man diese herbeihole, dann werde sie ihn heilen. Da rief der Padischah den Versammelten zu: »Ist hier jemand unter euch, der jene Fee herbeibringen wird?«

Niemand aus der Menge antwortete. Da rief der Padischah ein zweites und ein drittes Mal. Aber niemand antwortete ihm. Endlich standen seine beiden Söhne auf und sagten: »Wir werden sie holen.«

Da war der Padischah hoch erfreut. Sogleich befahl er seinen Dienern, Pferde herbeizuführen und sie zu satteln. Seinen beiden Söhnen gab er eine Pferdeladung voll Gold, Proviant und Waffen mit.

Nachdem die beiden Prinzen fortgeritten waren, kam auch der Sohn der verstoßenen Frau zu dem Padischah und sagte: »Lieber Vater, ich möchte auch mithelfen, die Fee herbeizubringen.«

Aber der Padischah drehte sein Gesicht weg und sah ihn nicht einmal an, denn er war ja der Sohn der ungeliebten Frau. Seine Wesire redeten ihm zu: »Majestät, das ist nicht gut. Hört ihm doch zu, was er Euch zu sagen hat.«

Da rief der Padischah seine Diener herbei und befahl ihnen: »Gebt ihm ein räudiges Pferd. Ich meine, ein Pferd, das vom Kopf bis zum Schwanz räudig ist. Gebt ihm ein altes Schwert, das nur das Wasser durchschneiden kann und im Lehm steckenbleibt. Gebt ihm eine Flinte, die nicht zu gebrauchen ist.«

Seinen Lieblingssöhnen hatte der Padischah gute Waffen und wohlgenährte, gesunde Pferde gegeben, aber diesem Sohn gab er das schlechteste. Zum Schluß sagte er noch: »Geh und verschwinde aus meinen Augen!« Dies sagend, hob er seine Hände hoch wie zum Gebet, dabei ließ er aber die Finger nach unten zeigen, zum Zeichen, daß er ihm Unglück wünsche.

Der verstoßene Sohn ritt auch fort. Als er aber zu einem Halteplatz kam, da stürzte sein Pferd vor Erschöpfung zusammen. Er selbst war hungrig und durstig. Vor Kummer weinte und weinte er, so daß die Tränen seiner Augen auf die Erde fielen und sie zu Schlamm erweichten. Da kommt der Heilige Hizir – Friede sei mit ihm! – herbei und fragt ihn: »Was tust du hier, mein Sohn?«

Der Prinz antwortet: »Meine Brüder sind schon vor zwei Tagen nach einer Stadt ausgeritten, in der es eine Fee geben soll, die sie meinem Vater bringen wollen. Mein Pferd ist, wie Ihr seht, vor Erschöpfung zusammengebrochen. Ich selbst kann auch nicht mehr weiter.«

Der Heilige Hizir streichelte das Pferd vom Kopf bis zum

Schwanz. Da wurde es zu einem starken, wohlgenährten Pferd. Danach berührte der Heilige das Schwert und die Flinte des Jünglings. Da wurden sie scharf, glänzend und neu. Als der verstoßene Prinz nun sein Pferd bestieg, da war es so schnell, daß er seine beiden Brüder, die zwei Tage Vorsprung hatten, einholen konnte. Diesen war es aber gar nicht recht, und sie sagten: »Es scheint, daß unser Vater an unserem Bruder Gefallen gefunden hat. Schau nur, was für ein gutes Pferd er hat! Wir sind schon vor zwei Tagen ausgeritten, und er hat uns eingeholt!«

Sie beschlossen, sich an ihm zu rächen. Der Verstoßene war aber ein wohlerzogener Jüngling und sagte: »Liebe Brüder, laßt mich mit euch reiten. Ich will euch auch dienen, euch das Essen reichen und auf eure Pferde achten.«

Die beiden Brüder willigten ein, und gemeinsam ritten sie nun weiter, bis sie zu einem großen Stein kamen. Auf ihm stand geschrieben: »Zwei Wege gibt es von hier. Wählt man den einen, so kehrt man zurück. Geht man den anderen, so kommt man nicht mehr zurück.« Die Lieblingssöhne des Padischahs sagten da sofort: »Wir werden den Weg gehen, von dem wir wieder zurückkehren werden.«

Der Verstoßene sagte aber: »Ich werde den Weg gehen, von dem es keine Wiederkehr gibt.«

Und so trennten sie sich an dem markierten Stein. Der Heilige Hizir hatte nun aber ein Tuch um die Hüften des Jungen gebunden. Dadurch war er ein sehr starker Held geworden. Als erster gelangte er in die Stadt der weißen Riesen, deren Herrscher ein Riese mit sieben Köpfen war. Er hielt die Fee in einem eisernen Käfig gefangen. Der Jüngling sprang von oben in diesen Käfig hinein und öffnete die Tür von innen. Dann band er sein Pferd an und kam wieder zu der Fee. Diese sagte ihm: »Wohl bist du hierhergekommen. Aber der Riese wird dich töten. Was wirst du nur tun?«

»Darum sorge ich mich jetzt nicht«, sagte der Jüngling. »Ich bin hungrig. Hast du etwas zu essen?«

»Dort stehen vierzig Kessel mit Pilaw, schon fertig gekocht«, sagte die Fee, »und vierzig Ziegenhäute voll mit Wasser findest du auch da. Iß aber nur vom Rande der Kessel, damit der Riese nichts merkt.«

Da er sehr hungrig war, aß der Junge, soviel er konnte. Dann schüttete er das übriggebliebene Pilaw aus, goß das Wasser fort und drehte die vierzig Kessel um. Dann versteckte er sich im Käfig der Fee. Schon hörte man von weitem die Stimme des Riesen: »Ich rieche Menschenfleisch!«

Die Fee (ich vergaß zu erzählen, daß der Jüngling, den Kopf auf den Schoß der Fee gelegt, eingeschlafen war) versuchte, ihn aufzuwecken. Da es ihr nicht gelang, weinte sie. Wie nun ihre Tränen auf das Gesicht des Jünglings fielen, wachte er auf und fragte verstört: »Was gibt es?«

»Der Riese wird bald hier sein«, antwortete die Fee.

Wie nun die beiden so im Käfig saßen, kam der Riese heran. In seinen Händen hielt er zwei Felsen, so groß wie Berge. Zum Jüngling gewandt, sagte er: »Willst du einen Ringkampf, oder sollen wir uns im Bogenschießen messen?«

»Laß uns ringen«, antwortete der Jüngling.

Da gab ihm die Fee den Rat: »Wenn du den Riesen niederwirfst, dann schneide seinen ersten Kopf ab. Wenn du ihm aber einen zweiten Kopf abschlägst, wird der Riese wieder lebendig werden.«

Der Junge begann nun den Ringkampf, indem er zunächst

die großen Felsbrocken, die der Riese mitgebracht hatte, aus seinem Wege räumte. Sieben Nächte und sieben Tage kämpfte er mit dem Riesen, aber weder konnte er den Riesen bezwingen noch dieser ihn. Schließlich rief der Riese der Fee zu: »Da ist noch Hirse in einem Sack. Sie stammt noch von meinem Großvater. Bring den Sack her und streue die Hirse unter seinen Füßen aus.«

Die Fee streute aber die Hirse nicht unter die Füße des Jünglings, sondern unter die des Riesen. Da verliert dieser seinen Halt. Der Jüngling hebt ihn einmal vom Boden und wirft ihn wieder mit großer Gewalt nieder. Dann zieht er sein großes Messer heraus und schneidet ihm seinen Kopf ab. Da stirbt der Riese. Dann nimmt der Jüngling einen kostbaren Juwel an sich, den der Riese bei sich hatte. Diesem Stein sind alle anderen Riesen untertan. Wie der Junge den Stein auf die Erde schlägt, erscheint auch sofort ein Riese. Dem sagt er: »Ich wünsche mir ein Pferd, das mich zu jenem Stein mit der Aufschrift bringt.«

»Ein Pferd brauchst du nicht«, antwortet der Riese. »Ich selbst werde dich dorthin tragen. Noch vor Mittag wirst du dort sein.«

»Nein«, sagt der Jüngling, »du bist mir von keinem Nutzen. Mach dich fort.«

Jetzt ruft der Junge mit dem Juwel einen anderen Riesen herbei. Der Junge fragt auch diesen: »Wie schnell kannst du mich zu dem Stein bringen?«

Als der Riese ihm sagt, daß er ihn in einer Stunde dorthin bringen könne, antwortet der Junge ungehalten: »Scher dich fort! Auch du bist mir nicht von Nutzen!«

Von neuem schlägt der Junge den Stein auf die Erde, und

wiederum kommt ein Riese herbei. Dieser verspricht ihm: »Wenn du die erste Sure betest, mit ›Alhamd‹ beginnst und gerade das letzte Wort ›Walazalin‹ aussprichst, wirst du bei jenem Stein sein.«

Nun war der Junge zufrieden. Er belud den Riesen mit allerlei Kostbarkeiten, und zusammen mit der Fee bestieg er ihn. Die Fee hatte auch ein Kraut mit sich genommen. Es war für den Padischah bestimmt, um die Fischgräte aus seinem Hals zu entfernen. Kaum hatten sie das Wort »Walazalin« ausgesprochen, da waren sie auch schon an dem Stein angekommen.

Der Junge entließ nun den Riesen, sagte der Fee, daß sie auf ihn warten solle, und machte sich selbst auf die Suche nach seinen Brüdern.

Als er in einer Stadt nach ihnen forschte, fand er dort den einen Bruder in den Diensten eines ärmlichen Kallapaz. Der andere Bruder hatte sich einem Kabábpaz verdingen müssen. Er fragte beide: »Für wieviel Tangas arbeitet ihr hier?«

»Wir bekommen nur sechs Tangas in einem Monat«, gaben sie zur Antwort.

Da holte der Jüngling die Fee herbei, und zusammen bereiteten sie sich auf die Heimfahrt vor. Doch die Brüder beschlossen, den Jüngling zu töten und sich der Fee und des Heilkrautes zu bemächtigen. »Nachts«, so sagten sie, »werden wir schreien: ›Bruder, steh auf, Räuber sind gekommen!‹ Wenn er unsere Schreie hört, wird er ganz verwirrt sein und versuchen, wegzulaufen. Dann werden wir ihm mit diesem Schwert die Beine abhauen.« Und so geschah es.

Mitten in der Nacht schrien die Brüder plötzlich los: »Räuber, Räuber! Steh auf, steh auf!«

Die Fee warnte den Jungen. »Steh nicht auf! Sie haben Böses mit dir vor!«

Der Jüngling aber hörte nicht auf sie und sagte: »Es sind doch meine Brüder. Wie können sie mir Böses antun?« Aber im Augenblick, da er aufstand, schrie er auch schon »au, au« vor Schmerz: Beide Knie hatte das Schwert durchschnitten! Die beiden Brüder nahmen nun die Fee mit dem Heilkraut und all die Kostbarkeiten, die der Jüngling mitgebracht hatte. Ihn selber aber ließen sie an einem einsamen Orte in der Steppe zurück.

Als sie nun zu dem Padischah, ihrem Vater, zurückkamen, sagten sie: »Schau, wir haben dir die Fee und das Heilkraut gebracht!« Der Padischah ward nun gesund und dankte seinen Söhnen sehr. Diese aber hielten die Fee gefangen.

Unterdessen lag der verstoßene Sohn in der Steppe und litt großen Durst. Da kamen zwei Vögel herbeigeflogen und setzten sich auf einen Baum in der Nähe. Einer der Vögel sagte zu dem anderen: »Wenn dieser Jüngling sich doch nur zu diesem Baum schleppen könnte! Wenn er etwas von seiner Rinde auf seine Beine reibt, wird er gesund. Wir werden ihm auch zwei Blätter herunterwerfen. Legt er diese auf seine Augen (ich vergaß zu erwähnen, daß sie ihn auch erblindet hatten), dann wird er wieder sehen können.«

Der Jüngling hörte die Vögel, verstand ihre Worte und kroch mühsam zu dem Baum. Mit seinen Fingern kratzte er etwas von seiner Rinde ab und rieb damit seine Beinstümpfe ein. Dann legte er die Blätter, die die Vögel heruntergeworfen hatten, auf seine beiden Augen. Nach sieben Tagen konnte er wieder sehen, und seine Beine waren geheilt. Er kehrte nun auch heim in die Stadt seines Vaters. Aber er ging nicht zu ihm und sagte nicht: »Hier bin ich!« Er blieb in dem Hause seiner Mutter.

Die Fee hatte aber die beiden bösen Söhne des Padischahs verzaubert. Sie konnten weder sprechen noch hören. Nun wurde dem König berichtet, daß sein verstoßener Sohn auch zurückgekommen sei. Er ließ ihn vor sich bringen. Als ihn die Fee erblickte, da lächelte sie zum ersten Mal seit ihrer Gefangenschaft. Vor Freude lachte sie sogar laut.

Der Padischah war darüber sehr erstaunt und fragte: »Was geht hier vor?«

Der verstoßene Sohn, der bemerkt hatte, daß seine Brüder stumm und taub waren, bat die Fee, den Zauber zurückzunehmen. Zur gleichen Zeit aber, da sie dies tat, erzählte sie dem Padischah, wie sich alles zugetragen habe. Daß es der verstoßene Sohn gewesen sei, der sie von dem Riesen befreit und sie hergebracht habe. Da war der Padischah sehr froh. Sieben Tage und sieben Nächte gab er ein großes Gastmahl und verheiratete die Fee mit dem Sohn der verstoßenen Frau. Alles Volk lud der Padischah zum Fest ein und gab ihnen zu essen. Hier endet das Märchen. Ja, und er vertrieb die beiden anderen Söhne aus seinem Palast und seinem Reiche. Unser Märchen ist nun wirklich zu Ende.

Die Feen

Es war einmal eine Witwe, die hatte zwei Töchter. Die älteste war ihr so ähnlich im Charakter und im Aussehen, daß, wer sie sah, die Mutter selbst zu sehen glaubte. Beide waren so unangenehm und so hochmütig, daß kein Auskommen mit ihnen war. Die jüngste dagegen glich in ihrer Sanftmut und Treuherzigkeit ganz ihrem Vater und war noch dazu eines der schönsten Mädchen, das man je gesehen hatte. Da man natürlich seinesgleichen liebt, war die Mutter hingerissen von ihrer ältesten Tochter und hegte zugleich eine furchtbare Abneigung gegen die jüngste. Diese mußte in der Küche essen und unablässig arbeiten.

Unter anderm mußte das arme Kind zweimal am Tage, mehr als eine halbe Meile vom Haus entfernt, Wasser schöpfen gehen und einen großen Krug voll heimtragen. Eines Tages, als die Kleine an dem Brunnen war, kam eine arme Frau auf sie zu und bat sie um einen Schluck Wasser.

»Aber gewiß, Mütterchen«, sagte die schöne Jungfrau, und nachdem sie ihren Krug ausgespült hatte, schöpfte sie Wasser aus der klarsten Stelle des Brunnens, reichte der Frau den Krug und hielt ihn, damit diese bequemer trinken könne. Als die gute Alte getrunken hatte, sprach sie:

»Du bist so schön, so gut und so treuherzig, daß ich nicht umhin kann, dir ein Geschenk zu machen«; denn es war eine Fee, welche die Gestalt einer armen Frau aus dem Dorf angenommen hatte, um zu sehen, wie weit die Treuherzigkeit dieses jungen Mädchens gehe.

»Ich verleihe dir die Gabe«, fuhr die Fee fort, »daß bei

jedem Wort, das du sprichst, eine Blume oder ein Edelstein aus deinem Munde falle.«

Als das schöne Mädchen nach Hause kam, fuhr die Mutter es hart an, weil es so spät vom Brunnen zurückkehre.

»Verzeiht, liebe Mutter«, sagte das arme Mädchen, »daß ich so lange ausgeblieben bin.« Und als es diese Worte sprach, fielen zwei Rosen, zwei Perlen und zwei große Diamanten aus seinem Munde.

»Was sehe ich da!« rief die Mutter ganz erstaunt. »Ich glaube gar, da fallen Perlen und Diamanten aus ihrem Munde. Wie kommt denn das, liebe Tochter?« (Es war zum erstenmal, daß sie das Mädchen »liebe Tochter« nannte.)

Die arme Kleine erzählte ihr in aller Einfalt, was sich ereignet hatte; zugleich fiel eine Unmenge Diamanten aus ihrem Munde.

»Wahrhaftig«, sagte die Mutter; »ich schicke meine Älteste auch dorthin. Sieh, Fränzchen, was aus dem Munde deiner Schwester kommt, wenn sie spricht. Würdest du dich freuen, die gleiche Gabe zu besitzen? Du brauchst nur an die Quelle zu gehen und Wasser zu schöpfen, und sobald eine arme Frau dich um einen Trunk bittet, ihr recht höflich das Wasser zu reichen.«

»Das würde schön aussehen«, erwiderte das brutale Mädchen, »wenn ich zum Brunnen ginge.«

»Ich will aber, daß du hingehst«, fuhr die Mutter fort, »und zwar auf der Stelle.«

So ging sie also, aber hörte nicht auf zu murren. Sie nahm den schönsten Silberkrug, den sie im Hause fand. Kaum war sie an der Quelle angelangt, als aus dem Wald eine herrlich gekleidete Dame trat, die sie um einen Trunk bat. Es war die gleiche Fee, die ihrer Schwester erschienen war; sie hatte aber Kleidung und Aussehen einer Prinzessin angenommen, um zu erfahren, wie weit die niedrige Gesinnung dieses Mädchens eigentlich gehe.

»Bin ich hierhergekommen, um Euch zu trinken zu geben?« sprach dieses brutale und hochmütige Mädchen. »Ausgerechnet dazu hätte ich einen Silberkrug mitgebracht, um der feinen Dame Wasser zu reichen? Ich denke, Ihr solltet direkt aus der Quelle trinken, wenn es Euch gelüstet.«

»Du bist nicht gerade höflich«, erwiderte die Fee ohne Zorn. »Nun, da du so ungefällig bist, soll dir bei jedem Wort, das du sprichst, eine Schlange oder eine Kröte aus dem Munde fallen.«

Kaum sah ihre Mutter sie kommen, da rief sie:

»Nun, liebe Tochter?«

»Nun, liebe Mutter?« erwiderte das brutale Mädchen und gab zwei Vipern und zwei Kröten von sich.

»O Himmel«, rief die Mutter, »was sehe ich da? Daran ist nur deine Schwester schuld: sie soll es mir büßen!« Und sofort lief sie hin, um sie zu schlagen. Die Arme ergriff die Flucht und rettete sich in den nahen Wald. Dort begegnete sie dem Königssohn, der gerade von der Jagd zurückkehrte, und da er ihre Schönheit sah, fragte er, was sie so allein im Walde mache und warum sie weine.

»Ach, Herr! Es ist meine Mutter, die mich aus dem Hause gejagt hat.«

Der Königssohn, der aus ihrem Munde fünf oder sechs Perlen und ebenso viele Diamanten fallen sah, bat sie, ihm zu sagen, wie sie dazu käme. So erzählte sie ihm das ganze Abenteuer. Der Königssohn erglühte in Liebe zu ihr, und da er fand, daß eine solche Gabe mehr wert sei als alles, was man einer andern in die Ehe mitgeben könne, führte er sie in den Palast des Königs, seines Vaters, und dort heiratete er sie.

Ihre Schwester aber machte sich schließlich so verhaßt, daß ihre eigene Mutter sie aus dem Hause jagte, und da niemand die Unglückliche aufnehmen wollte, fand sie irgendwo im Walde den Tod.

Moral

Gold, Diamant und Edelstein
Wirkt stark auf die Gemüter ein.
Der sanften Rede Macht jedoch
Sowie ihr Preis ist höher noch.

Die Froschfee

Eine arme Witwe lebte allein mit ihrem Sohn in einer elenden Hütte am Rande eines großen Waldes. Die arme Frau hätte ihren Sohn gern in die Schule geschickt mit den andern Kindern seines Alters, aber ihre Not gestattete es ihr nicht, und sie war gezwungen, ihr Kind jeden Tag, den Gott geschaffen hatte, durch Gestrüpp und Dickicht in den Wald zu schicken, um Holz zu sammeln. Das Holz, das Wilhelm, so hieß der Knabe, heimbrachte, wurde in zwei Teile geteilt: die größeren Stücke wurden an die reichen Dorfleute verkauft, und die kleinen Zweige und Reiser blieben zu Hause, um im Sommer die Suppe zu kochen und im Winter die Hütte zu heizen.

Eines Tages war der kleine Junge wieder in den Wald gegangen. Eine Menge totes Holz war gesammelt, und er hatte schon ein beträchtliches Bündel beisammen, als er plötzlich kurze durchdringende Schreie hörte, die von dem nahe gelegenen Pfad kamen.

»Was mag das sein?« fragte sich Wilhelm. »Ist da vielleicht ein armes Tier in Gefahr?«

Und schnell lief er hin. Ein riesiger Fuchs hatte ein hübsches Laubfröschchen gepackt und wollte es gerade verspeisen, als Wilhelm erschien. Das mutige Kind trat dem Fuchs entgegen und zwang ihn, das grüne Fröschchen loszulassen.

»O das hübsche Tier!« rief das Kind. »Ich werde es nach Hause mitnehmen.«

Vorsichtig hob Wilhelm den Frosch auf und steckte ihn in seine Tasche. Mit seinem Bündel auf dem Kopf kam er nach Hause.

»Mutter, sieh nur den schönen Laubfrosch, den ich im Walde gefunden habe. Ich werde ihn in ein großes Gefäß mit Wasser setzen, wenn du es mir erlaubst.«

»Was willst du mit diesem Frosch, Wilhelm? Du findest überall Frösche im Walde.«

»Das ist wahr, aber sie sind nicht wie dieser Frosch.«

Und der kleine Junge erzählte, wie er diesen Laubfrosch gerettet hatte.

»Dann laß ihn hier, aber sorge gut für ihn, denn es wäre nicht recht, ihn hierzubehalten und ihn sterben zu lassen.«

Von diesem Tage an kehrte der Wohlstand ins Haus der Witwe zurück; sie fand eine volle Börse in ihrer Truhe, ohne daß es sich aufklärte, wer sie dort hingelegt hatte. Dann fiel ihr eine Erbschaft zu, so daß die gute Frau ihren Sohn in die Dorfschule schicken konnte und danach in die Stadtschule.

Und bald wurde der Jüngling so gelehrt, so gelehrt, daß er, als er durch ganz Deutschland und durch ganz Frankreich reiste, niemandem begegnete, der imstande gewesen wäre, es in bezug auf Wissen mit ihm aufzunehmen. Ihr könnt euch denken, wie glücklich seine Mutter war, und oft sagte sie zu ihren Dorfnachbarinnen:

»Der Laubfrosch, den mein Sohn im Walde gefunden hat, muß wohl die Ursache all des Glückes sein, das uns begegnet.«

Dafür liebte sie auch das Laubfröschchen, und sie pflegte es aufs sorgfältigste.

Eines schönen Tages kehrte der junge Gelehrte von seiner Reise zurück. Nachdem er seine Mutter umarmt hatte, wollte er den grünen Laubfrosch sehen.

»Liebes Tierchen«, sprach er zu ihm, »ich danke dir für alles, was du für meine Mutter und für mich getan hast. Du sollst mit uns speisen und den Ehrenplatz bei Tisch einnehmen.«

Das Laubfröschchen begann zu springen und zu tanzen, als hätte es Wilhelms Rede verstanden.

Dann, als das Essen aufgetragen war, kam es aus seinem Unterschlupf heraus und setzte sich auf den Sessel, der ihm bestimmt war.

Da aber verwandelte sich plötzlich der Laubfrosch in ein junges Mädchen von großer Schönheit; das hatte große blaue Augen und lange blonde Haare, die auf seinen Schultern wehten. Niemals hatte der junge Gelehrte soviel Schönheit bei einem irdischen Wesen vereinigt gesehen. Nach kurzem Schweigen sprach das liebenswürdige Geschöpf zu ihm:

»Ich bin eine Waldfee. Du warst mir schon oft aufgefallen, wenn du im Gestrüpp und im Dickicht tote Zweige suchtest, und ich bewunderte deinen Mut und deinen Arbeitseifer. Ich wünschte dir Gutes, und darum hatte ich die Gestalt eines Laubfrosches angenommen, um dein Herz zu erproben. Du hast die Prüfung gut bestanden, und du bist alles dessen würdig, was ich für dich und deine Mutter getan habe; denn ich hatte die Börse in die Truhe gelegt, und auch ich hatte das Geld geschickt, das als Erbschaft eines verstorbenen Verwandten ausgezahlt wurde; ich war es auch, die dir Klugheit und wissenschaftlichen Geist schenkte. Jetzt möchte ich dich etwas fragen: Ich liebe dich, willst du mich heiraten?«

»Schöne Fee, gewiß möchte ich dich gern zur Frau, aber wir haben unser kleines Vermögen für meinen Unterricht und für meine Reisen ausgegeben, und es bleibt uns fast nichts mehr. Ich möchte nicht, daß du Not leidest.«

»Ist es nur das, was dich zurückhält? Dann ... sieh meine Macht!«

Und die Fee ergriff eine Handvoll Bohnen, die dort in einem Sack standen, und verwandelte sie in schöne blanke Goldstücke.

So entschloß sich der junge Gelehrte, und acht Tage später wurde die Hochzeit in der Kirche des Nachbardorfes gefeiert.

Wie groß aber war seine Verwunderung, als er bei der Rückkehr von der Messe anstelle der Hütte, die er am Morgen verlassen hatte, ein wunderbares Schloß sah. Wieder war es die Fee, seine Frau, die durch ihre Macht in so kurzer Zeit den herrlichen Palast errichtet hatte, wo sie seither mit ihrem Gatten viele Jahre lang glücklich lebte.

Die drei Jünglinge und die drei Feen

Ihr müßt wissen, daß es in Poitou war, wo sich vor alter Zeit eine Geschichte zutrug, die wert ist, der Nachwelt überliefert zu werden. Es ist Tatsache, daß in Lusignan drei Jünglinge wohnten, Söhne eines reichen Edelmannes aus besagtem Orte, welche sich allgemeiner Beliebtheit erfreuten, weil sie schön, anmutig und von Natur aus sanftmütig waren, wie es der Jugend geziemt. Es geschah aber, daß sie eines Tages eine Wanderung machten und nächtlicherweise einen Wald durchquerten. Allda trafen sie drei Feen vom Hofstaat Melusinens, welche schön, kurzweilig und über die Maßen anmutig waren. Als diese sie kommen sahen, baten sie sie, einige jener Tänze mit ihnen zu tanzen, die im Elfenreiche üblich sind, und die Jünglinge willfahrten, verlockt durch ihre große Schönheit, der Bitte der Feen. Jede Fee nahm ihren Tänzer, und sie tanzten die ganze Nacht hindurch. Sie tanzten, hüpften, machten Bocksprünge, riefen einander an, antworteten, blieben stehen, schauten sich verliebt an, ruhten sich aus, versteckten sich und spielten sogar ein gewisses Spiel miteinander, dessen die Feen genausowenig müde werden wie die irdischen Frauen. Endlich brach der Tag an, zum großen Erstaunen der Feen, die ihn so bald noch nicht erwartet hatten. Hierauf nahm die älteste von ihnen das Wort und sprach zu den Jünglingen: »Ihr süßen Freunde, meine Schwestern und ich, wir sind genötigt, ins Elfenreich zurückzukehren, ehe die Sonne aufgeht, aber, ihr schönen Jünglinge, in Ansehung eures guten Willens und der Mühe, die ihr euch uns zuliebe gegeben habt, sowie des Vergnügens, das ihr uns bereitet habt, gewähren wir jedem von euch zur Belohnung einen Wunsch, derart, daß der Wunsch, einmal ausgesprochen, sogleich erfüllt wird. Wenn ihr also verständig seid, so wünscht euch etwas, das euch zu Nutzen und zur Ehre gereicht.« Nach diesen Worten verschwand die Fee und die anderen mit ihr, und nie wieder hörten die drei Jünglinge etwas von ihnen.

Als die jungen Männer allein waren, verwunderten sie sich sehr über ihr Abenteuer, aber allmählich sammelten sie ihre Lebensgeister wieder und setzten ihren Weg nach Lusignan fort. Während sie so wanderten, plauderten sie von den drei Feen und von ihrer großen Schönheit und Anmut. Der eine sagte: »Sie sind nicht weniger freigebig als schön, erinnert ihr euch nicht an die Gabe, die sie uns gewährten, als sie gingen, an die drei Wünsche, die uns in Erfüllung gehen sollen?«

»Allerdings«, sprach der Älteste, »aber ich für meine Person brauche keine Reichtümer, keine Macht, kein Land und kein Geld, denn ich bin der Älteste, und nach Erbrecht wird das Schloß unseres Vaters an mich fallen. Aber ihr beiden, überlegt euch eure Wünsche und sprecht sie so aus, daß ihr in Zukunft gleichfalls Macht und Reichtümer zur Genüge habt.«

»Das wollen wir freilich tun«, erwiderten die anderen, »wenn es Gott gefällt, aber Ihr seid der Älteste und müßt mit dem Wünschen beginnen; wünscht Euch etwas, das Euch und Eurem Hause Ehre macht.«

»Ich brauche nichts«, antwortete jener.

»Ihr müßt«, sagten die anderen, »da ihr der Älteste seid.«

»Nein, bei Gott«, verwahrte sich dieser, »denn ich habe nichts zu wünschen!«

»So wollte ich doch«, sprach der zweite, »daß ihr für Euren bösen Willen ein Auge verlöret!«

Kaum war dies Wort ausgesprochen, als ein Auge aus dem Kopf des Ältesten heraustrat und zu Boden fiel. Als dieser fühlte, daß er nur mehr ein Auge hatte, begann er lauter als ein Blinder zu schreien und seinen Bruder, der ihm solches angewünscht hatte, zu schelten, und der jüngste Bruder, der den ältesten sehr liebte, weinte und schmähte den unseligen Täter gleichfalls und sprach in seinem Zorn: »Du hast zu böser Stunde gewünscht, Unseliger, daß unser Ältester ein Auge verlöre, ich wollte, du würdest alle beide einbüßen!«

Kaum waren diese Worte ausgesprochen, als die beiden Augen aus dem Kopf des zweiten heraustraten und zu Boden fielen, und dieser begann nun seinerseits zu schreien und seinen Bruder zu schelten, indem er ausrief: »Wehe mir! Was soll ich jetzt tun, da ich durch deinen treulosen Wunsch mein Gesicht verloren habe und den Weg nicht mehr finden kann!«

Nun nahm der Älteste das Wort und sprach: »Hört auf mich, liebe Brüder! Ich allein habe meinen Wunsch noch nicht ausgesprochen, da ich eben noch alles besaß, was ich hätte wünschen können. Dem ist nun nicht mehr so, und deshalb wünsche ich, daß mir und meinem Bruder die Augen an ihren alten Platz zurückgegeben werden.«

Sogleich wurde dieser Wunsch des Ältesten erfüllt, und er erhielt sein eines, der zweite Bruder aber seine beiden Augen zurück. Und die drei Jünglinge kehrten beschämt, weil sie die Gabe der Feen so schlecht benutzt hatten, nach Lusignan zurück.

Die Fee von Cleibe

Es gab einmal in alten Zeiten viele Feen in Cleibe. Die waren alle wohltätig und sanft und alle voll guten Willens gegenüber dem armen Menschengeschlecht. Eine von ihnen ging besonders vertraut mit den Menschen um und erregte so sehr die Bewunderung eines jungen Mannes aus dem Dorfe, daß er sich ganz leidenschaftlich in sie verliebte. Im Frühjahr, als er auf die Alpweiden hinaufstieg, begegnete er ihr allein. Er gestand ihr seine Liebe und machte ihr einen Antrag. Die gute Fee, die keine derartigen Gefühle für den jungen Burschen empfand, wollte ihn abweisen und ersann die Ausflucht, daß es den Feen verboten sei, sich mit Menschen zu verbinden. Der junge Bauer aber war so ernst und aufrichtig und seine Liebe erschien ihr so tief, daß sie schließlich in seinen Antrag einwilligte. Sie legte sanft ihre Hand auf die Schulter des ganz verwirrten Burschen und versprach ihm, seine Frau zu werden, wenn er ihr schwören könnte, daß er niemals, was immer nach der Hochzeit geschehen würde, die Stimme gegen sie erheben und, was immer sie tun würde, die Worte aussprechen würde: »Du bist eine böse Fee.«

Er schwor es.

Die Hochzeit fand in der Kirche statt. Dann spielten die Geigen zum Tanz auf. Man schlachtete, wie üblich, eine Kuh für das Festmahl, und dann begann ihr Eheleben, wie üblich, mit dem Honigmond.

Lange regierte das Glück bei ihnen. Sechs Jahre vergingen ohne die geringste Auseinandersetzung. Schöne Kinder erfüllten das Haus mit Heiterkeit, ohne je einmal die Eintracht zu stören. Wenn der Mann am Abend von der Feldarbeit nach Hause kam, dann freute er sich jedesmal beim Anblick seiner wohlerzogenen und sauberen Kinder, der schneeweißen hölzernen Geräte, der Eimer, die überschäumten vor Milch, und über das schmackhafte Mahl, das auf einem stets fröhlich flackernden Feuer bereitet wurde.

Eines Tages mußte der Vater auf die Maina-Alp hinauf wegen einer Kuh, die zuviel Milch gab und nach dem Melken immer welche verlor. Die Luft war schwül und der Himmel bewölkt. Man spürte das Gewitter voraus. Der Mann war unruhig und hielt sich nicht lange bei den Hirten auf.

Die Feen sehen die Zukunft voraus und kennen das Geheimnis, Unglück abzuwenden. So erntete die Mutter, die einen fürchterlichen Hagel voraussah, an jenem Tag das ganze Getreide, das noch grün war und kaum verblüht, und brachte es in die Scheune. Die Bergfeen der ganzen Umgebung halfen ihr dabei, in jede Garbe ein Bündel grüner Erlenzweige zu stecken.

Kaum war die Erntearbeit beendet, zog ein dichter Hagel über das Land und vernichtete alles. Die betroffenen Bauern weinten in ihren finsteren Stuben, denn sie hatten sonst keinen Ertrag in dieser Gegend am Rande eines Waldes, in dem Bären, Löwen und andere wilde Tiere hausten.

Unser Mann kam gerade nach Hause, als das Gewitter mit ganzer Gewalt losbrach. Er führte seine Kuh in den Stall und hing seine Kleider zum Trocknen auf. Da erfuhr er, was seine hellseherische Ehefrau gemacht hatte. Wie groß aber war ihre Enttäuschung, als sie statt der Anerkennung, die sie erwartete, Vorwürfe, ja sogar Flüche erntete.

»Was ist mir nur eingefallen«, rief der Mann aus, »daß ich so eine böse Fee geheiratet habe!«

Er hatte diese Worte noch nicht fertig ausgesprochen, als er sah, wie seine Frau sich auflöste wie ein Rauch und entschwand. Die Kinder begannen zu jammern und zu weinen, und ein unheimliches Geräusch, wie von einem Kriechtier, das sich zwischen den Steinen hindurchschlängelt, drang in die Ohren des Vaters.

Um die Gedanken zu verjagen, die ihn niederzudrücken begannen, ging er in die Scheune. Und was sieht er? Sein Korn, das Korn, das er schon verloren geglaubt hatte und im Zustand der Fäulnis, war sehr schön. In der stickigen Hitze, die von den verwelkenden Erlenzweigen ausging, waren die Ähren angeschwollen. Als er sie aus der Nähe betrachtete, sah er, daß sie ganz dick und schon etwas gelb waren. Da begriff er, wie ungerecht er der vorsorgenden Fee gegenüber gewesen war. Aber sein Stolz verbot ihm, sein Wort zurückzunehmen.

Beschämt ging er ins Haus zurück, wo wie immer das Essen auf dem Tisch stand. Die Kinder saßen dabei und aßen ganz alleine aus ihren vollen Suppentellern.

»Wer hat euch denn die Suppe gegeben?« fragte er.

»Die Mutter.«

»Wo ist sie hingegangen?«

»Sie ist fort und hat nicht gesagt, wohin.«

»Hat sie euch nichts für mich aufgetragen?«

»Ja, sie möchte, daß du dein Wort zurücknimmst.«

»Das tu ich nie.«

Da hörte er in der Ferne Festeslärm. Die Feen hatten sich alle versammelt und der Mutter ein Fest bereitet. Sie wollten sie überreden, ganz zu ihnen zurückzukehren.

Bekümmert und einsam verzehrte der Mann sein Abendmahl und schlief wenig in der Nacht. Er dachte an alle Vorteile, die er verloren hatte. Als er am nächsten Morgen sehr spät aufstand, waren die Kinder schon angekleidet, gewaschen und gekämmt, und ihr Frühstück stand auf dem Tisch. Seine Frau war ihm wieder zuvorgekommen.

So vergingen einige Tage, ohne daß es ihm eingefallen wäre, die Gekränkte um Verzeihung zu bitten. Als er zur Beuzon-Mühle hinunterging, um das Korn mahlen zu lassen, welches er der Voraussicht seiner guten Frau verdankte, war der Müller ganz erstaunt über die Schönheit des Getreides. Er verstand nicht, daß in einem ganz und gar verwüsteten Land unser Mann Korn zum Mahlen hatte. Der erzählte nun seine Geschichte und wurde ordentlich vom Müller gerügt, der ihm den Rat gab, alles zu unternehmen, um seine Frau wiederzugewinnen.

Sein Plan war schnell gefaßt. Ab dem kommenden Tag würde er seine Worte zurücknehmen. Ganz glücklich über diesen Entschluß lud er sich seinen Sack Mehl auf die kräftigen Schultern und stieg den Pfad nach Cleibe hinauf.

Als er ins Haus trat, merkte er, daß hier größte Unordnung herrschte. Alles lag im argen, außer den Kindern, um die sich die Mutter weiter kümmerte. Sie gediehen prächtig und freuten sich ihres Lebens. Er sagte ihnen, daß er seine Frau gerne wiedersehen wolle, und trug ihnen auf, sie zu bitten, sie möchte doch zurückkommen.

Am nächsten Morgen weckte ihn das älteste Töchterlein und sagte ihm, daß die Mutter wiederkommen würde. Aber er müsse das küssen, was ihm als erstes hinter der Küchentür in die Augen falle. Denn sie glaube nicht mehr an seine Versprechungen, die er dann nicht halte. Er sprang voll Freude aus seinem Bett, kleidete sich rasch an und lief in die Küche hinunter, wo er zuerst gar nichts sah. Er glaubte schon, es sei alles Lüge gewesen, da hörte er aus den Bodenkacheln dasselbe Geräusch eines Kriechtiers, das er schon einmal beim Verschwinden der Fee vernommen hatte. Und alsbald erblickte er hinter der Türe den abscheulichen Kopf einer Schlange, die sich um seinen Leib ringelte, bis daß ihr Kopf in der gleichen Höhe war wie der des entsetzten Mannes. Er, nicht imstande, seine Abscheu zu überwinden, packte das Tier mit einem kräftigen Griff und schleuderte es heftig auf den Boden, aus dem er plötzlich das Gesicht seiner guten Frau auftauchen sah, die ihm mit folgenden Worten seine Schwäche vorwarf:

»Weil es dir nicht gelungen ist, den Ekel zu überwinden, den ich dir als Schlange eingeflößt habe, wirst du mich nie mehr sehen. Ich verlasse meine Kinder und dein Anwesen und kehre zurück ins unvergleichliche Reich meiner Gespielinnen.« Sie verschwand, und der Unglücksvogel führte seither ein armseliges Leben. Seine Söhne gründeten ein Geschlecht von Verbrechern, und seine Töchter gerieten unter die gefallenen Mädchen. Er selbst starb vor Kummer und Reue in der Blüte seiner Jahre.

Das Feenmärchen

Es waren einmal zwei Zwillingsbrüder, schön wie der Tag und stolz und mutig wie sonst niemand. Eines Abends kamen sie von einem Jahrmarkt zurück und mußten einen Wald durchqueren. Es war im Monat Juli, gegen neun Uhr. Der Mond war ganz voll. Plötzlich vernahmen die beiden Brüder ein helles, klingendes Lachen aus einem Gebüsch. Sie zogen die Zügel ihrer Pferde an. »Hörst du's, Bruder?« sagte der Ältere. »Ja, das ist ein Lachen von jungen Mädchen, ein helles Lachen.«

In dem Augenblick kamen zwei junge Mädchen heran. Sie waren in Gold und Seide gekleidet und schön wie Engel. »Guten Abend, ihr jungen Männer!« sagten sie.

»Guten Abend, ihr jungen Mädchen!«

»Wir sind keine Fräulein. Wir sind Feen und Zwillingsschwestern. Und ihr seid Zwillingsbrüder. Wenn ihr uns heiratet, machen wir euch reich wie das Meer und schenken euch Kinder, die so schön, stark und kühn sind wie ihr.«

»Heiraten wir«, sagte der Ältere. »Ich nehme die Ältere.«

»Ja, heiraten wir!« sagte der Jüngere. »Ich nehme die Jüngere.«

»Gut«, sprachen die beiden Zwillingsfeen, »morgen früh werden wir uns verheiraten. Kehrt jetzt nach Hause zurück und findet euch morgen bei Tagesanbruch an der Tür jener Kirche ein, die am Zipfel des großen Waldes steht. Hütet euch, inzwischen etwas zu essen oder zu trinken. Es würde sonst ein großes Unglück geschehen.«

»Feen, euer Wort wird befolgt werden.«

Die Zwillingsbrüder verabschiedeten sich von den zwei Feen, kehrten nach Hause zurück und sprachen von nichts. Sie legten sich zu Bett, ohne gegessen oder getrunken zu haben. Um zwei Uhr nachts erhoben sie sich ganz leise und verließen das Haus. »Schnell, schnell. Wir haben gerade noch Zeit, um vor Tag die Kirche am Zipfel des großen Waldes zu erreichen.«

Auf dem Wege kamen die Zwillingsbrüder zu einem Kornfeld. Das Korn war fast reif. Gedankenlos pflückte der Jüngere eine Ähre, nahm ein Korn und zerdrückte es zwischen den Zähnen, um zu sehen, ob es schon ganz trocken sei.

Vor Tagesanbruch waren sie vor der Kirche am Zipfel des großen Waldes. Die Türe war offen, der Altar geschmückt und die Kerzen angezündet. Die beiden Feen warteten schon. Sie waren bräutlich geschmückt mit weißem Kleid und Schleier, mit einem Kranz auf dem Haar und einem Blumenstrauß am Gürtel.

»Mein Freund«, sagte die jüngere der beiden Zwillingsfeen, »du hast vergessen, daß du weder essen noch trinken solltest. Nun hast du ein großes Unglück angerichtet. Durch die Heirat mit dir wäre ich eine Frau wie alle anderen Frauen geworden. Jetzt aber bleibe ich für immer eine Fee.«

Die jüngere der beiden Zwillingsfeen ging fort, und ihr Freier sah sie nie mehr wieder. Der Priester las die Messe für das andere Brautpaar. Danach sprach der jüngere Bruder zu den Vermählten: »Lebt wohl! Ich gehe weit, weit fort und trete als Mönch in ein Kloster ein. Sagt meinem Vater und meiner Mutter, daß sie mich nie, nie mehr sehen werden.« Und sogleich machte er sich auf den Weg, während der Ältere seine Frau zu seinen Eltern heimführte.

Am Abend, vor dem Einschlafen, sagte sie zu ihrem Mann: »Höre! Wenn du mich liebhast, dann gib acht und paß gut auf, daß du mich nie Fee oder verrückt nennst. Es würde sonst ein großes Unglück geschehen.«

»Hab keine Angst, Frau. Ich werde dich niemals weder verrückt noch Fee nennen.«

Sieben Jahre lang lebten sie glücklich als Mann und Frau. Sie waren reich wie das Meer, lebten in einem Schloß und hatten sieben Kinder.

Eines Tages war der Mann zum Jahrmarkt gefahren, und die Frau befahl an seiner Statt. Es war Mitte Juli. Das Wetter war schön, und das Getreide war fast reif. Die Schloßherrin betrachtete den Himmel. »Knechte, Mägde, auf, auf!« rief sie. »Schneidet rasch das Getreide, schnell! Gewitter und Hagel sind da!«

»Aber Frau, wo denkt Ihr hin! Es ist das herrlichste Wetter von der Welt, und das Getreide ist noch nicht einmal reif.«

»Tut, was ich euch sage! Schnell, beeilt euch, beeilt euch!«

Die Knechte und Mägde gehorchten. Sie waren noch an der Arbeit, als der Herr vom Markt zurückkam. »Frau«, sprach er, »was machen denn die Leute da?«

»Sie tun, was ich ihnen befohlen habe, mein Freund.«

»Aber schau, Frau, das geschnittene Getreide ist noch gar nicht reif. Du mußt verrückt sein!«

Alsbald ging die Frau auf und davon. Am selben Abend verheerten Hagel und Gewitter das ganze Land.

Trotz alledem kam die Fee jeden Morgen ins Schloß zurück. Sie trat ins Zimmer ihrer sieben Kinder und kämmte sie unter Tränen mit einem schönen goldenen Kamm. »Meine armen Kinder, ihr dürft es eurem Vater nie sagen, daß ich alle

Morgen bei Tagesanbruch in euer Zimmer komme und euch mit einem schönen goldenen Kamm das Haar kämme. Es würde sonst ein großes Unglück geschehen.«

Die Kinder antworteten alle auf einmal: »Aber nein, Mutter, wir sagen ihm nichts!«

Der Vater aber wunderte sich, seine Kinder immer so schön gekämmt zu sehen. Jeden Morgen fragte er sie: »Wer hat euch so schön gekämmt, meine Kleinen?«

Und die Kleinen antworteten alle auf einmal: »Vater, das war unsere Dienerin.«

Aber der Vater blieb mißtrauisch. Eines Abends tat er, als ginge er zu Bett, und versteckte sich im Zimmer seiner sieben Kinder. Bei Tagesanbruch trat die Mutter der Kinder herein und kämmte sie unter Tränen mit einem schönen, goldenen Kamm. Da konnte sich der Mann nicht mehr beherrschen. »Meine arme Frau!« rief er. »O komm doch, ich bitte dich, komm!«

Aber sie fuhr weg wie ein Blitz. Von nun an sahen sie weder ihr Mann noch ihre Kinder.

Die Mondfee

Zur Zeit des Kaisers Yau lebte ein Fürst namens Hou I, der war ein starker Held und guter Schütze. Einst gingen zehn Sonnen am Himmel auf, die schienen so hell und brannten so heiß, daß die Menschen es nicht aushalten konnten. Da gab der Kaiser dem Hou I den Befehl, nach ihnen zu schießen. Der schoß nun neun von den Sonnen herunter. – Er hatte aber auch ein Pferd, das war so schnell, daß es den Wind einholen konnte. Er setzte sich darauf und wollte auf die Jagd. Da rannte das Pferd davon und ließ sich nicht mehr halten. So kam er an den Kunlun-Berg und sah die Königin-Mutter am Jaspis-See. Die gab ihm das Kraut der Unsterblichkeit. Das nahm er mit nach Hause und verbarg es im Zimmer. Er hatte eine Frau namens Tschang O. Die naschte davon, als er einmal nicht zu Hause war, und sogleich schwebte sie zu den Wolken empor. Wie sie beim Mond angekommen war, da lief sie in das Schloß im Mond und lebt dort seither als Mondfee.

Ein Kaiser aus dem Hause Tang saß einmal in der Mittherbstnacht mit zwei Zauberern beim Wein. Der eine nahm eine Bambusstange und warf sie in die Luft; die wandelte sich zur Himmelsbrücke, und nun stiegen die drei zusammen zum Mond hinauf. Da sahen sie ein großes Schloß, darauf stand geschrieben: »Die weiten Hallen der klaren Kälte.« Ein Kassiabaum stand daneben, der blühte und duftete, daß die ganze Luft von seinem Duft erfüllt war. Ein Mann saß auf dem Baum, der mit einer Axt die Nebenzweige abhieb. Der eine Zauberer sprach: »Das ist der Mann im Monde. Der Kassiabaum wächst so üppig, daß er mit der Zeit den ganzen Glanz des Mondes beschatten würde. Darum muß er alle tausend Jahre einmal abgehauen werden.« Dann traten sie in die weiten Hallen. Silbern türmten sich die Stockwerke übereinander. Die Säulen und Wände waren alle aus Wasserkristall. Es waren Käfige da und Teiche; darinnen waren Fische und Vögel, die bewegten sich wie lebend. Die ganze Welt schien aus Glas zu sein. Während sie noch nach allen Seiten Umschau hielten, trat die Mondfee auf sie zu in weißem Mantel und regenbogenfarbenem Gewand. Sie sprach lächelnd zum Kaiser: »Du bist ein Fürst der Welt des Erdenstaubs. Du mußt Glück haben, daß du hierhergelangen konntest.« Damit rief sie ihre Dienerinnen, die kamen auf weißen Vögeln herangeflogen und sangen und tanzten unter dem Kassiabaum. Reine, klare Klänge tönten durch die Luft. Neben dem Baume aber stand ein Mörser aus weißem Marmelstein. Ein Hase aus Jaspis zerstieß darinnen Kräuter. Das war die dunkle Hälfte des Monds. Als der Tanz zu Ende war, da kehrte der Kaiser mit den Zauberern wieder zurück. Er ließ die Lieder, die er im Monde gehört hatte, aufzeichnen und zur Begleitung von Jaspisflöten im Birnengarten singen.

Die drei Pomeranzen

Es war einmal eine arme Frau, die hatte ein einziges Töchterlein, welches sie wie ihren Augapfel liebte. Obgleich das Mädchen erst neun Jahre alt war, so war es doch so verständig wie eine Erwachsene und gar sanft und fromm. Eines Tages waren Mutter und Tochter im Walde gewesen, um Holz zu klauben, und als sie heimkehrten, sahen sie bei einem Baume drei Feen, welche schon lange zu warten schienen und in gebieterischem Tone zur Mutter sagten: »Heute über ein Jahr führe dein Kind zu uns hieher auf diese Stelle!« Voll Verzweiflung ging die Frau nach Hause. Wie viele Tränen weinte sie, und wie traurig war sie stets! Aber das Mädchen suchte sie immer zu trösten. »Gott wird mir helfen, liebe Mutter«, sagte es oft, »du wirst sehen, daß ich vielleicht bald wieder wohlbehalten und glücklich zu dir zurückkehre.«

Als das Jahr abgelaufen war, führte die Mutter – denn sie wagte nicht, ungehorsam zu sein – ihre Tochter schweren Herzens in den Wald. Dort warteten die drei Feen schon darauf, nahmen das Mädchen bei der Hand und entschwanden bald aus den Augen der Mutter, welche ihm weinend nachschaute und tief betrübt nach Hause ging.

Die drei Feen aber führten das Mädchen in ihre Wohnung tief im Walde und legten ihm allerlei häusliche Dienste auf. Obwohl das Mädchen alles unverdrossen verrichtete, gelang es ihm doch nicht, sich die Gunst seiner strengen und unfreundlichen Gebieterinnen zu erwerben. Ja, es kam dahin, daß sie das Mädchen immer mehr haßten, und sie beschlossen, es in das sichere Verderben zu schicken.

»Höre, Kleine«, sagte eines Abends eine der drei Feen, »geh morgen in diesen und diesen Ort und in diesen und diesen Palast hin. Dort tritt ein und nimm der Alten, welche du dort findest, die drei Pomeranzen weg und bringe sie uns her. Wehe dir, wenn du unser Gebot nicht erfüllst!«

Das arme Mädchen versprach, es tun zu wollen; aber es ahnte wohl selbst, wie gefährlich dieses Unternehmen sein werde. Es weinte die ganze Nacht, dachte immer an seine liebe Mutter und betete inbrünstig, daß ihm das aufgetragene Werk gelingen möge.

Am frühesten Morgen machte es sich auf den Weg. Als es einige Stunden gegangen war, begegnete es einem alten Manne. »Wohin gehst du?« fragte er mitleidig, als er das Kind mit den verweinten Augen sah.

»Ach, wenn du es wüßtest!« erwiderte es und erzählte ihm treuherzig alles.

Dann sprach der Alte: »Nimm diese Dinge, geh hin und mache davon Gebrauch, sobald du es nötig hast.« Und er gab ihm Nägel, ein Fläschchen Öl, einen Korb mit Brot, einen Besen und ein Seil. Das Mädchen nahm es, dankte recht herzlich dafür und machte sich, obwohl es an diesen Dingen ziemlich schwer zu tragen hatte, doch mit gutem Troste und besserem Mute wieder auf den Weg.

Bald kam es an den ihm von den Feen bezeichneten Ort und stand vor dem beschriebenen Palast. Davor war ein tiefer Graben, und darüber führte eine Brücke, die war so alt und zerbrochen, daß man beim ersten Schritt darauf in die Tiefe stürzen mußte. Das Mädchen aber nahm die Nägel und befestigte damit ein Brett nach dem andern, so daß es bald hinüber war. Nun gelangte es zu einem großen Tor, das war mit Riegel und Ketten verschlossen, und die waren so eingerostet, daß auch ein Riese mit all seiner Kraft sie nicht hätte zurückschieben können. Da nahm das Mädchen das Ölfläschchen und bestrich Riegel, Ketten und Angeln mit Öl, worauf sie sich leicht wegschieben ließen und das Tor wie von selbst sich öffnete. Gleich hinter dem Tor lag ein Rudel Hunde, die stürzten wütend und bellend auf das Mädchen los, als wollten sie es zerreißen. Da griff dieses in den Korb und warf das Brot unter die Hunde, welche nun darauf losstürzten. Das Mädchen ließ sie fressen und ging weiter über einen Hof. Da war ein Weib, welches den Hof mit seinem Kleide kehrte; das Mädchen aber gab ihm den Besen. Ganz nahe war ein Brunnen, daran stand eine Frau und zog den schweren Wassereimer mit ihren Haarflechten aus der Tiefe herauf. Hurtig gab ihr das Mädchen das Seil.

Nun war das Mädchen an der Stiege. Vorsichtig und leise ging es hinauf und kam in ein großes Gemach. Da saß eine Alte halb wach und halb schlafend und spann. Auf einem Kasten aber lagen in einem goldenen Teller die drei Pomeranzen. Rasch ergriff sie das Mädchen und eilte hinweg. Allein die Alte hatte es doch gemerkt und humpelte ihr nach. Als das Mädchen am Brunnen war, rief die Alte der Frau, die dort Wasser schöpfte, zu: »Halt sie auf, sie hat mir die drei Pomeranzen gestohlen!«

Aber die Frau sagte: »Das tu ich nicht. Seit so vielen Jahren zog ich den Wassereimer mit meinen Haarflechten herauf, und nun hat mir das gute Kind ein Seil gegeben.«

Als das Mädchen zur Frau kam, welche den Hof kehrte, rief die Alte wieder: »Schlag sie zu Boden, sie hat mir die drei Pomeranzen gestohlen!«

Allein die Frau sagte: »Das tu ich nicht. Seit so vielen Jahren kehrte ich den Hof mit meinem Kleide, und nun hat mir das gute Kind einen Besen gegeben.«

Das Mädchen war schon bei den Hunden, da schrie die Alte zornig: »Packt sie, Hunde, zerreißt sie, sie hat mir die drei Pomeranzen gestohlen!«

Allein die Hunde bellten nicht einmal, sondern sagten: »Das tun wir nicht. Seit so vielen Jahren haben wir Hunger gelitten, und nun hat uns das gute Kind Brot gegeben.«

Schon war das Mädchen am Tore, da schrie die Alte noch stärker: »Schließ dich, Tor, zerquetsche sie, sie hat mir die drei Pomeranzen gestohlen!«

Aber das Tor rührte sich nicht, sondern sagte: »Das tu ich

nicht. Seit so vielen Jahren war ich rostig, und nun hat mich das gute Kind mit Öl bestrichen.«

Eben trat das Mädchen auf die Brücke, da schrie die Alte noch einmal im höchsten Zorn: »Falle, Brücke, wirf sie hinab, sie hat mir die drei Pomeranzen gestohlen!«

Die Brücke aber schwankte nicht einmal, sondern sagte: »Das tu ich nicht. Seit so vielen Jahren war ich zerbrochen, und nun hat mich das gute Kind wieder heil gemacht!«

Nun konnte die Alte nicht mehr weiter, und das Mädchen war gerettet. Es dankte Gott und setzte freudig seinen Weg fort, bis es wieder zu den Feen kam. Diese waren nicht wenig erstaunt, das Mädchen wiederzusehen, noch erfreuter waren sie, als es ihnen die drei Pomeranzen überreichte. Nachdem es ihnen alles erzählt hatte, lobten sie es und fragten, was für eine Belohnung es wolle. Das Mädchen verlangte nichts anderes, als zu seiner Mutter zurückkehren zu dürfen. Die Feen gestatteten es ihm und überhäuften es überdies mit den reichsten und kostbarsten Geschenken.

Welch große Freude die Mutter hatte, ihre Tochter wiederzusehen, kann ich nicht beschreiben und will nur noch sagen, daß Mutter und Tochter fortan glücklich zusammenlebten und all die frühere Armut und Not für immer ein Ende hatte.

Una, das Elbenmädchen

Geir hieß ein Mann, der wohnte zu Raudafell und hatte dort einen guten Hof. Er war jung und hatte erst kürzlich seine Frau verloren. Einmal, als seine Leute beim Heuen waren, sah er, wie eine junge, hübsche Frau kam, und ohne ein Wort mit den Leuten zu sprechen, half sie bei der Arbeit mit, und diese ging sogleich flink vonstatten. Den nächsten Tag kam sie auch, und so ging es den ganzen Sommer hindurch; niemals sprach sie ein Wort, und niemand wußte, woher sie kam und wohin sie ging. Aber schließlich ging der Bauer zu ihr hin, grüßte sie und dankte ihr für ihre Arbeit. Sie nahm es wohl auf. Sie sprachen lange zusammen, und es kam so, daß der Bauer ihr anbot, bei ihm Haushälterin zu sein. Dann verschwand sie, aber am nächsten Morgen kam sie wieder und hatte nur eine große Truhe bei sich. Die Truhe ward in das Frauengemach gestellt. Das Mädchen nahm den Haushalt an sich, war flink, stand ihm trefflich vor und gefiel dem Bauern wohl. Aber sie wollte ihm nicht sagen, woher sie kam, und sagte nur, daß sie Una heiße. Niemals ging sie zur Kirche, wie sehr auch der Bauer ihr zuredete. Das war das einzige, was ihm nicht an ihr gefiel, denn er war ein frommer Mann.

Nun ging der Winter vorbei bis zum Weihnachtsfest. Die Leute gingen zum Abendgesang, Una wollte nicht mitgehen, sondern blieb allein zu Hause, und als die Kirchgänger am Morgen heimkamen, fanden sie sie fertig zu ihrer gewöhnlichen Arbeit. So blieb Una drei Jahre bei dem Bauern, und sie wurde ihm sehr lieb; nur das eine grämte ihn sehr, daß sie nicht zur Kirche ging. Über ihre Herkunft hatten die Leute verschiedene Ansichten, aber darüber waren sie alle einig, daß sonst keine so tüchtige Frau in dem ganzen Bezirk wäre wie Una. Nun kam das dritte Weihnachten heran, und Una blieb wieder daheim. Aber wie die Kirchgänger eben aufgebrochen waren, da wurde zufällig einem Knechte übel. Erst legte er sich nieder, aber schließlich ging er wieder zum Gehöft. Da sieht er, wie Una das Gehöft fegt und reinigt und sich mächtig mit der Arbeit beeilt. Er verbarg sich, so daß sie ihn nicht bemerkte. Als sie mit aller Arbeit fertig war, ging sie in das Frauengemach und schloß ihre Truhe auf. Da nahm sie ein wunderschönes Kleid heraus und zog es an. Der Knecht meinte, niemals eine so schöne Frau gesehen zu haben. Auch zog sie eine rote Decke aus der Truhe hervor und nahm sie unter den Arm. Dann schloß sie die Truhe, ging hinaus, schloß auch das Frauengemach, lief den Anger hinab und der Knecht ihr nach. Sie stand nicht eher still, als bis sie an ein kleines Moor gekommen war; dort breitete sie die rote Decke aus und stellte sich darauf. Der Knecht kam mit genauer Not noch auf einen Zipfel der Decke. Sogleich sanken sie in die Erde hinab, und das war wie Rauch, als sie da fuhren. Una bemerkte den Mann nicht, und so kamen sie auf einen grünen Anger. Da nahm Una das Tuch unter den Arm. Der Knecht erblickte ein prächtiges Gehöft auf dem Anger, dahin ging Una und er hinterher. Dort war eine große Schar von Leuten, die kamen ihr entgegen und faßten sie bei den Händen. Ein schönes, prächtiges Mahl war bereitet. Die Leute setzten sich nieder, und Speise wurde aufgetragen: verschiedene Gerichte und Wein, und alles sehr üppig. Der Knecht erwischte ein Rippenstück von gedörrtem Schaffleisch: so fett hatte er in seinem ganzen Leben noch keins gesehen. Nach dem Mahle wurden verschiedene Spiele gespielt, alles kunstvoll und schön. Aber gegen Morgen sagte Una, daß sie nun heimfahren müßte, denn bald käme der Bauer von der Kirche. Sie verabschiedete sich von allen mit großer Freundlichkeit und lief weg. Der Knecht lief hinter ihr her und mit auf die Decke. So kamen sie auf die Erde zu dem Moor. Una nahm das Tuch und ging heim in die Kammer, schloß Kleid und Decke ein und ging in den Hof. Der Knecht immer hinter ihr her, aber der legte sich dann nieder.

Nun kam der Bauer aus der Kirche und fragte den Knecht, wie es ihm ginge. Der sagte, schon um vieles besser. Una empfing sie wohl, und man setzte sich zu Tisch. Es gab auch hier Dörrfleisch nach des Landes Brauch. Da nahm der Bauer eine große Schafseite und sagte: »Hat eins von euch schon mal eine so große Schafseite gesehen?«

»Kann schon sein«, sagte der Knecht und zeigte das Rippenstück vor, das er in der Nacht erwischt hatte. Als aber Una das sah, verfärbte sie sich und lief schweigend fort, und niemand hat sie je wiedergesehen. Der Knecht aber erzählte, wohin er mit Una gereist war.

Die Elbenkönigin Hild

Es war einmal ein Bauer auf seinem Hof. Eine Frau hatte er nicht, aber eine Haushälterin namens Hild, die sehr tüchtig war, aber von deren Herkunft man nichts wußte. Da sie rührig und fleißig war, hatten sie alle gern, der Bauer und das Gesinde.

Es verlief alles gut in der Wirtschaft, aber es war für den Bauern eine große Sorge, einen Schafhirten zu bekommen, denn immer am Morgen nach der Weihnachtsnacht lag er tot im Bette, ohne daß man den Grund dazu kannte.

Zu jener Zeit pflegte man überall im Lande am Heiligen Abend Gottesdienst zu halten, und man hielt es für ebenso festlich, an diesem Abend dahinzufahren wie am ersten Feiertag selbst. Aber auf den Höfen, die im Gebirge drin lagen und von denen man weit zur Kirche zu gehen hatte, war es für die Leute, die nicht eher vom Hause fortkonnten, als bis der Stern zwischen Morgen und Mittag stand, recht beschwerlich, zum Gottesdienst zu kommen, und gewöhnlich kamen dort auch die Hirten nicht früher heim. Sie brauchten dort auf dem Hofe des Bauern freilich nicht den Hof zu hüten, wie es sonst Sitte war, daß einer oder der andere es in der Weihnachts- und Silvesternacht tun mußte, während das übrige Gesinde in der Kirche war; denn seit Hild beim Bauern war, hatte sie sich selbst dazu angeboten, während sie in der Zeit alles zum Fest in Ordnung brachte und fertigmachte: Essen kochen und anderes, was nötig war, und sie war bis spät in die Nacht noch wach, so daß die, die in der Kirche gewesen waren, oft schon lange schliefen, ehe sie selbst sich zu Bett legte.

Als es eine Reihe von Jahren so gegangen war, daß die Hirten des Bauern alle plötzlich in der Weihnachtszeit starben, sprach man überall davon, und der Bauer fand nur schwer jemand, der Hirte sein wollte, und es fiel ihm auch selbst immer schwerer aufs Herz, je mehr starben. Eine Schuld konnte ihn nicht treffen und das Gesinde nicht, denn eine Wunde war an der Leiche niemals zu entdecken. Schließlich sagte der Bauer, nun könne er keinen Schafhirten mehr nehmen, da ihn der sichere Tod erwarte in seinem Dienst, und nun möge es mit seinem Vieh und seinem Hab und Gut so kommen, wie es das Schicksal wolle.

Als der Bauer diesen Entschluß gefaßt hatte und niemand mehr in Dienst nehmen wollte als Hirten, da kam einmal ein munterer und kräftiger Mann zu ihm und wollte gern in seinen Dienst treten. Der Bauer sagte: »So nötig brauche ich dich nicht, daß ich dich nehmen muß.« Aber der Fremde fragte ihn: »Hast du schon einen Hirten für diesen Winter?« Da sagte der Bauer: »Nein«, und sagte ihm, er wolle durchaus niemand mehr nehmen, »du hast wohl gehört, wie schlimm es all meinen Hirten ergangen ist.«

»Gehört hab' ich's«, sagte der Fremde, »aber das schreckt mich nicht ab.« Da hörte der Bauer auf ihn, weil er so sehr wollte, und nahm ihn in Dienst. So verging nun eine Zeit, und der Bauer und der Hirt waren einig miteinander, und den Hirten hatte jeder gern, denn er war ein freundlicher, munterer und tüchtiger Kerl.

Bis zum Weihnachtsabend geschah nichts Besonderes. Am Heiligen Abend nun ging der Bauer mit seinem Gesinde zur Kirche, die Haushälterin blieb im Hause, und der Hirt blieb bei seinen Schafen. Es wurde Abend wie immer, ehe der Hirte heimkam, dann aß er seine Grütze und ging zu Bett. Da dachte er, es sei wohl besser zu wachen als zu schlafen, falls etwas geschehen sollte; Furcht hatte er keine, blieb aber zur Vorsicht wach liegen. Spät in der Nacht hörte er die Leute heimkommen, sie aßen einen Bissen und gingen schlafen.

Noch merkte er nichts, als aber schon alle schliefen, da fühlte er, daß er müde wurde, was ihn nach des Tages Last und Mühen auch weiter nicht wunderte.

Weil er aber dachte, es ginge ihm schlecht, wenn er nun doch einschliefe, so bot er all seine Kräfte auf, um bloß nicht einzuschlafen. Es dauerte auch gar nicht lange, da hörte er jemand an sein Bett kommen, und ihm war so, als sei es Hild, die da ihr Wesen trieb. Er stellte sich schlafend und merkte, daß sie ihm etwas in den Mund steckte. Er fühlte, daß es ein Zaum für den Mahrtenritt war, und ließ sich ruhig anzäumen. Sie legte ihm also das Zaumzeug an, befestigte die Zügel, wie es ihr bequem war, setzte sich rittlings auf ihn und ritt in fliegender Eile davon, bis sie, so schien es ihm, an einen Graben oder einen Erdspalt kam. Da sprang sie ab auf einen Stein, ließ die Zügel hängen und verschwand im Erdspalt.

Dem Hirten kam es schlimm und rätselhaft vor, daß Hild so verschwunden war, ohne daß er wußte, wohin sie sei; er merkte auch bald, daß er, solange er den Zaum angelegt hatte, nicht weit kam, weil er dadurch verzaubert war. Deshalb rieb er sich an jenem Stein, bis er das Zaumzeug abgescheuert hatte, ließ es liegen und warf sich auch in dieselbe Spalte, in der Hild verschwunden war.

Ihm schien, er sei noch nicht weit in die Spalte hinuntergekommen, da erblickte er auch schon Hild, wie sie über schöne Wiesen schritt und schon bald ihren Weg beendet hatte. Nach alledem dachte er sich wohl, daß es da nicht mit rechten Dingen zuging und daß sie pfiffiger war, als man ahnen konnte, wenn man sie oben unter den Menschen weilen sah. Da er sich sagte, sie könne ihn erblicken, wenn er auf der Wiese hinter ihr hergehe, so nahm er einen Stein aus seiner Tasche, der ihn unsichtbar machte, verbarg ihn in der linken Hand und lief, so schnell er konnte, hinter ihr her.

Als er weiter auf die Wiese hinausgekommen war, sah er eine schöne große Halle, und Hild ging auf sie zu. Aus der Halle kam ihr eine große Menschenmenge entgegen, vorweg ein Mann, prächtig gekleidet, und es schien, als begrüße er Hild als seine Frau und heiße sie willkommen; die andern aber im Gefolge begrüßten sie freudig als ihre Königin. Mit dem Häuptling kamen Hild zwei halb erwachsene Kinder entgegen und begrüßten ihre Mutter voll seliger Freude.

Als sie alle der Königin ihre Huldigung dargebracht hatten, führten sie sie und den König in die Halle, dort bereitete man ihr einen ehrenvollen Empfang, kleidete sie in königliche Gewänder und streifte auf ihre Arme schöne goldene Ringe.

Der Hirte folgte auch, blieb aber dort, wo am wenigsten Leute waren, aber doch so, daß er alles genau beobachten konnte. Solchen Glanz und solchen Prunk hatte er noch nie gesehen. Tische wurden geholt und gedeckt, und er staunte über all die Herrlichkeit.

Kurz danach sah er Hild, prächtig gekleidet, in die Halle schreiten. Jedem ward sein Platz angewiesen, Hild nahm den Ehrensitz neben dem König ein, das ganze Gefolge nahm seine Plätze zu beiden Seiten, und nun ward getafelt.

Dann räumten sie die Tische ab, und die Männer und Frauen tanzten oder gingen andern Belustigungen nach, das Königspaar aber saß Hand in Hand da und wechselte Worte, die sowohl freudig wie wehmutsvoll klangen.

Während sie so miteinander redeten, kamen noch drei jüngere Kinder zu ihnen und umarmten voll Freude und

Glück ihre Mutter. Königin Hild küßte sie voll Liebe, nahm das Kleinste auf den Schoß und liebkoste es, aber da es unruhig wurde, gab die Mutter ihm einen goldenen Armring, den sie vom Arme abgestreift hatte. Das Kind war nun auch ganz ruhig und spielte eine Weile mit dem Ring. Schließlich fiel der Ring auf den Boden, und der Hirte griff ganz schnell danach und verbarg ihn gut; alle fanden es sehr merkwürdig, daß sie den Ring nirgends finden konnten, wo er doch nur auf den Boden gefallen war.

Als die Nacht fast verflossen war, machte sich Königin Hild zum Fortgehen fertig, so sehr man sie auch bat, länger zu bleiben und so traurig auch alle durch ihren Abschied waren.

Der Hirte hatte auch gemerkt, daß in der Halle ein altes, ganz häßliches Weib saß, und sie hatte sich gar nicht gefreut, als Königin Hild kam, und war auch nicht traurig, als sie wieder gehen mußte. Als der König sah, wie es sein Weib trieb fortzugehen und sie durch keine Bitten sich zum Dableiben bestimmen ließ, ging er zu dem alten Weibe und sagte: »Bitte, nimm deinen Fluch weg von meinem lieben Weibe, Mutter, und laß uns nicht mehr auseinandergehen«, aber das alte Weib sagte voll Zorn: »Mein Fluch wird weiterbestehen, und ich will ihn nie zurücknehmen.«

Da wurde der König ganz still, ging tieftraurig zu seiner Frau, legte seinen Arm um sie, küßte sie und bat sie noch einmal flehentlich dazubleiben. Aber die Königin sagte, der Fluch seiner Mutter triebe sie fort und es sei wohl wenig zu hoffen, daß sie sich öfters sehen könnten, denn die Todesfälle, die ihretwegen stattfänden und nun schon so zahlreich seien, könnten nicht länger ein Geheimnis bleiben, und sie werde wohl dafür gestraft werden, obwohl es ihre Schuld gewiß nicht sei.

Als sie so jämmerlich klagte, ging der Hirte schnell fort aus der Halle, über die Wiese nach dem Spalt und wieder hinauf. Er versteckte den Zauberstein, zäumte sich wieder auf und wartete auf Hild. Sie kam auch bald tieftraurig, setzte sich auf seinen Rücken und ritt zum Gehöft. Dort legte sie ihn wieder in sein Bett, zäumte ihn ab, ging selbst zu Bett und legte sich schlafen. Obwohl der Hirte ganz wach war, stellte er sich schlafend, damit Hild nichts merken sollte. Nachdem sie aber eingeschlafen war, da gab er seine Vorsicht auf und schlief fest und tief bis zum selben Morgen.

Der Bauer war schon früh aufgestanden, denn es ließ ihm keine Ruhe zu erfahren, ob denn der Schafhirte noch am Leben sei. Als der Bauer sich anzog, wachten auch die andern auf und zogen sich auch an. Der Bauer ging also zum Schafhirten ans Bett und rührte ihn an. Da sah er, daß er lebte, und dankte Gott für diese Gnade. Da erwachte auch der Schafhirte frisch und fröhlich und stand auf. Der Bauer fragte ihn, ob denn in der Nacht etwas los gewesen sei. Der Schafhirte sagte: »Nein, aber ich habe merkwürdig geträumt.«

»Was hast du denn da geträumt?« fragte der Bauer. Und da fing nun der Hirte an zu erzählen, daß Hild ihn aufgezäumt habe in seinem Bett, und berichtete alles so genau, wie er nur konnte.

Als er fertig erzählt hatte, saßen alle stumm da, nur Hild sagte zu ihm: »Es ist eine Lüge, was du da sagst, wenn du nicht durch ein deutliches Zeichen beweisen kannst, daß es so war, wie du erzählt hast.« Der Hirt ließ sich dadurch nicht einschüchtern, sondern holte den Ring, den er in der Nacht vom Boden aufgehoben hatte, und sagte: »Wenn ich auch nicht gezwungen werden kann, einen Traum durch deutliche Zeichen zu beweisen, so ist es doch gut, daß ich's beweisen kann, daß ich diese Nacht bei den Huldren war. Ist dies dein Armring, Königin Hild, oder ist er es nicht?«

Da sagte die Königin: »Er ist's, und Gottes Segen über dich, daß du mich vom Fluche meiner Schwiegermutter befreit hast, nur widerwillig beging ich all die Fluchwürdigkeiten, die sie mir auferlegt hatte.«

Und dann fing Königin Hild an zu erzählen:

»Ich war ein Elbenmädchen von geringer Herkunft, aber der König von Elbenheim liebte mich und nahm mich wider den Willen seiner Mutter zur Frau. Da wurde die Mutter so böse, daß sie ihrem Sohn nur kurze Freude an mir versprach und wir uns nur ganz selten sehen sollten. Ich sollte Dienstmagd unter den Menschen werden und jedesmal zur Weihnachtszeit den Tod eines Menschen verursachen, dadurch daß ich ihn aufzäumen mußte, während er schlief, und auf ihm den Weg reiten mußte, den ich auch diese Nacht auf dem Hirten ritt, um meinen Gatten zu besuchen; und dies sollte so lange dauern, bis meine Bosheit ans Licht käme und ich dafür getötet würde, es sei denn, ich fände einen solch mutigen Mann, der es wagte, mit nach dem Elbenheim zu kommen, und der dann den Beweis erbringen konnte, daß er dorthin gekommen wäre und gesehen hätte, wie es dort zuging.

Ihr seht also alle, daß sämtliche Hirten um meinetwillen getötet wurden, seitdem ich hier war, aber ich hoffe, man wird mir nicht als Schuld anrechnen, was widerwillig zu tun mir aufgezwungen war; denn niemand hat den unterirdischen Weg gefunden und ist aus Neugierde mit in die Behausung der Huldren hineingekommen. Nur dieser mutige Mann war es, der mich aus meinem Magddienst und von dem schlimmen Fluch erlöst hat, und ich will ihn auch später dafür belohnen. Ich darf nun nicht länger bleiben, habt Dank für all eure Güte, die Sehnsucht treibt mich heimwärts.«

So sprach sie und verschwand, und man sah sie nie wieder unter Menschen.

Der Schafhirt aber heiratete im Frühjahr und gründete einen Hausstand, und das konnte er auch; denn der Bauer zeigte sich ihm gegenüber, als er seinen Dienst aufgab, sehr freigebig, und dann war er auch selbst nicht ohne Mittel. Alle Leute in seinem Bezirk fragten ihn um Rat und baten ihn um Beistand. Er war so sehr beliebt trotz seines Glückes, daß die Leute selbst nicht recht begreifen konnten, wie das zuging. Sie glaubten, bei ihm habe jedes Tier zwei Köpfe.

Er aber wußte sehr wohl, daß er der Königin Hild dafür zu danken hatte.

Die Elben und Helga, die Bauerntochter

Einst lebten reiche Eheleute auf einem Hofe östlich im Gnupverjahreppur. Sie hatten zwei Töchter, von denen hier erzählt werden soll; die ältere war der Liebling der Eltern, die andere aber, mit Namen Helga, wurde zurückgesetzt. Auf diesem Gehöfte ruhte das Verhängnis, daß derjenige, der in der Christnacht das Haus gehütet hatte, gewöhnlich am Weihnachtsmorgen tot wiedergefunden wurde, so daß niemand mehr daheim bleiben wollte. Einmal wollten auch wieder alle Leute zum Gottesdienst nach der Kirche. Sie zogen in der Morgenfrühe des Heiligabends von dannen, um zur Abendmesse zu gehen, und wollten am Weihnachtstage nach dem Gottesdienst zurückkehren. Die Eheleute befahlen Helga, zu Hause zu bleiben, um die Kühe zu melken, über das Vieh zu wachen und zur Weihnachtsfeier Hängefleisch zu kochen. Sie meinten, es wäre kein großer Schade, wenn sie verlorenginge, falls es sich so fügen sollte. Damit machten sich die Kirchgänger auf den Weg, und Helga blieb allein zu Hause.

Sie besorgte nun zuerst das Vieh und melkte die Kühe am Morgen des Heiligabends. Darauf fegte sie gewissenhaft das ganze Haus und begann, das Weihnachtsfleisch zu kochen. Sie war mit dieser Arbeit noch nicht weit gekommen, da sah sie ein ziemlich kleines Kind mit seinem Schüsselchen in der Hand in die Küche kommen. Das Kind grüßt sie, und sie dankt freundlich. Dann bittet das Kind, Helga möge ihm doch etwas Fleisch und ein wenig fette Brühe in seinen Napf geben, und reicht ihr denselben hin. Helga erfüllt diese Bitte, obwohl die Mutter, ehe sie an diesem Tage fortging, ihr streng verboten hat, von dem Fleisch oder Fett etwas zu essen oder fortzugeben. Als Helga dem Kinde das Verlangte gegeben hatte, sagte dasselbe Lebewohl und trippelte mit seinem Schüsselchen wieder hinaus. So verging nun der Tag, und am Abend beendete Helga alle Außenarbeit, zündete sich in der Wohnstube Licht an, zog ihre Schuhe aus und setzte sich in das Bett ihrer Eltern, wo sie in einem Buche zu lesen begann.

Als eine kleine Weile vergangen ist, hört sie draußen lauten Lärm und Menschenstimmen und nimmt bald wahr, daß es im Hause lebendig wird. Es kommt nun ein Getümmel von unbekannten Menschen herein; die Wohnstube füllt sich mit diesen Gästen und alle Sitzplätze in derselben, so daß Helga vor dem Gedränge kaum weiß, wo sie bleiben soll. Sie bemerkte auch, daß es vorn im Hause und in allen Gebäuden des Hofes ebenso voll ist. Nachdem die Leute sich alle untergebracht haben, beginnen sie sich mit allerlei Gaukelspiel und Lustbarkeit zu ergötzen. Um Helga kümmern sie sich gar nicht, als sähen sie dieselbe nicht oder als sei sie nicht vorhanden. Sie achtete ebensowenig auf die Gäste, sondern las beständig in ihrem Buche. Als sie glaubte, daß es ungefähr Zeit dazu sei, wollte sie hinaus und die Kühe melken, denn es war Sitte, zur Abendzeit zu melken, wie es jetzt noch vielerorten geschieht. Sie vermochte sich aber durch das Gedränge nicht hindurchzuwinden. Ein Mann befand sich in der Stube, der war viel größer als alle andern. Er war nicht mehr ganz jung und hatte einen großen Bart. Dieser Mann rief nun den übrigen zu, sie sollten beiseite weichen und Helga ihre Schuhe nehmen lassen und ihr Platz machen, damit sie durch die Wohnstube und das Haus gehen könne. Das taten die Leute, und Helga ging nun im Dunkeln hinaus, denn das Licht ließ sie bei den Gästen zurück. Wie sie in den Stall gekommen ist und begonnen hat, die Kühe zu melken, hört sie, daß jemand kommt und sie grüßt, wofür sie freundlich dankt. Der Eingetretene bittet sie nun, sich mit ihm in das Heu zu setzen, aber dem widersetzt sich Helga. Er wiederholt seine Bitte mehrere Male, Helga aber weist ihn entschieden zurück. Da geht er wieder hinaus, und Helga fährt fort zu melken. Bald darauf hört sie wieder, daß jemand in den Stall kommt. Sie wird abermals gegrüßt und bemerkt, daß dies eine Frau ist. Sie erwidert ihren Gruß freundlich. Die Gekommene aber bedankt sich nun bei Helga herzlich für die ihrem Kinde erzeigte Wohltat sowie auch dafür, daß sie die Bitte ihres Mannes, die dieser im Stall an sie gerichtet, nicht erfüllt habe. Und dabei reicht sie ihr ein Kleiderbündel und bittet sie, dasselbe für diese ihr erwiesenen Dienste zu behalten. »Es ist mein Wille«, sagt die fremde Frau, »daß diese Kleider dazu sein sollen, daß du sie an deinem Ehrentage tragest, auch ist ein Gürtel dabei, der dir nicht zur Schande gereichen wird. Du wirst eine glückliche Frau werden«, fährt sie fort, »und einen Bischof zum Manne bekommen. Du darfst aber diese Kleider nicht fortgeben und sie auch nicht eher tragen, als bis du heiratest.« Helga nimmt den Packen und dankt für das Geschenk. Die Frau geht nun hinaus, und sobald Helga im Stalle fertig ist, kehrt sie ins Haus zurück. Niemand belästigte sie, vielmehr gaben ihr die Leute im Hause Raum zum Gehen. Sie setzte sich wieder aufs Bett und begann zu lesen.

Gegen Morgen zogen die Gäste nach und nach von dannen, und bei Tagesanbruch waren alle fort; sie taten, als sähen und hörten sie Helga gar nicht, und diese machte es mit ihnen ebenso. Sobald sie allein war, untersuchte sie das Bündel, und da fand sie, daß die Ehefrau ihr die allerkostbarsten Gewänder gegeben hatte; der Gürtel aber übertraf alles übrige. Sie verwahrte die Sachen nun sorgfältig.

Am Weihnachtstage beendete Helga zunächst sämtliche Morgengeschäfte und war mit allem fertig, als die Leute aus der Kirche heimkehrten. »Das war zu erwarten, daß sie noch leben würde, denn wenn sie gestorben wäre, so wäre das kein

Verlust gewesen«, sagten die Eltern, als sie heimkamen und sahen, daß Helga unversehrt geblieben war. Sie wurde nun streng ausgefragt, was sie in der Nacht erlebt habe. Sie wollte nicht recht mit der Sprache heraus, doch zeigte sie ihren Eltern und allen andern die Kleider, welche die Elbenfrau ihr geschenkt hatte. Alle staunten über die Kleider und besonders über den Gürtel, und ihre Mutter und Schwester wollten ihr die Sachen nun fortnehmen, indem sie meinten, für sie zieme sich nicht solcher Staat. Helga aber gab sie nicht her, sondern verwahrte sie sorgfältig in einer Kiste, die sie besaß.

Nun verstrich die Zeit, und nichts trug sich zu, bis das nächste Weihnachtsfest herankam. Da wollten Helgas Mutter und Schwester zu Hause bleiben, um die Geschenke des Elbenvolkes entgegenzunehmen, wenn dies sich einstellen sollte. Man einigte sich endlich dahin, daß die Hausfrau selbst daheim blieb und die andern alle nach der Kirche zogen. Von dem, was die Hausfrau erlebte, wird weiter nichts erzählt, als daß, während sie das Weihnachtsfleisch kochte, ein ziemlich kleines Kind zu ihr in die Küche kam und seine Schüssel in der Hand hielt. Das Kind grüßte die Frau und bat sie, ihm ein kleines Stück Fleisch und ein wenig Fett in sein Näpfchen zu geben. Darüber wurde die Frau böse und verweigerte ihm etwas zu geben. »Denn ich weiß ja nicht, wieviel reicher deine Angehörigen vielleicht sind als ich«, sagte sie. Das Kind wiederholte die Bitte, aber die Frau wurde so zornig, daß sie das Kind von sich stieß und ihm auf den Arm schlug, mit dem es sein Schüsselchen hinhielt, so daß der Arm zerbrach und der Napf auf den Boden fiel. Das Kind fing an zu weinen, nahm seine Schüssel mit der andern Hand auf und ging jammernd fort. Von dem Treiben der Frau wird nun nichts mehr berichtet. Als aber die Leute am Weihnachtsmorgen nach Hause kamen, lag sie am Boden mit zerbrochenen Gliedern, zerschlagen und blutig, und hatte nur noch so viel Leben in sich, daß sie von dem Erscheinen des Kindes und ihrem Verfahren gegen dasselbe erzählen konnte, dann starb sie. Im Hause aber war das Oberste zuunterst gekehrt und alles zertrümmert und verstreut; die Speisen lagen unberührt hie und da umher. Niemals aber wurde von nun an auf dem Gehöfte zu Weihnachten irgend etwas Außergewöhnliches bemerkt.

Von Helga aber ist zu erzählen, daß sie noch einige Jahre bei ihrem Vater blieb und dann von ihm fort nach Skalholt zog. Dort heiratete sie später den Bischof, doch wird hier nicht berichtet, wer damals Bischof in Skalholt war. An ihrem Ehrentage war sie in den Kleidern, welche die Elbenfrau ihr ehedem geschenkt hatte, und alle bewunderten sie, namentlich den Gürtel, denn solche Kostbarkeit meinte keiner zuvor gesehen zu haben. Helga wurde die glücklichste Frau und lebte lange und zufrieden. Und nun weiß ich diese Geschichte nicht weiter.

Der Mann vom Elfenhügel

In Bravaig wohnte einst ein Mann, dessen Gewohnheit es war, am Strand herumzuwandern, aber das pflegten außer ihm auch noch viele andere zu tun. An einem Herbstabend, als ein kräftiger Südost blies, ging Ian um den Big Point herum, und hinter dem Point-Hof kam er an eine Stelle, die »Harbour of the Man« hieß. Hier nun wurde immer allerhand an Land gespült, was nirgends sonst zu finden war. Mal konnte man ein Faß Mehl auf dem Sand finden, mal einen Sack mit Schweinefleisch oder sogar eine Kiste Whisky. Als der rothaarige Ian aber an diesem Abend dort entlangging, war nichts dergleichen da. Er fand überhaupt nichts außer einem Menschenschädel, der um und um gedreht wurde, wenn die See gegen die Küste brandete. Er ging hin, und er hob den Schädel auf und betrachtete ihn – vor allem bewunderte er die prächtigen Zähne in dem Schädel. Er sagte zu dem Schädel: »Wie tapfer würdest du wohl in ein gutes Gerstenbrot mit einer tüchtigen Schicht Hochlandbutter beißen!«

Er warf den Schädel fort. Er ließ ihn liegen, und die Dämmerung brach herein, als er vom Strand weg wieder hinaufging. Ein grüner Hügel lag vor ihm, und es kam ihm vor, als höre er eine Musik, dergleichen wohl noch kein Mensch je zuvor gehört hatte, und er lauschte aufmerksam. Er schaute sich den Hügel näher an, und er sah einen Stein, und je näher er dem Stein kam, um so lieblicher wurde die Musik. Schließlich wälzte er den Stein weg, und als er das getan hatte, lag eine schöne Treppe offen vor ihm, und er sagte zu sich: »Ich sollte doch wohl da hinuntersteigen.«

Wie er die Treppe hinabstieg, hörte er die Musik noch immer, und sie wurde schöner und lieblicher bei jedem Schritt. Er kam zum Fuß der Treppe, und vor ihm lag eine große Halle. Viele Leute saßen darin, und da war auch die Musik – Flöten und Fiedeln, verschiedene Harfen und alle Art Instrumente, die es je auf Erden gegeben hat.

Ian schaute sich um, und ein kleiner alter Mann mit

grauem Haar und einem langen wallenden Bart forderte ihn auf hereinzukommen. Er setzte sich an die Tafel, und man brachte ihm zu essen. Er probierte von allem, und es waren sehr gute Speisen, und es gab feine Gewürze dazu. Und an Musik fehlte es wahrhaftig auch nicht. Aber nach einer kleinen Weile bedeutete man ihm, es sei jetzt Zeit für ihn, nach Hause zu gehen; man zeigte ihm den Weg, und er stieg die Treppen wieder hinauf, die er heruntergekommen war. Der Mann, der ihn auf den Weg brachte, sagte zu ihm: »Wenn du oben ankommst, sollst du den Stein wieder so hinlegen, wie du ihn gefunden hast, und dann kannst du dich auf den Heimweg machen.«

Und genauso ist es auch gegangen. Er stieg hinauf, kam am oberen Ende der Treppe heraus, und die Erde schloß sich hinter ihm wieder. Er legte den Stein dorthin, wo er zu Anfang gelegen hatte, und dann machte er sich auf nach dem Haus, aus dem er gekommen war. Als er aber zu der Stelle kam, wo er gewohnt hatte, war da überhaupt kein Haus zu sehen. Er fand nichts als ein paar verfallene Mauern und wüstes Land, wo das Dorf gewesen war; Brennesseln, Binsen, Disteln und jede Art Unkraut. Er konnte um alles in der Welt nicht verstehen, was für eine Verwüstung dort stattgefunden hatte. Keine Spur war mehr von all den Häusern zu sehen, und er konnte nicht begreifen, wo sie geblieben waren. Doch schließlich sagte er sich: »Ich muß wohl in einem Elfenhügel gewesen sein. Ja, das ist es. Ich muß in einem Elfenhügel gewesen sein, und es ist eine lange Zeit verstrichen, und ich habe nichts davon gemerkt.«

Er ging weiter und schaute sich nach allen Seiten um. Da sah er ein Haus ein großes Stück weit weg im oberen Teil der

Bucht, wo er kein Haus gesehen hatte, wie er fortgegangen war. Er sah das Haus, und er machte sich schnurstracks dahin auf, und als er dort anlangte, ging er hinein, und drinnen war ein alter grauhaariger Mann, und er sah sehr alt aus, und er war dabei, Schuhe zu flicken. Und während er arbeitete, hob er den Kopf und blickte den Fremden an, der in der Tür stand, und sagte zu ihm: »Komm nur herein«, sagte er. »Ich glaube, Ihr gehört gar nicht hierher.«

»Eine Zeitlang habe ich allerdings hierhergehört«, sagte Ian, »und ich hoffe, Ihr werdet mir sagen, wo alle die anderen hingekommen sind, denn gestern erst ging ich unten am Strand entlang, um Big Point herum, bis ich zum Harbour of the Man kam. Ich ließ mein Haus hier zurück und eine ganze Reihe anderer Häuser außerdem. Dann geriet ich in einen Elfenhügel«, sagte er, »und niemals habe ich solche Musik und solche Lustbarkeit erlebt. Und auf dem Heimweg, als ich zur Bucht kam, war nichts mehr da als kahle Mauern, Nesseln, Disteln, Riedgras und jede Art Unkraut.«

»Wahrhaftig«, sagte der Schuster, »so seid Ihr wohl der Mann, von dem mein Großvater immer erzählt hat, daß er zum Strand hinunterging und nie wieder gesehen wurde.«

»Ich glaube wirklich, ich bin dieser Mann. Ich fühle mich auch mit jedem Augenblick schwächer und schwächer«, sagte der Mann, der im Elfenhügel gewesen war, »es wäre wohl besser, wenn Ihr ginget und den Priester holen ließet.«

Und der Schuster ging hin, und ein Bote wurde nach Kilbarra geschickt, und der Priester kam sogleich. Er brauchte den Mann nur ansehen, da wußte er, wie es mit ihm stand, und gab ihm die Letzte Ölung, und kaum hatte er die Letzte Ölung empfangen, so fiel er tot zu Boden.

Das ist die Geschichte von dem Mann, der im Elfenhügel war, und er war wahrhaftig eine lange, lange, lange Zeit im Elfenhügel. Ich kann die Jahre nicht zählen, doch gibt es genug Geschichten, die in Barra umgehen, über den Elfenhügel, aber das schlimme ist, daß wir heutzutage kaum eine mehr davon zu hören bekommen.

Ich habe diese Geschichte von einem Mann gehört namens Murdo MacDonald, der früher in der »Fold of the Old Men« wohnte. Ich war noch ganz klein, als ich die Geschichte zum erstenmal hörte. Und dann habe ich sie wieder von ihm gehört, in der Nordbucht, in Upper Minis, und da war er inzwischen sehr alt geworden. Aber obgleich er so alt war, hat er auch nicht ein einziges Wort davon anders erzählt als das erste Mal.

Drei Geschichten von den Nithsdale-Elfen

(1)

Ein junger Mann von Nithsdale hörte eines Nachts eine wilde und wunderbare Musik, von der er ganz verzaubert war, dazu den Klang eines Chors gemischter Stimmen, schöner und lieblicher als alles, was je eine sterbliche Kehle hervorbringen konnte. Er folgte dem Klang und entdeckte das große Bankett der Elfen.

Ein grüner Tisch mit Füßen aus Gold war über einem kleinen Wasserlauf aufgestellt und reich besetzt mit feinem Brot und köstlichen Weinen. Die Musikanten spielten zum Tanz auf dünnen Schilfrohren und Getreidehalmen. Er wurde eingeladen, beim Tanz mitzumachen, und ein Becher Wein wurde ihm dargereicht.

Als das Bankett vorüber war, erlaubte man ihm, nach Hause zu gehen, und von da an war er für sein ganzes Leben mit dem zweiten Gesicht begabt. Er rühmte sich, damals einige seiner Bekannten aus der Erdenwelt gesehen und mit ihnen gesprochen zu haben, welche die Elfen als Brüder in ihr Volk aufgenommen hatten.

(2)

Am Abend vor Roodsmass – dem Tag der Kreuzauffindung – hatte ich mich mit einer Nachbarin verabredet, an einer Stelle, kaum eine Schottische Meile von daheim entfernt, um mit ihr über den Kauf von hübschen Kleidern auf dem Markt zu sprechen. Wir saßen nicht lange unter den Weißdornbüschen, als wir ein lautes Lachen hörten; es kamen Leute geritten mit dem Klingeln von Zaumzeug und dem Klappern von Hufen. Wir sprangen auf, weil wir meinten, sie würden über uns wegreiten. Wir dachten, es wären Betrunkene, die am Vorabend des Feiertages zum Markt ritten. Wir beobachteten den Zug eine Weile und sahen bald, daß es der große Umritt des Elfenvolkes war.

Ein Lichtschein, lieblicher als Mondlicht, tanzte über ihnen. Es waren winzig kleine Leute, und sie trugen grüne Schleier, alle bis auf einen, der an der Spitze ritt. Der war größer als die anderen, mit schönen langen Haaren, um die ein Band geschlungen war, das glänzte wie die Sterne. Sie ritten auf schmucken kleinen weißen Pferden mit seltsam langen, prächtig geschwungenen Schweifen, und in den Mähnen der Pferde hingen Rohrflöten, auf denen der Wind spielte. Diese Töne und auch ihre Stimmen klangen, wenn sie sangen, als ob in weiter Ferne Kirchenlieder gesungen würden.

Marion und ich waren in einem großen Getreidefeld, als sie an uns vorbeikamen, und eine hohe Weißdornhecke hinderte sie, durch das Korn zu reiten, aber sie sprangen darüber weg wie Vögel und galoppierten in einen grünen Hügel jenseits des Feldes hinein. Wir gingen am nächsten Tag wieder hin, um zu sehen, ob das Korn zertreten war, aber nicht eine Hufspur war da und nicht ein geknickter Halm.

(3)

Eine Frau von Auchencreath in Nithsdale war eines Tages dabei, Mehl zu sieben, das frisch von der Mühle kam. Eine kleine, reinlich gekleidete Frau kam zu ihr und hielt ihr eine Holzschüssel von altertümlicher Form hin mit der höflichen Bitte, diese mit dem neuen Mehl zu füllen.

Nun gilt es als unklug, die Bitte einer Elfin abzuschlagen, und so füllte die Frau ihr die Schüssel bereitwillig. Eine Woche später kam die niedliche kleine Dame wieder und brachte das geliehene Mehl zurück. Sie hauchte darüber hin, wie sie die Schüssel absetzte, und sagte laut dazu: »Nie sollst du leer sein.«

Die gute Frau erreichte ein hohes Alter, ohne daß sie jemals den Boden der gesegneten Schüssel zu sehen bekommen hätte.

Der Elfenpfeil

Der Bauer von Droman hatte eine kleine Schafherde, die den Tag über am Berg weidete. Aber bei Anbruch der Nacht pflegte er sie in den Schafpferch auf der Stallseite des Hauses zu treiben. Eines Abends geschah es, daß sein Sohn, der damals ein junger Bursche war, an die Haustür trat, um nach dem Wetter zu sehen, bevor er zu Bett ging. Er stand dort ein Weilchen zwischen den beiden Türpfosten und schaute sich um, als er plötzlich einen Ton wie das Schwirren einer Vogelschar im Flug an sich vorbeirauschen hörte. Im gleichen Augenblick merkte er, wie etwas hinter ihm in den Schafstall fiel. Unverzüglich trat er zurück ins Haus und fand den weißhäuptigen Widder tot im Stall liegen. Der Widder wurde abgehäutet, aber an seinem Leib war weder eine Wunde noch eine Schramme zu finden, welche die Ursache seines Todes hätte sein können.

Doch wurde nicht mehr über den Tod des Widders geredet, bis der Schneider des Bezirks eines Tages auf den Hof kam, um Kleider zu machen. Am ersten Abend sagte er zu dem Sohn des Bauern: »Erinnerst du dich an den Tod des weißhäuptigen Widders?«

Der Sohn des Bauern sagte: »Ja.«

»Nun«, sagte der Schneider, »ich war es, der ihn tötete, und dafür solltest vor allem du mir dankbar sein.«

»Dankbar dafür, daß du den weißhäuptigen Widder getötet hast? Wie kann das sein?«

»Was ist dir lieber, wenn du selbst getötet wirst oder der weißhäuptige Widder?«

»Natürlich der weißhäuptige Widder. Aber sage mir, ich bitte dich, was du damit meinst.«

Also gab der Schneider seinen Bericht. Er sagte, daß die Elfen vom Carlin-Elfenhügel Macht über ihn bekommen hätten und daß sie ihn zur Nachtzeit auf lange Fahrten durch die Luft mitgenommen hätten. Sie könnten kein menschliches Wesen verwunden, außer durch einen anderen Menschen, und aus dem Grund hätten sie ihn öfter mitgenommen und ihn gezwungen, die Elfenpfeile auf diejenigen zu werfen, denen sie übelwollten. »Auf dich hatten sie einen Zorn, und als du uns wie eine Vogelschar an Droman vorbeischwirren hörtest, befahlen sie mir, einen Elfenpfeil zu nehmen und nach dir zu werfen. Ich war gezwungen zu tun, was sie mir auferlegten, aber anstatt auf dich zu zielen, zielte ich auf den weißhäuptigen Widder. Zum Glück für mich sahen sie nicht, wer tot hinfiel, denn bevor der Pfeil den Widder erreichte, waren wir schon ein großes Stück von Droman entfernt auf dem Weg zu einer großen Versammlung, die die Elfen auf dem Knock in Morven abhielten. Vielleicht glaubst du mir meine Geschichte nicht, aber ich will dir einen sicheren Beweis liefern, daß ich die Wahrheit sage. Schau nur im Schafstall nach, du wirst den Pfeil dort noch finden.«

Der Bauernsohn schaute nach und fand den Pfeil, wie der

Schneider gesagt hatte, unter dem Mist auf dem Boden des Stalles liegen.

Der Erzähler dieser Geschichte ist in seiner Jugend Hirte gewesen, ganz in der Nähe von Strathavon im Süden von Schottland. An einem klaren Sommertag begab es sich, daß er auf einer moosbewachsenen Lehne saß und das Vieh friedlich vor ihm graste. Um sich die Zeit zu vertreiben, fing er an, einen Kreis in die grüne Grasnarbe zwischen seinen Füßen zu schneiden. Wie er mitten in der Arbeit war, vermeinte er, ein summendes Geräusch in der Luft zu hören und einen Augenblick später ein Schwirren zwischen seinen Füßen. Er wandte den Blick schnell dorthin und sah einen Elfenpfeil, der genau in der Mitte des Kreises stak. Er war zuerst rotglühend, aber in kürzester Zeit löschte das Moorwasser die Glut. Er steckte den Pfeil darauf in seine Tasche, und als seine Dienstzeit zu Ende war, nahm er ihn mit nach Hause und zeigte ihn seinem Vater. »Mein lieber Junge«, sagte sein Vater, »der den Pfeil geworfen hat, ist dein Freund gewesen, sonst stündest du heute nicht hier.« Darauf erzählte sein Vater ihm jene Geschichte von dem Schneider, der auf den weißen Widder gezielt hatte statt auf seinen Nachbarn, der in der Türe stand.

DIE ELFENBURG VON DHUN GHARSAIN

Dhun Gharsain war ein berühmter Elfenwohnsitz, von wo die Elfen am Vorabend von Allerheiligen ausschwärmten wie Stare, die am St.-Patricks-Morgen aus ihrer Höhle fliegen. Sie wirbelten und tanzten den Reigen, schwebten auf und nieder über den Wiesen ringsum im Licht des silbernen Mondes und der glitzernden Sterne, und kein Mensch störte sie dabei. Im übrigen waren sie auch recht schlau und durchtrieben, lockten zuweilen die Söhne der Menschen in ihre Behausungen und entführten Kinder, um sie bei sich zu behalten, oder holten sich Frauen, daß sie ihre hilflosen Kleinen aufzögen.

Eines Tages jedoch zerstörte ein gedankenloser Bauer die Elfenburg von Dhun Gharsain, als sie alle fort waren, um der Königin von Blath-bheinn zu helfen, einen Tartanrock, eine Tartanjacke und einen Tartanüberwurf für ihren hochgewachsenen Sohn zu seiner Hochzeit mit der schönen Tochter des Königs von Cuilionn zu machen. Keine blieb zu Hause außer einer einzigen Elfenfrau, die krank war; und der Bauer trug die Steine weg, um Einfriedungen für sein Vieh und Pferche für seine Schafe daraus zu bauen. Er ließ nichts zurück als die Grundmauern der schönen Elfenburg.

Als die Elfen heimkamen und sahen, daß ihre Wohnung zerstört war, wurden sie sehr zornig und schworen Rache.

Ein Licht, das nicht von dieser Welt war, schien dort, wo ihre Halle gewesen war, und eine Stimme, die nicht von einem Menschen stammte, sprach in der Luft die Worte:

»Wirf den Pfeil nach dem schwarzen Norman,
Wirf den Pfeil nach dem schwarzen Norman,
Wirf den Pfeil nach dem schwarzen Norman,
Der meine Saiten zerriß, meine Harfe zerbrach
Und die Halle in Trümmer schlug.«

Darauf antwortete eine andere Stimme:

»Ich kann ihn nicht selber töten,
Ich kann ihn nicht selber umbringen,
Ich kann ihm nicht unbemerkt nahe kommen,
Denn die Milch der Kuh, die Sandkraut gefressen hat,
Steckt ihm noch in der Kehle.«

Danach verließen die Elfen Dhun Gharsain und kehrten nie wieder zurück, höchstens daß hier und da eine umherschweifende Elfe aus weit entfernten Gegenden vorüberstrich und einen Blick auf die Grundmauern ihrer Heimstatt warf, wo das Elfenvolk so fröhlich gewohnt und getanzt und sein Leben in Freude verbracht hatte.

Thomas der Wahrhaftige und die Elfenkönigin

Thomas von Ercildoune lebte während der Regierung Alexanders III. von Schottland. Er soll die Gabe des Hellsehens besessen haben, und die Leute glaubten, dies sei ein Geschenk der Elfen gewesen.

Als nämlich Thomas der Wahrhaftige einmal auf dem Huntly-Hügel am Abhang der Eildon-Berge lag, sah er eine Frau von so wunderbarer Schönheit daherkommen, daß er meinte, es müsse die Jungfrau Maria selber sein. Ihr Reitpferd war feurig und edel, und in seiner Mähne hingen neununddreißig Silberglöckchen, die der Wind erklingen ließ, als sie vorüberritt. Ihr Sattel war aus Elfenbein, mit Goldschmiedearbeit überzogen. Sie hatte einen Bogen in der Hand und Pfeile am Gürtel. Sie führte eine Koppel von drei Windhunden mit sich, und drei Spürhunde liefen dicht hinter ihr. Sie wies die ehrerbietige Huldigung, die Thomas ihr darbringen wollte, zurück. So versuchte er auf andere Weise, sich ihr zu nähern, und wurde endlich ebenso kühn, wie er vorher schüchtern gewesen war. Die Dame warnte ihn, er müsse ihr Sklave werden, wenn er fortfahre, sie zu bedrängen. Und während sie so beieinander waren, verwandelte sich die schöne Dame in das häßlichste alte Weib, das man sich denken konnte; ihre eine Seite war wie vom Schlagfluß gelähmt; ein Auge quoll ihr aus dem Kopf; ihre Gesichtsfarbe war schwärzlich-grau wie Blei. Seine ungezügelte Begierde hatte Thomas in die Gewalt der Hexe geliefert, und als sie ihn aufforderte, von Laub und Gras

Abschied zu nehmen, konnte er nicht anders, als dem Befehl Folge leisten.

Eine Höhle nahm die beiden auf, in der sie drei Tage im Finstern fortzogen, zuweilen war das Donnern eines fernen Ozeans zu hören, zuweilen ging es durch Ströme von Blut. Schließlich tauchten sie wieder ans Tageslicht empor in einem wunderbaren Obstgarten. Thomas, der vor Hunger fast zusammenbrach, streckte seine Hand aus nach den köstlichen Früchten, die ringsumher an den Bäumen hingen, aber seine Führerin ließ es nicht zu, daß er welche nahm, denn dies seien die unseligen Äpfel, die den Sündenfall der Menschheit verursacht hätten. Sobald sie übrigens diese wunderbare Gegend betreten hatten und die zauberische Luft atmeten, war ihre frühere Schönheit wiederhergestellt.

Darauf befahl sie Thomas, sein Haupt auf ihre Knie zu legen. »Der Pfad dort zur Rechten«, sagte sie, »bringt die Seelen der Begnadeten ins Paradies; jener abwärts weisende, viel benutzte Weg führt die Seelen der Sünder zu der Stätte ewiger Strafen; die dritte Straße, bei jenem düsteren Dorngestrüpp, geht zu dem weniger schrecklichen Ort der Qual, von dem Gebet und Messe die Gefallenen erlösen können. Aber siehst du noch jene vierte Straße, die sich durch die Ebene windet zu dem prächtigen Schloß da drüben? Das ist die Straße ins Elfenland, wo wir jetzt hinwollen. Der Herr des Schlosses ist der König dieses Landes, und ich bin seine Königin. Doch merke wohl, Thomas, lieber wäre es mir, ich würde von wilden Tieren zerrissen, als daß er erfahre, was zwischen uns gewesen ist. Daher bewahre das strengste Stillschweigen, wenn wir das Schloß betreten, gib auf keine Frage Antwort, und ich will dein Schweigen glaubhaft machen, indem ich sage, ich hätte dir die Sprache genommen, als ich dich aus dem Bereich der Mitte wegholte.«

Sie zogen also weiter, kamen zu dem Schloß und betraten es durch die Küche. Sogleich fanden sie sich inmitten einer so festlichen Szene, wie sie zum Hause eines großen Herrn oder Fürsten gepaßt hätte. Dreißig Hirsche lagen auf dem schweren Küchentisch, und zahlreiche Köche waren bemüht, sie zu zerlegen und zuzurichten, während riesige Jagdhunde, denen man die Eingeweide vorgeworfen hatte, das Blut aufleckten. Darauf kamen sie in die königliche Halle, wo der König seine liebliche Gemahlin ohne das geringste Mißtrauen aufnahm. Ritter und Damen, zu dritt im Reigen schreitend, befanden sich überall in der ganzen Halle, und Thomas vergaß alle Müdigkeit der langen Reise von den Eildon-Bergen her und beeilte sich, an ihrer Lustbarkeit teilzunehmen.

Nach einer Zeitspanne, die ihm sehr kurz dünkte, kam die Königin zu ihm und befahl ihm, sich bereitzuhalten, in sein eigenes Land zurückzukehren. »Wie lange, meinst du«, fragte sie, »bist du hier bei uns gewesen?«

»O gewiß nicht länger, schöne Herrin«, antwortete Thomas, »als sieben Tage.«

»Da täuschst du dich sehr«, sagte die Königin, »du bist sieben Jahre in diesem Land gewesen, und es ist hohe Zeit, daß du gehst. Denn wisse, Thomas, morgen kommt der böse Höllenfeind zu diesem Schloß, um seinen Tribut zu fordern, und ein so ansehnlicher Mann wie du könnte sein Begehren reizen. Ich möchte aber um alles in der Welt dich nicht einem solchen Schicksal aussetzen. Daher sollst du dich aufmachen und uns verlassen.«

Diese schreckliche Kunde machte Thomas den Abschied

vom Elfenland leicht, und die Königin brauchte nicht lange, bis sie ihn nach Huntly Bank zurückgebracht hatte, wo die Vögel noch immer sangen. Sie sagte ihm zärtlich Lebewohl, und um ihm zu Ruhm und Ansehen unter den Menschen zu verhelfen, verlieh sie ihm die »Zunge, die nicht lügen kann«.

So kam Thomas, der Reimer, bei den Leuten in den Ruf eines Propheten, ob er wollte oder nicht, denn er konnte nichts sagen, was nicht mit Sicherheit in Erfüllung ging.

Thomas lebte danach eine Reihe von Jahren in seiner eigenen Burg in der Nähe von Ercildoune und wurde sehr berühmt durch seine Prophezeiungen, von denen einige bis zum heutigen Tag unter den Landleuten im Umlauf sind. Eines Abends schließlich, als der Prophet gerade den Grafen von March in seinem Hause bewirtete, ließ sich vom Dorf her ein Ruf des Staunens hören, weil ein Hirsch und eine Hindin, die den Wald verlassen hatten und sich entgegen ihrer Natur ohne Scheu bewegten, mitten durch das Dorf zu der Behausung des wahrhaftigen Thomas schritten. Der Prophet erhob sich sogleich von seinem Sitz, sagte seinen Gästen Lebewohl und ging mit dem Hirsch und der Hindin zurück in den Wald. Hier und da wurde er noch einmal von einigen wenigen, denen er sich zeigen wollte, gesehen, aber nie wieder hat er Umgang mit den Menschen gesucht.

Das Elfenfest auf dem Gump-Hügel bei St. Just

Lange Zeit soll der Gump-Hügel der Spielplatz der Kleinen Leute gewesen sein. Viele der guten alten Leute durften ihr Treiben mit ansehen, und jahrelang haben sie dann ihre Enkel entzückt mit Geschichten von den Liedern, die sie gehört, und dem Anblick, den sie gehabt haben. Diese Elfen haben vielen ihrer Freunde kleine, aber wertvolle Geschenke gegeben; aber wehe über den Mann oder die Frau, die es wagten, den Grund zu betreten, auf dem sie sich in der Zeit ihrer großen Feste aufhielten.

Da gab es in St. Just einen habgierigen alten Knicker – sein Name tut nichts zur Sache, es genügt, daß er schwer bestraft wurde. Nun, dieser alte Kerl hatte so viel gehört von den Reichtümern, die die Kleinen Leute verteilten, wenn sie ein Fest auf dem Gump feierten, daß er beschloß, etwas von den Schätzen zu holen. Er erfragte alles, was er von den Nachbarn erfragen konnte, aber seine Absicht behielt er für sich. Während der Herbst-Tagundnachtgleiche war es, die Nacht war fast wie ein milder Tag, und alles, was in einer solchen Nacht unterwegs war, hätte mit ihrem stillen Leuchten in Harmonie sein müssen. Aber eine dunkle Seele war da unterwegs und warf mit ihrem schwarzen Schatten einen kleinen Flecken Finsternis. Der alte Mann stahl sich zu dem Treffen der Guten Leute, wie manche sie gern nannten, und er hielt eifrig Ausschau nach den Schätzen, die er begehrte. Schließlich, als er noch nicht weit auf den Gump-Hügel gestiegen war, hörte er Musik von ganz bestrickendem Klang. Sie hatte eine besondere geheimnisvolle Wirkung. Je nachdem, ob die Töne feierlich und langsam oder schnell und heiter waren, wechselte der alte Mann von Tränen zu Lachen, und mehr als einmal war er gezwungen, nach dem Takt zu tanzen. Obwohl er von dem Herumwirbeln, zu dem er gezwungen wurde, ganz verwirrt war, hielt der alte Mann seinen Verstand zusammen und paßte auf eine Gelegenheit auf, irgendeinen Elfenschatz zu fassen, aber es hatte sich bis dahin nichts Bemerkenswertes gezeigt. Die Musik schien ihn zu umgeben, und es war, als komme sie näher an ihn heran als zu Beginn. Und wenn ihn auch der Klang glauben ließ, die Musikanten seien über der Erde, so wurde er doch nicht frei von der Vorstellung, sie seien in Wirklichkeit darunter. Schließlich gab es einen schmetternden Klang, der ihn unbeschreiblich erschreckte, und der Hügel vor ihm öffnete sich. Nun flammte alles in vielfarbigen Lichtern auf. An jedem Grashalm hingen Lampen, und jeder Ginsterbusch war mit Sternen erleuchtet. Aus der Öffnung des Hügels marschierte ein Heer von kleinen Koboldstrollen, so als wollten sie den Weg frei machen. Dann kam eine unendliche Zahl von Musikanten, die spielten auf Instrumenten aller Art. Ihnen folgten Soldaten, Schar auf Schar, und jede trug ihr Banner aufgerichtet, das sich ohne Hilfe eines Windhauches entfaltete und seinen Wappenschmuck zeigte. Alle stellten sich nach einer Ordnung über den Platz verteilt auf, einige hier, andere dort. Etwas gefiel unserm Freund ganz und gar nicht; von den seltsamsten Trollwesen formierten sich einige hundert so, als wollten sie den Platz einschließen, an dem er stand. Da aber keiner von ihnen über sein Schuhband hinausragte, meinte er, er könne sie leicht mit dem Fuß zerquetschen, wenn sie Böses vorhätten, und damit tröstete er sich. Nachdem sich dieser gewaltige Aufmarsch wie von selbst gruppiert hatte, kam zunächst eine Schar von Dienern und trug Gefäße aus Silber und Gefäße aus Gold und Pokale, die aus Diamant, Rubin und anderen kostbaren Edelsteinen geschnitten waren. Andere waren im Überfluß beladen mit den köstlichsten Fleischgerichten, mit Gebackenem, Eingemachtem und mit Früchten. Im Augenblick war der Boden bedeckt mit Tischen, und alles wurde in der genauesten Reihenfolge angeordnet, wobei sich jedes Grüppchen zurückzog, wenn es seine Bürde abgesetzt hatte.

Die Pracht dieser Szene überwältigte fast den alten Mann. Aber als er am wenigsten darauf vorbereitet war, wurde der Lichterglanz noch tausendmal stärker. Aus dem Hügel drängten sich Tausende und Abertausende von lieblichen Damen und Herren, die waren geschmückt mit den kostbarsten Gewändern. Er meinte, die Menge der Herankommenden wolle kein Ende nehmen. Aber nach und nach veränderte sich auf einmal die Musik, und der wohllautende Klang, der sein Ohr traf, schien alle Sinne neu zu beleben. Seine Augen wurden klarer, seine Ohren schärfer und sein Geruchssinn feiner.

Die Luft wurde erfüllt von Blumendüften, die köstlicher waren, als er sie je gerochen hatte. Ohne daß etwas Störendes dazwischen war, sah er die strahlende Schönheit der vielen tausend Damen, die nun auf dem Gump waren; und ihre Stimmen vereinten sich in einem Chor, der war klar wie Silberglocken – es war eine Hochzeitshymne von äußerster Zartheit. Die Worte waren in einer ihm unbekannten Sprache, aber er sah, daß sie an eine neue Gruppe gerichtet wurden, die nun aus dem Hügel hervortrat. Zunächst kam eine große Zahl von Mädchen, in den allerweißesten Florstoff gekleidet, die streuten Blumen auf den Gump. Das waren aber keine leblosen oder abgeschnittenen Blumen, sondern sie schlugen Wurzeln und wuchsen in dem Augenblick, in dem sie den Boden berührten. Es folgte eine gleich große Zahl von Jungen, die hielten in ihren Händen Muscheln, die wie Harfen besaitet schienen, und damit brachten sie solch sanfte Melodien hervor, wie nur Engel sie hören und erleben können. Danach kamen ohne Ende Reihen auf Reihen von kleinen, grün und golden gekleideten Männchen, und nach und nach erhob sich da ein Wald von Bannern, die alle auf ein Zeichen hin entrollt wurden. Und nun kamen, auf Thronen sitzend und auf einem Podest über den Köpfen der Leute getragen, ein junger Prinz und eine Prinzessin, und die erstrahlten in Schönheit und Geschmeide wie Sonnen unter der himmlischen Sternenschar. Es gab viel feierliches Hin- und Hermarschieren, aber schließlich wurde das Podest auf einem Wall auf dem Gump niedergesetzt, und so wurde er verwandelt in Hügelchen von Rosen und Lilien. Und alle Damen und Herren gingen darum herum, verneigten sich, und jeder sagte etwas zu dem Prinzen und der Prinzessin, als sie vorbeigingen und dann ihre Plätze an den Tafeln einnahmen. Obgleich niemand die Zahl dieses Elfenheeres zu zählen vermochte, gab es doch keine Verwirrung, alle die Damen und Herren fanden wie von selbst ihre Plätze. Als alle saßen, gab der Prinz ein Zeichen, und Diener in prächtigen Livreen stellten Tischchen auf das Podest, die dicht besetzt waren mit goldenem Geschirr und mit guten Sachen, und dann begannen alle, auch der Prinz und die Prinzessin, herzhaft zu schmausen.

»Nun«, dachte der alte Mann, »dies ist der Augenblick für mich. Wenn ich nur bis zum Tisch des Prinzen hinkriechen könnte, dann wollte ich gewiß einen guten Griff tun und fürs ganze Leben ein reicher Mann sein.« Er dachte in seiner Habgier nur an dieses eine und achtete auf nichts anderes. Er kauerte sich nieder, als könnte er so der Beobachtung entgehen, und sehr langsam und verstohlen kroch er zwischen den Feiernden näher. Er sah mit keinem Blick, daß jene vielen tausend Trollchen kleine Schnüre über ihn geworfen hatten und die Enden der Fäden noch festhielten. Die Gegenwart dieses selbstsüchtigen alten Sterblichen beunruhigte die Versammlung in keiner Weise, sie aßen und tranken und waren so fröhlich, als ob kein menschliches Auge auf sie blickte. Der alte Mann war erstaunlich vorsichtig, damit er die Schmausenden nicht störe, und brauchte daher viel Zeit, um, wie er es vorhatte, zur Rückseite des Walls zu gelangen. Zuletzt erreichte er die ersehnte Stelle, und zu seiner Verwunderung war hinter ihm alles dunkel und düster, aber vor dem Wall alles ein einziger Lichterglanz. Wie eine Schlange kroch er auf dem Bauch, zitternd vor Gier näherte er sich dem Prinzen und der Prinzessin.

Als er über den Wall hinwegschaute, war er recht erschrocken zu sehen, daß die vielen tausend Augen in dieser Menge auf ihn gerichtet waren. Eine Weile schaute er nur und raffte indessen seinen ganzen Mut zusammen, dann nahm er seinen Hut ab, hob ihn vorsichtig in die Höhe, und so wie ein Junge einen Schmetterling fängt, wollte er den Prinzen, die Prinzessin und ihren kostbaren Tisch überdecken. Und als er sie schon fast gehabt hätte, ertönte ein schrilles Pfeifen, die Hand des alten Mannes blieb kraftlos in der Luft festgehalten, und um ihn herum wurde alles dunkel.

Sirr! sirr! sirr! In seinen Ohren tönte es, als wäre ein Bienenschwarm um ihn herum. Jedes Glied von Kopf bis Fuß war, als stecke es dicht voller Nadeln und werde mit Zänglein gezwickt. Er konnte sich nicht bewegen, er war an den Boden festgebannt. Auf irgendeine Weise war er den Wall hinabgerollt und lag nun mit ausgestreckten Armen auf dem Rücken, und Arme und Beine waren durch Zauberketten an der Erde festgebunden. Daher konnte er sich nicht rühren, obgleich er große Qual litt, und seltsam schien auch seine Zunge mit Stricken gebunden zu sein, so daß er nicht rufen konnte. Keiner kann sagen, wie lange er schon in diesem üblen Zustand gelegen hatte, da war es ihm, als liefen viele Insekten über ihn her, und im Mondlicht sah er eines der Trollchen auf seiner Nase stehen, und das sah ganz so aus wie eine kleine Libelle. Das kleine Ungeheuer sprang und stampfte mit großem Vergnügen da herum, und nachdem es auf diesem hervorstehenden Stück Mensch seinen Spaß gehabt hatte, lachte es ganz abscheulich und schrie: »Hinweg, hinweg, den Tag ich schmeck!« Auf das hin huschte das Heer der Kleinen Leute, das vom Leib des alten Mannes Besitz ergriffen hatte, im Nu davon und ließ unseren geschlagenen Helden allein auf dem Gump. Verwirrt, oder wie er sagte, verteufelt, lag er still da und suchte seine Gedanken zu sammeln. Schließlich ging die Sonne auf, und da entdeckte er, daß er mit Myriaden von Altweiberspinnweben an den Boden geknüpft war, die waren nun mit Tau übersät und glitzerten in der Sonne wie Diamanten.

Er schüttelte sich und war frei. Durchnäßt erhob er sich, er war ausgekühlt und beschämt. Verdrießlich machte er sich auf den Heimweg. Es dauerte lange, bis seine Freunde von dem alten Mann erfuhren, wo er die Nacht über gewesen war, und so ganz allmählich brachten sie die Geschichte zusammen, die ich euch berichtet habe.

DIE GEFANGENEN ELFEN

Da waren einst in dem kleinen Dorf Hoghton zwei faule Taugenichtse, die es auf irgendeine Weise fertigbrachten, ihr Leben zu verbringen, ohne den Tag vom Morgen bis zum tauigen Abend am Webstuhl zu sitzen. Während ihre achtbareren Nachbarn fest bei der Arbeit waren, konnte man sie gewöhnlich im Eingang der kleinen Kneipe herumlungern sehen oder beim Dominospielen in der altmodischen Herberge. Und so manches Mal waren ihre kräftigen Stimmen bei hellem Tageslicht zu hören, wie sie das herzhafte Wildererliedchen vor sich hin trällerten: »Das Herz mir lacht in der Mondscheinnacht.«

Man wußte, daß sie Grund hatten, die Gefühle mitzuempfinden, die diese alte Ballade ausdrückte. Jedem von ihnen folgte ein zottiger, verdächtig aussehender Spürhund, und wenn die vier über den Platz schlenderten, dann schüttelten die ordentlichen Leute den Kopf und prophezeiten einem so ungeregelten Lebenswandel jede Art von unerquicklichem Abschluß. Soweit es die Hunde betraf, bewahrheiteten sich die unguten Voraussagen, denn vom Wildern in

Gesellschaft ihrer Herren wandten sich die schlauen Köter einem Treiben auf eigene Rechnung zu, und als sie hinter dem Wild her waren, wurden beide von Wildhütern erschossen, und die waren nur zu froh über die Gelegenheit, die Umgebung von solcher mißgeleiteter Klugheit zu befreien.

Die beiden Männer selbst entkamen nur knapp, und bald nach dieser unerfreulichen Begebenheit wurden ihnen ihre Fangnetze genommen. Sie waren zu arm, sich andere zu kaufen, und wenn sie umhergegangen wären, sich derartige Gegenstände auszuleihen, wäre es gleichbedeutend gewesen damit, daß sie ihre Freunde beschuldigen, Wilderergebräuche zu pflegen. Also blieb ihnen nichts anderes übrig, als Säcke zu benutzen, wenn sie den Feldern des Gutsherrn einen Besuch abstatteten.

Eines Nachts kletterten sie über den Zaun und machten sich auf den Weg zu einem gut besetzten Kaninchenbau. Sie steckten ein einsames Frettchen hinein und machten schnell die Säcke über den Ausgängen des Baus fest. In gespannter Erwartung des Auszugs mußten sie nicht lange ausharren, da gab es auch schon ein wildes Getümmel, sie packten hastig die Säcke fest um die Öffnung, und ohne erst den Fang aus dem Loch zu untersuchen, krochen sie durch die Hecke und machten sich in scharfem Trab auf den Heimweg. Eine ganze Weile lang merkten sie nicht, welcher Art ihre Ladung war, und sie beglückwünschten sich zu dem Erfolg, der ihren Fleiß gekrönt hatte. Da ertönte plötzlich ein Ruf von einem der Gefangenen: »Dick, wo bist du?« Die Wilderer standen vor Schreck wie versteinert, und fast im gleichen Augenblick quiekte eine Stimme aus dem andern Sack:

»Bin im Sack,
Huckepack,
Reit hinauf Hoghton Brow.«

Die entsetzten Männer ließen sogleich ihre Packen fallen und flohen in größter Eile. Zurück ließen sie die Säcke, die voller Elfen waren, die hatten sie durch das eindringende Frettchen aus ihren Wohnungen vertrieben. Am nächsten Morgen wagten sich jedoch die beiden Wilderer zu der Stelle, an der sie die übernatürlichen Stimmen gehört hatten. Die Säcke waren sauber gefaltet und lagen an der Wegseite, und die Männer hoben sie sehr sachte auf, so als erwarteten sie eine andere geheimnisvolle Äußerung, und sie schlichen sich damit davon.

Nicht nötig zu sagen, daß diese Säcke später zu keinem Zweck verwendet wurden, der aufregender war als die Beförderung von Kartoffeln von dem zuvor vernachlässigten kleinen Gartenfleckchen. Das Abenteuer hatte die Männer so ziemlich geheilt von jedem Verlangen, Kaninchen »aufzuklauben«.

Jedoch wurde wie die meisten plötzlichen Bekehrungen auch die der beiden Wilddiebe in schwer arbeitende Weber von den Bewohnern dieses Dorfes aus der guten alten Zeit mit Mißtrauen betrachtet, und um sich zu rechtfertigen, sahen sich die ehemaligen Tagediebe gezwungen, die Geschichte von den gefangenen Elfen zu erzählen. Die wundersame Erzählung wurde bald überall verkündet. Und an manchem Sommerabend danach, wenn die beiden Bekehrten in ihrer Webstube fest an der Arbeit saßen und vielleicht fast unbewußt das alte Liedchen summten:

»Das Herz mir lacht in der Mondscheinnacht«,

dann streckte sich der Haarschopf eines Jungenkopfes durch das von Geißblatt fast bedeckte Fensterloch. Und der grinsende Bursche, der geduldig gewartet hatte, bis der Weber das Lied beginnen und so die Gelegenheit bieten würde für die so oft wiederholte schlagfertige Antwort, rief: »Nein, das Herz lacht dir nicht, ›Dick, wo bist du?‹«

BETTY SCHLAMPSTRUMPF UND MONSTER-JAN

Im Oberland, den »High countries«, wie die Pfarrsprengel von Morvah, Zennor und Towednack genannt werden, hat man lange Zeit folgendes überliefert: Die Kleinen Leute holen oft die Kinder von schmutzigen, faulen Frauen, die sich viel herumtreiben, säubern sie sorgfältig und bringen sie wieder zurück – und dann sind sie natürlich um vieles schöner, weil sie von den Elfen im Morgentau gewaschen wurden. Diese Vorstellung hat offensichtlich viele Jahrhunderte bestanden, und wie viele alte Überlieferungen ist sie in jeder Generation umgeformt und den Bedingungen der Zeit angepaßt worden. Das folgende ist in seinen Hauptzügen nur leicht abgewandelt, es wird berichtet nach einer Geschichte, die eine alte Frau in Morvah etwas vergröbert und viel ausgedehnter erzählt hat.

Betty Schlampstrumpf, eine Frau von den Hügeln, verlor

vor ein paar Monaten beinahe ihr kleines Kind. Schlampstrumpf war zwar ein Spottname, aber alle kannten sie nur unter diesem und keinem anderen Namen. Sie hatte ihn bekommen, weil sie um ihre Beine und Füße immer so unordentlich war. Sie konnte sich kein Loch in ihrem Strumpf stopfen – die faule Schlampe konnte sich nicht mal einen stricken. Damit man die Löcher an ihren Fersen nicht sah, zog sich Betty die Beinlinge ihrer Strümpfe immer unter den Fuß, solange der obere Rand noch unter das Strumpfband reichte, und oft machte sie das Strumpfband schon mitten am Bein fest, wenn der Strumpf nicht mehr lang genug war.

Betty war in Towednack aufgewachsen, nicht weit entfernt von der Wheal-Reeth-Grube, wo der Alte, ihr Vater, arbeitete. Er beackerte auch ein paar Morgen Land, und je nach seiner Schicht arbeiteten er und seine Tochter darauf. Die Alten pflegten zu sagen, sie ließen das arme unschuldige Kind nicht in der Grube arbeiten, sie hätten Angst, die großen groben Heiden von Lelant könnten Gewalt über sie bekommen. Also behielten sie sie zu Hause, und der Alte pflegte damit zu prahlen, wie tüchtig seine Betty sei beim Ginsterschneiden und Torfstechen. Anstatt abends zu Hause zu bleiben, sauste sie von Gasse zu Gasse zu den Betversammlungen. Denn sie war »von Kind an eine Bekennerseele« gewesen. Betty war ein Einzelkind, und die Alten hatten ein wenig Geld gespart und hofften, einer, der »was Besseres« sei, würde sie heiraten. In den Hügeln wohnte ein Mann, Monster-Jan hieß der, den verführte das bißchen Geld, und er beschloß, es darauf anzulegen, daß er Betty bekäme. Jan wurde eine bekehrte Seele – er traf mit Betty in derselben Betgruppe zusammen und sagte von sich selbst, ihm seien »die Mittel der Gnade so lieb und teuer«.

So ging es einige Zeit dahin, und dann stellte sich heraus, daß Betty »Pech gehabt hatte«. Nun hatten es die Alten sehr eilig, ihre Tochter zu verheiraten, und versprachen Jan so viel Geld, daß er sich ein Porzellanservice und eine Menge schönes irdenes Geschirr kaufen könnte, aber Monster-Jan verlangte mehr als das und wollte lieber den Rückzug antreten. Er verließ die Betgemeinde, damit er nicht ausgewiesen würde. Er sagte, das Ganze wäre ihm herzlich zuwider, und er erzählte allerlei seltsame Geschichten über das, was die da machten, und bald war er ein so schlechter Mensch wie zuvor. Die Zeit schritt voran, und Bettys Mutter sah, daß sie sich keine Möglichkeit entgehen lassen durfte, aus Betty eine ehrbare Frau zu machen. Bettys Mutter war selbst eine erbärmlich schmutzige Frau, und wie die Leute sagten, trank sie nur zu gern einen Tropfen. Nun ging sie nach Penzance und kaufte ein neues Bett, ein richtiges Himmelbett, einen Küchenschrank, leuchtend bleiblau und dunkelbraun bemalt, eine Acht-Tage-Uhr in bemaltem Mahagoni-Gehäuse, eine Menge schönes irdenes Geschirr und einen gläsernen Milchkrug. Als diese Dinge alle in einer Hütte aufgestellt waren, gefielen sie Jan recht wohl. Er hing seine »große Zwiebel von einer Uhr« in der Mitte des Küchenschrankes auf, um zu sehen, wie sich das ausnimmt. Als er damit zufrieden war, sagte er zu der alten Frau, er würde Betty auf der Stelle heiraten, wenn sie ihnen ihre große, hübsche, blanke Wärmpfanne gäbe, so daß sie sie der Tür gegenüber aufhängen könnten. Das war schnell geschehen, und Monster-Jan und Betty Schlampstrumpf heirateten.

Nach kurzer Zeit war in Jans Hütte die Stimme eines Babys zu hören, aber das arme Kind hatte keine Wiege, nur eine Grubenkirbe, einen Korb, aus Stroh und Ranken geflochten. Und zusätzlich zu den üblichen Ursachen ihrer Nachlässigkeit kam noch eine hinzu: Betty fing zu trinken an. Eine ungeschlachte, eklige Trulle von einem Weib zog da umher und gab vor, Häkelarbeiten zu verkaufen, in Wirklichkeit aber verkaufte sie Gin, den sie in einer Flasche unter dreckigen Lumpen verborgen hatte; die bezeichnete sie als »die schönsten gehäkelten Kragen und Manschetten, die all die Damen in den Städten und auf dem Land an Sonn- und hohen Feiertagen tragen«. Dieses Weib schloß enge Freundschaft mit Jans Frau. Das Ergebnis war – es wurde alles nur noch schlimmer. Jan war unzufrieden und ging in die Grube, und aus der Grube kam er immer mürrisch zurück.

Eines Tages sollte Betty Brot backen – sie hatte das noch nie vorher getan, da immer ihre Mutter dieses Geschäft besorgt hatte. Jan hatte seine Uhr im Schrank hängenlassen, damit Betty wisse, wie spät es ist. Bis Mittag ging alles gut. Und gerade, als das Brot soweit war, daß es in den Ofen kommen sollte, kam die Häkel-Frau herein. Betty bekam zuerst ein Gläschen Gin, dann ließ sie sich ihre Zukunft deuten, und weil ihr Glück ohne Ende und die hübschesten Kinder im ganzen Land versprochen wurden und Jan der größte Erfolg in den Tribut-Gruben, wurde der Kessel aufgesetzt und Schweinefleisch für die Wahrsagerin gebraten.

Während all dieser Zeit war der Teig vergessen, und er wurde sauer und schwer. Als das Weib fortging, wurde schließlich der Klumpen Sauerteig in den Ofen geschoben. Das vernachlässigte Kind quengelte, und da Jan bald zum

Abendessen heimkommen würde, hatte Betty es sehr eilig, mit allem fertig zu werden. Um das Kind ruhig zu halten, gab sie ihm Jans Uhr, und sie machte sie auf, damit sie ihm noch besser gefalle und »damit das liebe Kindchen sehen konnte, wie sich die netten kleinen Räder herumdrehen«. Nach kurzer Zeit war die »Maschine« in der Asche gelandet und ging natürlich nicht mehr. Schließlich wollte Betty wissen, wie spät es ist; da fand sie die Uhr mit Schmutzklumpen verstopft. Um das Ding wieder in Ordnung zu bringen, wusch sie es im Schaff mit dem Spülwasser aus, das sie seit zwei oder drei Tagen nicht gewechselt hatte, es war voller Gräten von Salzsardinen und voller Kartoffelschalen. So gut sie konnte, bemühte sie sich, die Uhr zu reinigen, denn nun fürchtete sie sich schrecklich vor Jan, und soweit sie dazu konnte, wischte sie all die kleinen Räder mit der Ecke des Küchentuchs ab, aber das verdammte Ding wollte nicht gehen. Sie mußte das Brot nach Gutdünken backen, und es war daher schwarz wie Kohle und hart wie Stein, als sie es herausholte.

Jan kam nach Hause. Und ihr könnt euch selbst seine Wut vorstellen, als er alles so vorfand und dazu seine Uhr, die nicht mehr ging. Betty verschwor sich hoch und heilig, sie hätte das Ding nicht in die Hände genommen. Am andern Morgen stand Jan zeitig auf, um in die Grube zu gehen. Er nahm das verbrannte Brot und versuchte es mit einem Messer zu zerschneiden, aber es war vergeblich, ebensogut hätte er versuchen können, einen Stein zu zerschneiden. Er nahm darauf die Axt, aber die schlug Funken darauf, sagte Monster-Jan, und machte nicht die kleinste Kerbe in der Kruste. Der arme Kerl mußte ohne Frühstück zur Arbeit gehen und sich für das Mittagessen auf einen Anteil an den Fleischfladen eines seiner Kameraden verlassen.

Am Freitag, dem Tag darauf, war Zahltag, und nachdem Jan seinen Lohn bekommen hatte, ging er nach St. Ives um Brot und nahm die kostbare Uhr mit sich, damit sie in Ordnung gebracht werde. Der Uhrmacher fand bald heraus, woran es lag: Hier war ein bißchen Fischgräte, da ein Stückchen Kartoffelschale, in einem Radzahn hing eine Faser vom Küchentuch, in einem andern ein Strohteilchen, und alles war voll Asche.

Nun war die Katze aus dem Sack, und in dieser Nacht betrank sich Jan bis zur Sinnlosigkeit, ging heim und brachte seine Frau beinahe um. Und von dieser Zeit an war Jan jeden Tag betrunken, und Betty war es, sooft sie Gin erwischen konnte. Das arme Kind blieb den halben Tag sich selbst und dem Daumenlutschen überlassen und wälzte und rollte sich auf den verkommenen Lumpen in dem alten Korb umher, und keiner kümmerte sich darum.

Eines Tages war Betty zum Herumtreiben aufgelegt und ging von einem Haus zum andern, wo sie nur immer eine Frau finden konnte, die müßig genug war, um mit ihr zu schwatzen. Betty blieb bis zum Dunkelwerden fort – Jan hatte die letzte Tagschicht –, und das arme Kind wurde ganz allein gelassen.

Als sie heimkam, wunderte sie sich, daß sie das Kind nicht hörte, aber sie dachte, es hätte sich in den Schlaf geweint, und war nicht weiter besorgt. Als sie die Kerze angezündet hatte, schaute sie schließlich in den Korb, und da war kein Kind. Betty suchte alles ab, draußen und drinnen, sie suchte an jeder nur möglichen Stelle, aber nirgends war eine Spur von dem Kind. Das ernüchterte Betty doch ziemlich, und sie erinnerte sich, daß sie die Tür hatte aufschließen müssen, um in die Hütte zu kommen.

Während sie noch voller Angst war und vor der Begegnung mit ihrem Mann zitterte, kam Jan von der Grube heim. Natürlich wurde ihm gesagt, daß sein »jämmerliches bißchen von einem Kind verlorengegangen sei«. Er glaubte kein Wort von dem, was Betty ihm erzählte, sondern lief umher und rief alle Nachbarn heraus, und sie schlossen sich ihm bei der Suche an. Sie verbrachten die Nacht damit, daß sie jeden Fleck im Dorf und um das Haus herum untersuchten – aber es war alles umsonst.

Nach Tagesanbruch kamen sie alle zu einer gründlichen und ernsthaften Beratung zusammen. Da kam die Katze ins Haus gelaufen, den Schwanz steil aufgerichtet, und miaute kläglich. Hin und her lief sie und um einen Torfstich herum und schrie unaufhörlich, als wolle sie, daß die Leute ihr folgten. Nach langer Zeit dachte einer daran, der Katze nachzugehen, und da lag in der Mitte des Torfstichs auf einem schönen, grünen, weichen Grasfleck das schlafende Baby, »appetitlich wie ein Nüßlein«, sorgsam war es in einige trokkene alte Kleidungsstücke gewickelt, und alle seine Tücher waren sauber und trocken. Als sie das Kind auswickelten, fanden sie es überall bedeckt mit leuchtend bunten Blumen, so wie wir sie um ein kleines Kind im Sarg legen. Es hatte ein Veilchensträußchen in seinen niedlichen Händchen, und über sein Körperchen waren Goldlack und Himmelsschlüssel gestreut und Balsaminen und Minze. Der Torf rund herum war hoch aufgeschichtet, so daß kein kalter Windhauch das Kind streifen konnte. Alle stellten fest, daß das Kind nie vorher so hübsch ausgesehen hatte. Es ist ganz klar, sagten die alten Frauen, daß die Kleinen Leute das Kind geholt und von Kopf bis Fuß gewaschen hatten. Und die Arbeit, das Baby sauberzumachen, mußte sehr langwierig gewesen sein, und da war die Sonne aufgegangen, bevor sie damit fertig wurden. So hatten sie das Kind an die Stelle gelegt, wo es gefunden wurde, und hatten vorgehabt, es in der nächsten Nacht wegzunehmen.

Man hörte nie wieder, daß sie gekommen seien, das Baby zu holen, aber alle sagten, diese Begebenheit habe bewirkt, daß Betty Schlampstrumpf und Monster-Jan sich sehr änderten. Die Hütte wurde in Ordnung gehalten, und das Kind war sauber. Sein Vater und seine Mutter tranken weniger und lebten danach glücklicher für alle Zeit.

Die Abenteuer der Cherry von Zennor

Der alte Honey lebte mit seiner Frau und der Familie in einer kleinen Kate von zwei Räumen und einem Alkoven auf der Klippenseite von Trereen bei Zennor. Das alte Paar hatte zehn Kinder, die alle an diesem Ort aufgezogen wurden. Sie lebten, so gut sie konnten, von dem, was ein paar Morgen Land hervorbrachten, die zu armselig waren, um auch nur eine Ziege bei guter Laune zu halten. Die Haufen von Schneckengehäusen um die Hütte herum ließen einen glauben, daß ihre Hauptnahrung Napf- und Strandschnecken waren. Sie hatten jedoch an den meisten Tagen Fisch und Kartoffeln und ab und zu an einem Sonntag Schweinefleisch und Brühe. Zu Weihnachten und zu Ostern hatten sie weißes Brot. Im ganzen Pfarrsprengel gab es keine gesündere oder hübschere Familie als die vom alten Honey. Wir haben es jedoch nur mit einem von ihnen zu tun, mit seiner Tochter Cherry. Cherry konnte laufen, so schnell wie ein Hase, und sie steckte immer voller Scherz und Übermut.

Immer wenn der Bursche des Müllers auf den Hof kam, sein Pferd an den Ginsterstadel band und hereinschaute, ob einer sein Korn zur Mühle schicken wolle, dann sprang Cherry auf das Pferd und galoppierte fort zu den Klippen. Wenn der Müllerbursche dann hinterherjagte und sie über den Rand dieser Felsenküste nicht weiterreiten konnte, wendete sie sich den Steinmälern zu, und der schnellste Hund hätte sie nicht eingeholt, geschweige denn der Müllerbursche.

Als Cherry halbwüchsig war, wurde sie bald unzufrieden, denn Jahr für Jahr hatte ihre Mutter ihr ein neues Kleid versprochen, damit sie so schmuck einhergehen könne wie die anderen, »zu dritt auf einem Pferd auf den Morvah-Jahrmarkt«. So gewiß die Zeit herankam, so gewiß fehlte das Geld, und Cherry hatte also nichts Anständiges anzuziehen. Sie konnte weder zum Jahrmarkt noch zur Kirche noch zu den Betversammlungen gehen.

Cherry war sechzehn. Eine von ihren Spielgefährtinnen hatte ein neues Kleid, das war mit Bändern schmuck besetzt, und sie erzählte Cherry, wie sie in Nancledry bei der Predigt gewesen war und wie sie immer so viele Liebhaber hätte, die sie heimbrächten. Dies versetzte die leichtfertige Cherry in ein Fieber des Verlangens. Sie erklärte ihrer Mutter, daß sie fortgehen wolle in die Täler, um sich einen Dienst zu suchen, damit sie solche Kleider haben könnte wie die andern Mädchen.

Ihre Mutter wollte, sie solle nach Towednack gehen, damit sie sie ab und zu an einem Sonntag sehen könnte.

»Nein, nein«, sagte Cherry, »niemals will ich in eine Gemeinde, wo die Kuh den Glockenstrick fressen mußte und wo sie jeden Tag Fisch und Kartoffeln haben und am Sonntag Aal-Pastete zur Abwechslung.«

Eines schönen Morgens band Cherry ein paar Sachen in ein Bündel zusammen und machte sich fertig zum Aufbruch. Sie versprach ihrem Vater, sie wolle einen Dienst annehmen, der möglichst nahe sei, und bei der frühesten Gelegenheit wolle sie nach Hause kommen. Der alte Mann sagte, sie sei verhext, und legte ihr ans Herz, sie solle aufpassen, daß sie weder von Seeleuten noch von Piraten fortgeschleppt werde, und dann erlaubte er ihr fortzugehen.

Cherry schlug den Weg ein, der nach Ludgvan und Gulval führte. Als sie die Kamine von Trereen aus den Augen verloren hatte, verließ sie der Mut, und sie war drauf und dran, wieder nach Hause zu gehen. Aber sie ging weiter. Schließlich kam sie zu den vier Kreuzwegen an den Lady Downs. Sie setzte sich auf einem Stein am Wegrand nieder und weinte, als sie an ihr Zuhause dachte, das sie vielleicht niemals wiedersehen würde.

Endlich hörte sie zu weinen auf und beschloß, heimzugehen und das Beste daraus zu machen.

Als sie ihre Augen gewischt hatte und ihren Kopf hob, war sie überrascht, einen Herrn auf sich zukommen zu sehen – denn sie konnte sich nicht vorstellen, woher er kam; ein paar

Augenblicke vorher war noch niemand auf der Höhe zu sehen gewesen. Der Herr wünschte ihr einen guten Morgen, erkundigte sich nach dem Weg nach Towednack und fragte Cherry, wohin sie gehe.

Cherry erzählte dem Herrn, daß sie an diesem Morgen von zu Hause fortgegangen war, um sich nach einem Dienst umzusehen, aber daß der Mut sie nun verlassen habe. Sie wolle über die Hügel wieder zurückgehen nach Zennor.

»Ich hätte niemals erwartet, ein solches Glück zu haben«, sagte der Herr. »Ich bin heute morgen von zu Hause fortgegangen, um ein nettes, sauberes Mädchen zu suchen, das mir den Haushalt führen könnte, und da treffe ich dich.« Er erzählte Cherry dann, daß er seit kurzem Witwer sei und daß er einen lieben kleinen Jungen habe, den Cherry betreuen solle. Cherry sei genau das Mädchen, das ihm recht wäre. Sie sei hübsch und reinlich. Er konnte sehen, daß ihre Kleider so geflickt waren, daß man nicht mehr erkennen konnte, welches das ursprüngliche Stück gewesen war, aber sie war lieblich wie eine Rose, und alles Wasser der See hätte sie nicht sauberer machen können.

Die arme Cherry sagte zu allem »Ja, Herr«, sie verstand jedoch nicht den vierten Teil von dem, was der Herr gesagt hatte. Ihre Mutter hatte sie angewiesen, »Ja, Herr« zum Pfarrer zu sagen oder zu einem jeden Herrn, wenn sie ihn nicht verstünde. Der Herr sagte ihr, er wohne drunten in den Tälern, nicht weit weg, und sie werde sehr wenig zu tun haben, sie müsse nur die Kuh melken und sich um das Kind kümmern. Also willigte Cherry ein, mit ihm zu gehen.

Sie gingen fort, und er sprach so freundlich, daß Cherry nicht merkte, wie die Zeit verstrich, und ganz vergaß, wie weit sie gegangen war. Endlich waren sie in einem Heckenweg, der war von Bäumen so überschattet, daß der Weg vom Sonnenlicht nur eben noch gesprenkelt war. So weit sie sehen konnte, gab es nur Bäume und Blumen. Heckenrosen und Geißblatt verströmten ihren Duft, und die rotesten reifen Äpfel hingen an den Bäumen über dem Heckenweg. Dann kamen sie an fließendes Wasser, klar wie Kristall, das lief über den Weg. Es war aber sehr dunkel, und Cherry hielt an, um zu sehen, wie sie den Fluß überqueren könnte. Der Herr legte den Arm um ihre Mitte und trug sie darüber, so daß ihre Füße nicht naß wurden.

Der Weg wurde dunkler und dunkler und enger und enger, und es schien, daß sie immer rascher den Hügel abwärts gingen. Cherry hielt sich am Arm des Herrn ganz fest und dachte sich, da er zu ihr so freundlich gewesen war, würde sie mit ihm bis ans Ende der Welt gehen. Nachdem sie ein wenig weitergegangen waren, öffnete der Herr ein Gatter, das in einen schönen Garten führte, und sagte: »Meine liebe Cherry, dies ist der Ort, an dem wir wohnen.«

Cherry wollte kaum ihren Augen trauen. Nie zuvor hatte sie etwas gesehen, das diesem Ort an Schönheit gleichkam. Blumen in allen Farben waren um sie herum, Früchte aller Art hingen über ihr, und die Vögel hatten einen lieblicheren Gesang, als sie jemals gehört hatte, sie brachen aus in einen Freudenchor. Cherry hatte die Großmutter von verzauberten Orten erzählen hören. Ob dies einer davon sein konnte? Nein. Der Herr war so groß wie der Pfarrer, und jetzt kam ein kleiner Junge den Gartenweg heruntergelaufen und rief: »Papa, Papa!« Nach seiner Größe schien das Kind etwa zwei oder drei Jahre alt zu sein, aber es hatte einen eigenartigen

Anschein von Alter an sich. Seine Augen waren strahlend und durchdringend, und es hatte einen listigen Ausdruck. »Es konnte mit dem Blick jeden unterkriegen«, wie Cherry sagte.

Bevor Cherry mit dem Kind sprechen konnte, erschien eine sehr alte, knochentrockene, häßliche Frau, die ergriff das Kind beim Arm, zog es hinter sich her ins Haus und brummte und zankte dabei. Aber bevor sie ihren Blicken entschwand, schaute die alte Hexe Cherry so an, daß es ihr durch und durch ging, »wie ein Bohrer«.

Da der Herr sah, daß Cherry etwas verwirrt war, erklärte er, die Alte sei die Großmutter seiner verstorbenen Frau. Sie würde bei ihnen bleiben, bis Cherry ihre Arbeit kenne, und nicht länger, denn sie sei alt und übellaunig und müsse fort. Nachdem sie ihre Augen an dem Garten geweidet hatte, wurde Cherry ins Haus geführt, und das war noch schöner. Blumen aller Art wuchsen überall, und überall war es, als schiene die Sonne, und doch sah sie die Sonne nicht.

Tante Prudentia – das war der Name der alten Frau – deckte in einem Nu einen Tisch mit einer großen Vielzahl von feinen Sachen, und Cherry aß herzhaft zu Abend. Sie wurde nun zu Bett geschickt, in eine Kammer zuoberst im Hause, und auch das Kind sollte dort schlafen. Prudentia wies Cherry an, ihre Augen geschlossen zu lassen, ob sie schlafe oder nicht, sonst könnte sie vielleicht Dinge sehen, die ihr nicht gefallen würden. Während der ganzen Nacht dürfe sie nicht mit dem Kind sprechen. Sie müsse bei Tagesanbruch aufstehen und dann den Jungen zu einer Quelle im Garten führen. Dort solle sie ihn waschen und seine Augen mit einer Salbe salben, die sie in einer Kristalldose in einer Felsspalte finden würde, aber auf keinen Fall dürfe sie ihre eigenen

Augen damit berühren. Danach solle Cherry die Kuh rufen, einen Eimer voll Milch melken und davon eine Schüssel voll frischer Milch für das Frühstück des Jungen schöpfen. Cherry kam vor Neugierde fast um. Einige Male fing sie an, das Kind auszufragen, aber es brachte sie immer zum Schweigen, indem es sagte: »Ich sag's Tante Prudentia.« Wie ihr gesagt worden war, stand Cherry am Morgen zeitig auf. Der kleine Junge führte das Mädchen zu der Quelle, die floß kristallklar aus einem Granitfelsen, der mit Efeu und schönen Moosen bedeckt war. Cherry wusch das Kind, wie es sich gehörte, und salbte so auch seine Augen. Sie sah keine Kuh, aber ihr kleiner Pflegling sagte, sie müsse die Kuh rufen.

»Wittwittwitt«, rief Cherry, geradeso, wie sie die Kühe zu Hause zu rufen pflegte, und sieh, da kam eine wunderschöne große Kuh zwischen den Bäumen hervor und stellte sich an das Ufer neben Cherry. Kaum hatte Cherry die Hände an die Zitzen der Kuh gelegt, da flossen schon vier Milchströme hernieder und füllten bald den Eimer. Dann schöpfte sie Milch in die Schüssel des Jungen, und er trank sie. Nachdem dies getan war, ging die Kuh ruhig fort, und Cherry kehrte zum Haus zurück, um sich ihre tägliche Arbeit zeigen zu lassen.

Prudentia, die alte Frau, gab Cherry ein reichliches Frühstück und ließ sie dann wissen, sie müsse in der Küche bleiben und da ihrer Arbeit nachgehen: Milch abkochen, buttern und all die Holzteller und Schüsseln mit Wasser und Sand saubermachen. Cherry wurde ermahnt, nicht neugierig zu sein. Sie durfte nicht in irgendeinen anderen Teil des Hauses gehen, und sie durfte nicht versuchen, irgendwelche verschlossenen Türen zu öffnen.

Als am zweiten Tag ihre gewöhnliche Arbeit getan war,

verlangte ihr Herr von Cherry, sie solle ihm im Garten helfen beim Pflücken von Äpfeln und Birnen und beim Jäten von Lauch und Zwiebeln. Cherry war froh, der alten Frau aus den Augen zu kommen. Tante Prudentia schaute immer mit einem Auge auf ihr Strickzeug, und mit dem andern sah sie durchbohrend die arme Cherry an. Ab und zu pflegte sie zu murren: »Ich wußte, daß Robin irgendeine Närrin von Zennor herbringen würde, für beide wär's besser, sie hätte es verpaßt.«

Cherry und ihr Herr kamen prächtig miteinander aus, und immer wenn Cherry ein Beet fertiggejätet hatte, gab ihr der Herr einen Kuß, um zu zeigen, wie zufrieden er war.

Nach ein paar Tagen nahm Tante Prudentia Cherry mit in jene Teile des Hauses, die sie noch nie gesehen hatte. Sie kamen durch einen langen dunklen Gang. Cherry mußte dann ihre Schuhe ausziehen, und sie betraten einen Raum, darin war der Boden wie aus Glas, und ringsum, auf Gestellen thronend und auf dem Boden, waren große und kleine versteinerte Leute. Von einigen waren nur Kopf und Schultern da und die Arme abgetrennt, andere waren vollständig. Cherry sagte zu der alten Frau, um alles in der Welt wolle sie nicht weitergehen. Zuerst hatte sie gedacht, sie sei in ein Land der Kleinen Unterirdischen gekommen und nur der Herr sei wie andere Menschen. Aber nun wußte sie, daß sie bei Zauberern war, die all diese Leute in Stein verwandelt hatten. Sie hatte in Zennor droben von ihnen sprechen hören, und sie wußte, jeden Augenblick könnten sie erwachen und sie fressen.

Die alte Prudentia lachte Cherry aus, zog sie weiter und bestand darauf, daß sie an einem Kasten reibe, der war wie ein Sarg auf sechs Beinen, bis sie ihr Gesicht darin sehen könnte.

Nun, Cherry fehlte es nicht an Mut, und so begann sie heftig zu reiben. Die alte Frau stand dabei und strickte die ganze Zeit, und ab und zu rief sie: »Reib! Reib, reib! Fester und schneller!« Schließlich war Cherry verzweifelt, sie rieb noch einmal ganz heftig an einer Ecke und warf dabei den Kasten beinahe um. O Gott, da gab er einen so schmerzvollen, unirdischen Klang von sich, daß Cherry dachte, all die Steinleute würden lebendig, und in ihrem Schreck fiel sie ohnmächtig nieder. Der Herr hörte den Lärm und kam herein, um die Ursache des Tumults herauszufinden. Er geriet in großen Zorn, warf die alte Prudentia aus dem Haus, weil sie Cherry in das verschlossene Zimmer geführt hatte, trug Cherry in die Küche und brachte sie bald mit einem herzstärkenden Mittel wieder zu sich. Cherry konnte sich nicht erinnern, was geschehen war, aber sie wußte, da war etwas zum Fürchten in dem andern Teil des Hauses. Nun war aber Cherry die Frau im Haus – die alte Tante Prudentia war fort. Der Herr war so freundlich und liebevoll, daß ein Jahr verging wie ein Sommertag. Gelegentlich ging ihr Herr für eine Zeit von zu Hause fort. Er kehrte dann zurück und verbrachte viel Zeit in den verwunschenen Räumen, und Cherry war sicher, daß sie ihn zu den Steinleuten sprechen hörte. Cherry hatte alles, was ein menschliches Herz begehren konnte, aber sie war nicht glücklich. Sie wollte mehr wissen über den ganzen Ort und über die Leute. Sie hatte herausgefunden, daß die Salbe die Augen des kleinen Jungen leuchtend und seltsam machte, und oft dachte sie, er sähe mehr als sie; sie wollte es versuchen, ja, das wollte sie!

Nun, am nächsten Morgen wurde der Junge gewaschen, seine Augen gesalbt und die Kuh gemolken. Dann schickte sie den Jungen aus, er solle ihr ein paar Blumen im Garten pflücken, und sie nahm ein klein wenig von der Salbe und tat es in ihr Auge. Oh, es war, als würde das Auge aus dem Kopf gebrannt! Cherry lief zu dem Teich unter dem Felsen und wusch das brennende Auge. Und schau! Da sah sie am Grunde des Wassers Hunderte von kleinen Leuten, meist waren es kleine Damen, die spielten – und da war ihr Herr, so klein wie die andern, der spielte mit ihnen. Alles sah nun an diesem Ort anders aus. Überall waren kleine Leute, sie versteckten sich in den Blüten, die wie von Diamanten funkelten, sie schaukelten in den Bäumen, und sie liefen und hüpften unter und über die Grashalme. Den ganzen Tag zeigte sich der Herr kein einziges Mal über dem Wasser, aber gegen Abend ritt er zum Haus als der hübsche Herr, den sie bisher gesehen hatte. Er ging in die verwunschene Kammer, und bald hörte Cherry die allerschönste Musik.

Am Morgen ging der Herr fort und war wie zur Jagd gekleidet. Er kam am Abend zurück, ließ Cherry mit sich allein und ging sofort in seine eigenen Räume. So ging es Tag für Tag, bis Cherry es nicht länger aushalten konnte. Sie schaute also durch das Schlüsselloch und sah ihren Herrn und viele Damen, und er sang, während eine Dame, die wie eine Königin gekleidet war, auf dem Sargkasten spielte. Oh, und wie wild Cherry vor Eifersucht wurde, als sie sah, wie ihr Herr diese liebliche Dame küßte! Am nächsten Tag jedoch blieb der Herr zu Hause, um Obst zu ernten. Cherry sollte ihm helfen, und als er sich wie üblich anschickte, sie zu küssen, da schlug sie ihm ins Gesicht und sagte ihm, er solle solche Kleine Leute küssen, wie er selbst einer sei und mit denen er unter dem Wasser spiele. Da fand er heraus, daß Cherry die Salbe benutzt hatte. Sehr traurig sagte er ihr, sie müsse heimgehen, er wolle keinen Spion bei seinem Tun haben, und Tante Prudentia müsse zurückkommen. Lange bevor es Tag wurde, rief der Herr nach Cherry. Er gab ihr viele Kleider und andere Dinge, dann nahm er ihr Bündel in die eine Hand und eine Laterne in die andere und hieß sie, ihm zu folgen. Sie gingen viele Meilen weit und die ganze Zeit immer bergauf und durch Heckenwege und enge Gänge. Als sie schließlich auf ebenen Grund kamen, war es fast Tag. Er küßte Cherry und sagte ihr, sie sei bestraft für ihre unnütze Neugier, aber wenn sie sich gut betrage, wolle er manchmal zu den Lady Downs kommen, um sie zu sehen. Indem er dies sagte, verschwand er. Die Sonne ging auf, und Cherry saß da auf einem Granitfelsen, und meilenweit war keine Menschenseele. Eine verlassene Hochlandheide war da anstelle des lächelnden Gartens. Lange, lange Zeit saß Cherry da in ihrem Kummer, aber zuletzt dachte sie, sie wolle nach Hause gehen.

Ihre Eltern hatten angenommen, sie wäre tot, und als sie sie sahen, glaubten sie, es wäre ihr Geist. Cherry erzählte ihre Geschichte, und alle zweifelten daran, aber Cherry änderte das Erzählte niemals ab, und schließlich glaubten es alle. Man sagt, Cherry sei später nie mehr richtig im Kopf gewesen, und bis sie starb, pflegte sie in den Mondnächten zu den Lady Downs zu wandern, um nach ihrem Herrn zu sehen.

DAS ELFENKIND

Auf einem der Hügel zwischen der Kirchstadt Zennor und St. Ives lebte eine sparsame Hausfrau. Eines Nachts kam ein Herr zu ihrer Kate und sagte ihr, er habe ihre Reinlichkeit und Achtsamkeit bemerkt. Er habe ein Kind, das wolle er gern mit großer Sorgfalt aufgezogen haben. Er sei auf sie verfallen. Für ihre Mühe solle sie sehr gut belohnt werden, und er zeigte ihr dabei eine beträchtliche Menge von Goldmünzen. Gut, sie willigte ein und ging mit dem Herrn fort, um dieses Kind zu holen. Als sie an den Hügel von Zennor kamen, sagte der Herr zu der Frau, er müsse ihr die Augen verbinden. Und sie, die gute, einfache Seele, die von solchen Dingen gehört hatte, stellte sich vor, es sei das Kind irgendeines reichen Mannes und der Wohnort der Mutter sollte nicht bekannt werden, und so rechnete sie sich's als Klugheit hoch an, wenn sie sich stillschweigend fügte. Sie legten eine beträchtliche Wegstrecke zurück. Als sie stehenblieben, wurde das Tuch von ihren Augen genommen, und sie fand sich in einem prachtvollen Raum, in dem war eine Tafel gedeckt mit den köstlichsten Leckerbissen wie Wild, Früchten und Wein. Man sagte ihr, sie solle essen, und das tat sie mit einiger Unbeholfenheit und nicht ohne zu zittern. Es überraschte sie, daß solch ein großes Festmahl für eine so kleine Gesellschaft aufgetischt worden war – nur für sie selbst und den Herrn. Nachdem sie Leckereien genossen hatte, wie sie nie zuvor und nie danach gekostet hatte, wurde eine Silberglocke geläutet, und eine Schar von Dienern kam herein. Die Diener trugen eine Wiege, die war mit Seide verhangen, und darin schlief das schönste Kind, das menschliche Augen je erblickt haben. Man sagte ihr, dieses Kind werde ihrer Pflege anvertraut. Sie solle nie Mangel an etwas haben, aber sie müsse gewisse Vorschriften befolgen. Sie dürfe das Kind nicht das Vaterunser lehren und es nicht nach Sonnenuntergang waschen; sie müsse es jeden Morgen in Wasser baden, das sie in einer weißen Kanne im Zimmer des Kindes finden werde. Niemand solle dieses Wasser berühren als sie selbst, und sie müsse darauf achten, daß sie nicht ihr eigenes Gesicht in diesem Wasser wasche. In jeder anderen Hinsicht solle sie das Kind wie eines ihrer eigenen behandeln. Der Frau wurden wieder die Augen verbunden, das Kind ward ihr in die Arme gelegt, und so schritt sie dahin, geführt von dem geheimnisvollen Vater.

Als sie draußen auf dem Weg war, wurde ihr die Binde von den Augen genommen, und sie sah, daß sie ein kleines Kind in den Armen hielt, das war nicht sonderlich hübsch, hatte sehr scharfe, durchdringende Augen und war ganz gewöhnlich angezogen.

Aber Handel bleibt Handel, und so beschloß sie, das Beste daraus zu machen. Sie zeigte das Kind ihrem Mann vor und erzählte ihm von der Geschichte so viel, als sie für klug hielt, ihm anzuvertrauen.

Jahrelang war das Kind bei diesem Paar. Nie hatten sie an etwas Mangel, sie wurden versorgt mit Fleisch, sogar mit Weinen, einfach indem sie es sich wünschten – so meinten die Leute. Wenn es nötig war, lagen fertige Kleider auf dem Bett des Kindes, und immer war das Wunderwasser in der Zauberkanne. Der kleine Junge wurde lebhaft und stark. Er war bemerkenswert wild, aber gut zu haben, und er schien eine wirkliche Zuneigung zu fühlen für seine »große Mami«, wie er die Frau nannte.

Manchmal glaubte sie, das Kind sei nicht bei Sinnen. Es rannte dann und sprang und schrie, als spielte es mit Dutzenden von Jungen, obgleich keine Menschenseele in seiner Nähe war. Die Frau hatte den Vater nie mehr gesehen, seit das Kind bei ihnen war, aber dann und wann wurde ihnen auf geheimnisvolle Weise Geld zugeleitet.

Oft hatte sie beobachtet, daß das Wasser das Gesicht des Kindes erstrahlen ließ, und eines Morgens, als sie den Jungen wusch, gab die Frau der Versuchung nach und wollte wissen, ob es auch sie selbst schöner machen würde. Sie lenkte die Aufmerksamkeit des Jungen auf ein paar Vögel, die auf einem Baum vor dem Fenster sangen, und spritzte etwas von dem Wasser in ihr Gesicht. Das meiste davon kam ihr in ein Auge. Sie schloß es unwillkürlich, und als sie es wieder aufmachte, sah sie eine Anzahl Kleiner Leute um sie her versammelt, die spielten mit dem Jungen. Sie sagte kein Wort, wenn ihre Angst auch groß war, und sie sah weiterhin, wie die Welt der Kleinen Leute die Welt der gewöhnlichen Männer und Frauen umgab – sie war mit ihnen, aber nicht eins mit ihnen. Nun wußte sie, wer die Spielgefährten des Jungen waren, und oft hätte sie gern zu den schönen Geschöpfen der unsichtbaren Welt gesprochen, die seine wirklichen Kameraden waren, aber sie war verschwiegen und blieb still.

Von Zeit zu Zeit waren merkwürdige Diebstähle auf dem Markt von St. Ives verübt worden, und obwohl man sorgfältig Wache hielt, verschwanden die Sachen, und es wurde kein Dieb entdeckt. Eines Tages war unsere gute Hausfrau auf dem Markt, und zu ihrer Überraschung sah sie den Vater ihres Pfleglings. Ohne Umstände zu machen, lief sie zu ihm hin – gerade in dem Augenblick, als er ein paar auserlesene Früchte stahl und in seine Tasche steckte –, und sie sprach ihn an. »So, du siehst mich also?«

»Aber gewiß tu ich das, und ich kenne Euch auch«, antwortete die Frau.

»Schließ dieses Auge«, und er legte einen Finger auf ihr linkes Auge. »Kannst du mich jetzt sehen?«

»Ja, ich sag's Euch, und ich kenne Euch auch«, sagte die Frau wieder.

»Wasser dem Elf, kein Wasser dir selbst,
Verlorst dein Auge, dein Kind und dich selbst«,

sagte der Herr. Von dieser Stunde an war sie auf dem rechten Auge blind. Als sie nach Hause kam, war der Junge fort. Sie war tief betrübt, aber sie sah ihn niemals mehr, und dieses früher so glückliche Paar wurde nun arm und elend.

Die Elfen auf der Selena-Moorheide

Die Geschichte berichtet von einem Herrn Noy, einem sehr angesehenen Bauern; er lebte nahe der Moorheide von Selena. Eines Abends ging er aus zu dem Wirtshaus in der Nachbarschaft, um für das Erntefest am nächsten Tag etwas zu trinken zu bestellen. Er verließ das Wirtshaus, aber er kam nicht wieder nach Hause zurück. Sie suchten drei Tage lang nach ihm, und schließlich, eine halbe Meile entfernt von seinem Haus, hörten sie Hunde jaulen und ein Pferd wiehern. Sie gingen über das trügerische Sumpfland der Heide und fanden ein großes Dickicht, und da war das Pferd von Herrn Noy angebunden und die Hunde neben ihm. Das Pferd hatte in dem saftigen Gras gut geweidet, aber die Hunde waren sehr mager. Das Pferd führte sie zu einem verfallenen Schuppen, und dort fanden sie Herrn Noy schlafend. Er war überrascht, als er sah, daß es schon Morgen war, und er war sehr verwirrt und verstört, aber zuletzt erfuhren sie doch die ganze Geschichte von ihm.

Er war eine Abkürzung über die Heide geritten, hatte aber den Weg verloren und war, wie er meinte, viele Meilen weit über ihm unbekanntes Land gekommen, bis er in der Ferne Lichter sah und Musik vernahm. Er war dorthin geeilt, weil er glaubte, er sei endlich zu einem Bauernhof gelangt, wo man vielleicht gerade das Erntefestmahl hielt. Sein Pferd und die Hunde waren zurückgewichen und hatten nicht mit ihm gehen wollen, so hatte er sein Pferd an einen Dornbusch gebunden und war weitergegangen, durch einen sehr schönen Obstgarten auf ein Haus zu. Vor dem Haus sah er Hunderte von Leuten, die tanzten oder saßen an den Tischen und tranken. Sie waren alle kostbar gekleidet, aber sie dünkten ihn sehr klein, und auch ihre Bänke und Tische und Becher waren klein. Ganz nahe bei ihm stand ein Mädchen, es war weiß gekleidet und größer als die anderen, und sie spielte auf einer Art Tamburin. Die Weisen waren lebhaft, und die Tänzer waren so behende, wie er noch keine gesehen hatte. Bald gab das Mädchen einem alten Kerl in der Nähe das Tamburin und ging in das Haus, um für die Gesellschaft Bier in einem schwarzen Ledereimer zu holen. Herr Noy, der gerne tanzte und um einen Trunk Bier froh gewesen wäre, näherte sich dem Hauseck, aber das Mädchen sah ihm in die Augen und gab ihm ein Zeichen zurückzubleiben. Sie sprach ein paar Worte zu dem alten Kerl mit dem Tamburin, und dann kam sie auf ihn zu.

»Folg mir in den Obstgarten«, sagte sie. Sie ging ihm voran zu einem geschützten Ort, und hier, im stillen Sternenschein, fern von den flackernden Kerzen, erkannte er in ihr Grace Hutchens, die lange Zeit seine Liebste gewesen war, aber sie war vor drei oder vier Jahren gestorben, oder wenigstens nahm man an, daß sie gestorben war. »Dank den Sternen, lieber William«, sagte sie, »daß ich Ausschau hielt, um dich zurückzuhalten, sonst wärst du in diesem Augenblick schon so geworden, wie die Kleinen Leute sind, so wie ich es bin, weh mir!«

Er hätte sie gern geküßt, aber sie warnte ihn heftig davor, sie zu berühren oder von den Früchten zu essen oder eine Blume abzupflücken, wenn er je wieder nach Hause kommen wolle. »Denn mein Verderben war es, in diesem verwunschenen Obstgarten eine verlockende Pflaume zu essen«, sagte sie. »Es mag dir seltsam erscheinen, aber es geschah durch meine Liebe zu dir, daß ich hierhergekommen bin. Die Leute glaubten, und es schien auch so, daß ich tot auf der Heide gefunden worden bin; das aber, was von mir begraben wurde, war nur ein Wechselleib oder ein Scheinkörper und nicht der meine, so glaube ich, denn mir ist, als sei ich immer noch ganz die gleiche wie früher, als ich deine Liebste war.«

Als sie das sagte, quiekten mehrere dünne Stimmchen:

»Grace, Grace, bring uns noch mehr Bier und Apfelmost, rasch, beeil dich!«

»Folge mir in den Garten, und bleibe dort hinter dem Haus. Paß auf, daß du nicht gesehen wirst, und um dein Leben rühre an keine Frucht und an keine Blume.«

Herr Noy bat sie, ihm auch einen Trunk Apfelmost zu bringen, aber sie sagte, nicht ums Leben. Und bald kam sie zurück und führte ihn in einen Laubenweg, dort blühten Blumen aller Art, und da erzählte sie ihm, wie sie hergekommen war.

Eines Abends in der Dämmerung war sie draußen auf der Selena-Heide, um nach einem verlorenen Schaf zu sehen. Da hörte sie Herrn Noy nach seinen Hunden rufen, und so wollte sie auf der Abkürzung zu ihm gehen. Sie verlief sich an einem Ort, wo ihr die Farne über den Kopf reichten, und da streifte sie viele Stunden lang umher, bis sie zu einem Obstgarten kam, und dort erklang Musik. Aber obgleich die Musik manchmal ganz nahe zu sein schien, konnte sie aus dem Obstgarten nicht herauskommen, sondern ging umher wie von Kobolden irregeleitet. Als sie zuletzt von Hunger und Durst erschöpft war, pflückte sie eine schöne goldgelbe Pflaume von einem der Bäume und begann sie zu essen. Sie löste sich in ihrem Mund in herbes Wasser auf, und sie fiel ohnmächtig zu Boden. Als sie wieder zu sich kam, sah sie sich von einer Schar Kleiner Leute umgeben, die lachten und freuten sich, weil sie ein ordentliches Mädchen bekommen hatten, das für sie backen und brauen und sich um ihre sterblichen Kinder kümmern konnte. Die waren nicht so kräftig, so sagten sie, wie in früheren Zeiten.

Sie sagte, sie führten ein unnatürliches, ein Scheinleben.

»Sie haben wenig Vernunft und Gefühl. Was ihnen gewissermaßen dafür dient, ist nur die Erinnerung an das, was ihnen gefiel, als sie als Sterbliche lebten – vielleicht vor Tausenden von Jahren. Was hier wie rotbackige Äpfel aussieht und wie andere köstliche Früchte, das sind nur Schlehen, Hagebutten und Brombeeren.«

Herr Noy fragte sie, ob Elfenkinder zur Welt kämen, und sie antwortete, daß nur gelegentlich ein Elfenkind geboren würde, und dann gäbe es großen Jubel – jeder kleine Elfenmann, wie alt und verhutzelt er auch ist, sei stolz, für den Vater gehalten zu werden. »Denn du mußt bedenken, daß sie nicht unseren Glauben haben«, sagte sie als Antwort auf seinen erstaunten Blick, »sondern sie sind Sternanbeter. Sie leben nicht immer zusammen wie Christen oder wie die Turteltauben. Wenn man ihre lange Lebenszeit betrachtet, müßte eine solche Beständigkeit für sie ermüdend sein. Jedenfalls scheint dieser kleine Stamm so zu denken.«

Sie erzählte ihm auch, daß sie nun mit ihrem Zustand zufriedener sei, seit sie die Gestalt eines kleinen Vogels annehmen und in seiner Nähe umherfliegen konnte. Als sie weggerufen wurde, glaubte Herr Noy, er könnte einen Weg finden, sie beide zu retten. So nahm er seine Gartenhandschuhe aus der Tasche, stülpte sie um mit der Innenseite nach außen und warf sie unter die Elfen. Sogleich verschwand alles, Grace und alle anderen, und er fand sich allein in dem verfallenen Schuppen stehen. Etwas schien ihn am Kopf zu treffen, und er fiel zu Boden.

Wie viele andere Besucher des Elfenlandes kümmerte Herr Noy so dahin, und das Leben bedeutete ihm nach seinem Abenteuer nichts mehr.

Die Hand mit dem Messer

Es war ein kleines Mädchen, das hatte drei Brüder, die galten bei der Mutter alles, und es wurde überall zurückgesetzt, hart angefahren und mußte tagtäglich morgens früh ausgehen, Torf zu graben auf dürrem Heidegrund, den sie zum Kochen und Brennen brauchten. Noch dazu bekam es ein altes und stumpfes Gerät, womit es die sauere Arbeit verrichten sollte.

Aber das kleine Mädchen hatte einen Liebhaber, der war ein Elfe und wohnte nahe an ihrer Mutter Haus in einem Hügel, und sooft es nun an dem Hügel vorbeikam, so streckte er seine Hand aus dem Fels und hielt darin ein sehr scharfes Messer, das von sonderlicher Kraft war und alles durchschnitt. Mit diesem Messer schnitt sie den Torf bald heraus, ging vergnügt mit der nötigen Ladung heim, und wenn sie am Felsen vorbeikam, klopfte sie zweimal dran, so reichte die Hand heraus und nahm das Messer in Empfang.

Als aber die Mutter merkte, wie geschwind und leicht sie immer den Torf heimbrachte, erzählte sie den Brüdern, es müßte ihr gewiß jemand anders dabei helfen, sonst wäre es nicht möglich. Da schlichen ihr die Brüder nach und sahen, wie sie das Zaubermesser bekam, holten sie ein und rangen es ihr mit Gewalt ab. Darauf kehrten sie zurück, schlugen an den Felsen, als sie gewohnt war zu tun, und wie der gute Elf die Hand herausstreckte, schnitten sie sie ihm ab mit seinem selbeigenen Messer. Der blutende Arm zog sich zurück, und weil der Elf glaubte, seine Geliebte hätte es aus Verrat getan, so wurde er seitdem nimmermehr gesehen.

Die gute Schwester

Es waren einmal ein König und sein Weib, die Königin, und sie hatten eine Tochter. Eines Tages bekam die Königin auch ein Knäblein. In der dritten Nacht nach der Geburt kamen die Moiren, um dem Kleinen sein Los zuzuteilen; und seine Schwester, die in seiner Nähe schlief, wachte auf und hörte, was sie redeten. Die eine von ihnen sprach: »Er soll, wenn er drei Jahre alt ist, ins Feuer fallen und verbrennen.« Die zweite sprach: »Nein! Wenn er sieben Jahre ist, soll er von einem Felsen stürzen.« Die dritte endlich sprach: »Nein! Er soll nicht verbrennen noch von einem Felsen stürzen, sondern wenn er zweiundzwanzig Jahre alt ist und sich verheiratet, soll am ersten Abend, da er mit seiner jungen Frau schlafen geht, eine Schlange oben vom Dachstuhl herunterkommen und ihn beißen.« Die Schwester merkte sich alles genau, was die Moiren gesagt hatten; sie ließ ihren kleinen Bruder nie allein und hatte immer acht auf ihn. Obgleich sie schon erwachsen war und in dem Alter stand, wo die Mädchen heiraten, so wollte sie doch seit jenem Tage, wo sie die Moiren so Schlimmes hatte verkünden hören, weder andere Kleider anlegen noch an Festlichkeiten teilnehmen, obwohl sie doch eine Prinzessin war, noch wollte sie heiraten; sondern sie schlich einher wie eine Unglückliche und weinte immer. Ihr Vater und ihre Mutter blickten mit großer Betrübnis auf sie und fragten sie, warum sie so traurig sei. Allein weder ihren Eltern noch irgendeinem anderen wollte sie's gestehen; sie blickte nur immer auf ihren Bruder und weinte. Als dieser nun drei Jahre alt war, näherte er sich eines Tages dem Feuer, das er schüren und mit den Flammen spielen wollte. Schon war er nahe daran, hineinzufallen und sich zu verbrennen, da riß ihn die Schwester noch hinweg, und so entrann das Kind dem bösen Schicksal, welches die erste der Moiren ihm vorausbestimmt hatte. Es wuchs nun heran und wurde sehr wild; und eines Tages, da es mit den anderen Kindern spielte, war es eben daran, von einem Felsen hinab in die Tiefe zu stürzen, da sprang seine Schwester, die ihm überallhin folgte, rasch herbei, faßte ihren Bruder beim Hemd und zog ihn zurück. Und so entrann er auch dem anderen bösen Schicksal, welches die zweite der Moiren ihm vorherbestimmt hatte. Er wurde allmählich groß und wurde ein sehr schöner Jüngling. Und als er das zweiundzwanzigste Jahr erreicht hatte, verheiratete er sich und nahm ein sehr schönes Mädchen, und das war auch eines Königs Tochter. Am ersten Abend nun, als das junge Paar sich niederlegen wollte, stürzte sich eine furchtbare Schlange, wie ein Balken so stark und noch stärker, vom Dachstuhl wütend auf den Prinzen herab und drohte ihn zu verschlingen. Aber da war wieder seine Schwester zur Stelle mit dem Schwerte ihres Vaters, und in dem Augenblicke, da die Schlange auf ihren Bruder losfuhr, zückte sie das Schwert und schlug sie tot. Und somit entrann jener auch dem von der dritten der Moiren ihm bestimmten Schicksal. Nun, da die drei Gefahren überstanden waren, von denen die bösen Moiren gesprochen hatten, erklärte die Tochter ihrem Vater und ihrer Mutter, aus welchem Grunde sie keine anderen Kleider hatte anlegen, nicht an Festlichkeiten teilnehmen und nicht heiraten wollen, so viele und so gute Männer auch ihre Eltern ihr vorgeschlagen, und warum sie ihrem Bruder überallhin nachgegangen sei. Jetzt entschloß auch sie sich zum Heiraten und bekam einen guten Mann. Und ihr Vater und ihre Mutter gaben ihr, was sie nur wünschte, zum Danke für ihren Edelsinn und für die Liebe, die sie ihrem Bruder bewiesen. Und der Bruder schenkte ihr noch mehr. Und so blieb das Königreich nicht ohne Erben, und die Tochter machte noch eine sehr gute Partie, wie ihr edles Herz es verdiente. – So handeln die guten Schwestern!

Der Spruch der Schicksalsfrauen

Anfang des Märchens. Guten Abend euch allen! Es war einmal in alten Zeiten ein junger Mann, ein Kaufmann, heißt es, der befand sich auf der Reise, und als es dunkel wurde, kehrte er in einem Haus ein. Die Frau seines Wirtes hatte kurz vorher ein Kind bekommen, und zwar ein Mädchen. Als nun die Leute im Haus sich schlafen legten, legte sich auch der Fremde nieder. Es war schon ein Teil der Nacht verstrichen, da hörte er drei Frauen sprechen. Er horchte auf, um zu vernehmen, was sie sagten. Da hörte er, daß von dem neugeborenen Kinde die Rede war. Die eine sagte: »Es soll einen guten Mann bekommen, wenn's groß geworden.« Das nämliche sagte auch die zweite. Die dritte aber sprach: »Nein! Es soll keinen anderen Mann bekommen als den Fremden, der hier auf der Erde liegt und schläft.« Als das der Fremde hörte, ward er zornig und sprach zu sich: »Was? Ich, ein kräftiger Mann von dreißig Jahren, soll diesen Teufel da heiraten?« Und damit stand er auf, ergriff das Kind und warf es zum Fenster hinaus. Es fiel aber mit der Seite auf einen Pfahl und wurde angespießt. Nun machte sich der Fremde aus dem Staube. Als nun am Morgen die Mutter aufstand und ihr Kind nicht mehr sah, suchte sie es in allen Ecken und fand es endlich an dem Pfahle hängend gleich einem kleinen Weinschlauch. Sie nahm es herunter und pflegte es gut, und das Kind genas. Nach Verlauf vieler Jahre beschloß jener Kaufmann, sich zu verheiraten, und hielt bei vielen an, erreichte jedoch seinen Zweck nicht. Nach einiger Zeit holte er sich eine Frau aus einem anderen Orte. Als nun am Abend beide zu Bette gingen, bemerkte der Mann, daß seine Frau in der Seite eine große Narbe hatte. Er fragte sie, woher das komme, und da erzählte sie ihm, wie einst, als sie klein war, ein Fremder, der im Haus ihres Vaters eingekehrt, sie zum Fenster hinausgeworfen habe, und wie sie auf einen Pfahl gefallen und an der Stelle, wo die Narbe zu sehen, angespießt worden sei. Das sagte ihr Mann zu ihr: »Höre, Weib, ich war jener Fremde, von dem du sprichst. Ich hörte damals die Moiren sagen, das neugeborene Kind solle mich zum Manne bekommen, darüber ärgerte ich mich, da ich bereits dreißig Jahre alt war. Nun sieh, wie die Moiren es fügen: was sie einmal bestimmen, daran ändern sie nichts.« So sprachen sie miteinander und schliefen gut, und wir noch besser.

Der Bauer und die Elfin

Es war einmal ein Bauer, der konnte mit dem Schichten seiner Garben neben der Dreschtenne nicht zurechtkommen, denn sooft er auch dachte, daß er sie recht fest aufeinandergeschichtet habe, fand er sie bald darauf wieder zusammengefallen. Da fragte er bei seinen Nachbarn nach, wer es wohl sein möchte, der ihm seine Garben umwürfe, und einer davon sagte ihm, daß dies die Elfen wären und daß er, um sie zu fangen, die Garben im Kreise auf die Tenne legen und sich in die Mitte legen solle; wenn dann die Elfen kämen und zu tanzen anfingen, so solle er der Vortänzerin das Tuch wegnehmen, das sie in der Hand schwinge.

Der Bauer tat, wie ihm sein Nachbar geraten hatte, und als die Elfen kamen und zu tanzen anfingen, sprang er auf und riß der Vortänzerin das Tuch aus der Hand. Da liefen die anderen weg.

Die Elfin aber, der das Tuch gehörte, verlangte dies von ihm, und er gab es ihr unter der Bedingung, daß sie seine Frau würde. Die Elfin willigte ein, heiratete ihn und gebar ihm ein Kind.

Darauf kamen die anderen Elfen und sagten zu ihr: »Komm wieder zu uns.«

Sie aber antwortete: »Ich kann nicht, denn ich habe einen Mann und ein Kind.«

»So nimm sie doch mit dir«, erwiderten jene.

Darauf nahm die Elfin ihren Mann und ihr Kind und ging mit ihnen zu den Elfen.

Die Elfenmühle

Es war einmal eine Frau, die hatte zwei Töchter, und sie schickte die eine zum Mahlen in die Mühle. Als das Mädchen zur Mühle kam, fand es statt des Müllers Elfen darin; die nahmen sie und schmückten sie wie eine Braut.

Darauf gingen die Elfen weg, um noch andere zu holen, und ließen das Mädchen mit einer Elfenalten allein in der Mühle zurück. Das Mädchen aber überredete die Alte, sie ziehen zu lassen; und diese half ihr, das Maultier mit Mehl zu beladen, und ließ sie ruhig fortgehen.

Als nun die Elfen in die Mühle zurückkamen und das Mädchen nicht mehr fanden, eilten sie ihr nach und holten sie auf dem Wege ein. Und wie sie das beladene Maultier sahen, auf dem das Mädchen zwischen den beiden Säcken saß, sagten sie zueinander: »Da ist der eine Sack, und da ist der andere Sack, und da ist auch der Mittelsack. Wo ist das Mädchen?«

Und sooft der schwarze Hahn krähte, wichen sie vom Maultiere zurück, und sooft der weiße krähte, kamen sie wieder heran. Doch kehrte das Mädchen mit ihrem Brautschmuck glücklich zur Mutter zurück. Da sagte die andere Tochter zur Mutter: »Nun will ich auch zum Mahlen in die Mühle reiten.« Als sie aber zur Mühle kam, packten sie die Elfen, nahmen sie und schlachteten sie.

Ein Schneider und ein Goldschmied wanderten zusammen und vernahmen eines Abends, als die Sonne hinter die Berge gesunken war, den Klang einer fernen Musik, die immer deutlicher ward; sie tönte ungewöhnlich, aber so anmutig, daß sie aller Müdigkeit vergaßen und rasch weiterschritten. Der Mond war schon aufgestiegen, als sie zu einem Hügel gelangten, auf dem sie eine Menge kleiner Männer und Frauen erblickten, die sich bei den Händen gefaßt hatten und mit größter Lust und Freudigkeit im Tanze herumwirbelten: sie sangen dazu auf das lieblichste; und das war die Musik, die die Wanderer gehört hatten. In der Mitte saß ein Alter, der etwas größer war als die übrigen, der einen buntfarbigen Rock trug und dem ein eisgrauer Bart über die Brust herabhing. Die beiden blieben voll Verwunderung stehen und sahen dem Tanz zu. Der Alte winkte, sie sollten eintreten, und das kleine Volk öffnete bereitwillig seinen Kreis.

Der Goldschmied, der einen Höcker hatte und wie alle Buckeligen keck genug war, trat herzu; der Schneider empfand zuerst einige Scheu und hielt sich zurück, doch als er sah, wie es so lustig herging, faßte er sich ein Herz und kam nach. Alsbald schloß sich der Kreis wieder, und die Kleinen sangen und tanzten in den wildesten Sprüngen weiter, der Alte aber nahm ein breites Messer, das an seinem Gürtel hing, wetzte es, und als es hinlänglich geschärft war, blickte er sich nach den Fremdlingen um. Es ward ihnen angst, aber sie hatten nicht lange Zeit, sich zu besinnen, der Alte packte den Goldschmied und schor in der größten Geschwindigkeit ihm

Haupthaar und Bart glatt hinweg; ein gleiches geschah hierauf dem Schneider.

Doch ihre Angst verschwand, als der Alte nach vollbrachter Arbeit beiden freundlich auf die Schulter klopfte, als wollte er sagen, sie hätten es gut gemacht, daß sie ohne Sträuben alles willig hätten geschehen lassen. Er zeigte mit dem Finger auf einen Haufen Kohlen, der zur Seite lag, und deutete ihnen durch Gebärden an, daß sie ihre Taschen damit füllen sollten. Beide gehorchten, obgleich sie nicht wußten, wozu ihnen die Kohlen dienen sollten, und gingen dann weiter, um ein Nachtlager zu suchen. Als sie ins Tal gekommen waren, schlug die Glocke des benachbarten Klosters zwölf Uhr; augenblicklich verstummte der Gesang, alles war verschwunden, und der Hügel lag in einsamem Mondschein.

Die beiden Wanderer fanden eine Herberge und deckten sich auf dem Strohlager mit ihren Röcken zu, vergaßen aber wegen ihrer Müdigkeit, die Kohlen zuvor herauszunehmen. Ein schwerer Druck auf ihren Gliedern weckte sie früher als gewöhnlich. Sie griffen in die Taschen und wollten ihren Augen nicht trauen, als sie sahen, daß sie nicht mit Kohlen, sondern mit reinem Gold angefüllt waren; auch Haupthaar und Bart waren glücklich wieder in aller Fülle vorhanden.

Sie waren nun reiche Leute geworden, doch besaß der Goldschmied, der seiner habgierigen Natur gemäß die Taschen besser gefüllt hatte, noch einmal soviel als der Schneider.

Ein Habgieriger, wenn er viel hat, verlangt noch mehr. Der Goldschmied machte dem Schneider den Vorschlag, noch einen Tag zu verweilen, am Abend wieder hinauszugehen, um sich bei dem Alten auf dem Berge noch größere Schätze zu holen. Der Schneider wollte nicht und sagte: »Ich habe genug und bin zufrieden: jetzt werde ich Meister, heirate meinen angenehmen Gegenstand (wie er seine Liebste nannte) und bin ein glücklicher Mann.« Doch wollte er, ihm zu Gefallen, den Tag noch bleiben. Abends hing der Goldschmied noch ein paar Taschen über die Schulter, um recht einsacken zu können, und machte sich auf den Weg zu dem Hügel. Er fand, wie in der vorigen Nacht, das kleine Volk bei Gesang und Tanz, der Alte schor ihn abermals glatt und deutete ihm an, Kohlen mitzunehmen. Er zögerte nicht, einzustecken, was nur in seine Taschen gehen wollte, kehrte ganz glückselig heim und deckte sich mit dem Rock zu.

»Wenn das Gold auch drückt«, sprach er, »ich will das schon ertragen«, und schlief endlich mit dem süßen Vorgefühl ein, morgen als steinreicher Mann zu erwachen. Als er die Augen öffnete, erhob er sich schnell, um die Taschen zu untersuchen, aber wie staunte er, als er nichts herauszog als schwarze Kohlen, er mochte so oft hineingreifen, als er wollte. »Noch bleibt mir das Gold, das ich die Nacht vorher gewonnen habe«, dachte er und holte es herbei, aber wie erschrak er, als er sah, daß es ebenfalls wieder zu Kohle geworden war.

Er schlug sich mit der schwarzbestäubten Hand an die Stirne, da fühlte er, daß der ganze Kopf kahl und glatt war wie der Bart. Aber sein Mißgeschick war noch nicht zu Ende, er merkte erst jetzt, daß ihm zu dem Höcker auf dem Rücken noch ein zweiter, ebenso großer vorn auf der Brust gewachsen war. Da erkannte er die Strafe seiner Habgier und begann laut zu weinen. Der gute Schneider, der davon aufgeweckt ward, tröstete den Unglücklichen, so gut es gehen wollte, und sprach: »Du bist mein Geselle auf der Wanderschaft gewesen, du sollst bei mir bleiben und mit von meinem Schatz zehren.« Er hielt Wort, aber der arme Goldschmied mußte sein Lebtag die beiden Höcker tragen und seinen kahlen Kopf mit einer Mütze bedecken.

Der Mann und die Elfen

Ein Mann schlief einmal auf seinem Acker ein. Da kamen die Elfen und wollten ihn erdrosseln, und wie sie darüber her waren, kamen zwei Frauen des Weges und weckten den Mann. Darauf stand er auf und ging nach Hause. Am Mittag kamen aber die Elfen an sein Haus und warfen es mit Steinen. Als er das hörte, fing er an, sich im Kreise zu drehen, bis er ohnmächtig hinfiel, und blieb liegen, bis die Elfen fortgingen. Darauf stand er auf, blieb aber siech. Da riet man ihm, er solle drei Sonnabende hintereinander zum Abendmahl gehen. Und als er das getan, war er wieder gesund.

Die Frau und die Elfen

Eine Frau ging einmal über Land. Während sie so ging, stieß sie auf Elfen, die ihre Mahlzeit hielten, und störte sie dabei. Da wurden diese zornig und prügelten sie, und darüber verlor sie den Verstand. Um sich zu heilen, ging sie mit einer anderen Frau an den Platz, wo sie den Elfen begegnet war. Dort machten sie Feuer an, legten drei Brezeln hin, die sie mit Honig beschmiert hatten, und gingen wieder fort. Da warfen ihnen die Elfen Steine nach, und als das die Wahnsinnige merkte, duckte sie sich und drehte sich um, um heimlich nach ihnen zurückzusehen, und davon starb sie auf der Stelle.

Die Schnitterin und die Elfen

Eine Frau und ihre Tochter schnitten einmal Korn auf ihrem Acker. Da entstand ein großer Wirbelwind, und die Mutter duckte sich. Die Tochter wollte sich aber nicht ducken. Da nahmen sie die Elfen und trugen sie auf einen Berg und behielten sie dort bei sich. Und dort war auch ein alter Mann, der wollte ihnen entfliehen. Sie holten ihn aber ein und hielten ihn fest.

Die Elfengelobte

Es war einmal eine Frau, die hatte keine Kinder. Da sprach sie: »Lieber Gott, beschere mir ein Mädchen; und wenn es groß ist, sollen es die Elfen haben.« Und es geschah, wie sie gewünscht hatte. Als nun das Mädchen herangewachsen war, da kamen die Elfen und sprachen zu ihm: »Sage deiner Mutter, sie solle uns das geben, was sie uns gelobt hat.« Und das Mädchen wußte nicht, daß es Elfen waren, sondern hielt sie für Frauen. Sie ging also zu ihrer Mutter und sagte: »Es kamen einige Weiber zu mir, die verlangten, ich möchte dir sagen, daß du ihnen geben solltest, was du ihnen gelobt hast. Was ist denn das?« Die Mutter aber sagte: Sie wisse von nichts. Darauf kamen die Elfen wieder zu dem Mädchen und sprachen wie vorher. Und als sie das der Mutter erzählte, sagte diese abermals: Sie erinnere sich keines Gelübdes. Da kamen die Elfen zum drittenmal, und sie sagte zu ihnen: »Meine Mutter hat euch nichts gelobt.« Da nahmen die Elfen das Mädchen und brachten sie in ihre Höhle. Und wenn das Mädchen weinte, so machten sie aus ihren Tränen Nelken und aus ihrem Lächeln Rosen. Dann stachen sie ihr die Augen aus und jagten sie fort. Sie aber ging, indem sie mit den Händen tastete, und fand einen Alten und sprach zu ihm: »Väterchen, laß mich in deine Hütte; denn ich bin eine Waise.« Da ließ er sie ein. Darauf erfuhr der König, daß aus ihren Tränen Nelken und aus ihrem Lächeln Rosen würden. Da befahl er, daß alle Mädchen in seinem Reiche Brezelbrote backen sollten: das Mädchen aber besteckte das ihre mit Nelken, die aus ihren Tränen, und mit Rosen, die aus ihrem Lächeln entstanden waren, und der König erklärte diese Brezel für die beste und nahm das Mädchen zur Frau.

Die Elfin als Hausfrau

Es war einmal ein armer Mann, der schlief zur Erntezeit auf seiner Tenne. In der Nacht kamen drei Nereiden und tanzten auf der Tenne, bis bei Tagesanbruch die Hähne krähten; zuerst krähte der weiße Hahn, da sprachen sie zueinander: »Es ist der weiße, der mag krähen!« und tanzten weiter. Darauf krähte der rote, und sie sprachen zueinander: »Es ist der rote, der mag krähen!« und tanzten weiter. Endlich krähte der schwarze; da riefen sie: »Jetzt ist es Zeit, unsere Flügel zu nehmen und aufzubrechen«, und flogen weg.

Der Mann aber beschloß, sich eine von diesen Nereiden zu fangen. Als sie nun in der folgenden Nacht wiederkamen und bis zum Tagesanbruch tanzten und der weiße und der rote Hahn nach der Reihe krähten, da sprachen sie wie in der ersten Nacht und fuhren fort zu tanzen; als aber der schwarze Hahn krähte, da riefen sie: »Jetzt ist es Zeit, unsere Flügel zu nehmen und aufzubrechen.« Der Mann hatte jedoch der jüngsten die Flügel weggenommen, und so konnte sie nicht fort, als die beiden anderen wegflogen.

Als sie weg waren, kam der Mann aus seinem Verstecke hervor und sprach: »Ich habe deine Flügel und will dich zur Frau nehmen.« Und sie sprach: »Ich bin es zufrieden.« Darauf nahm er sie mit in sein Haus, ließ sich mit ihr einsegnen und hielt sie wie seine Hausfrau. Sie aber gebar ihm einen Knaben und war wie die anderen Frauen. Nur wenn sie diese an den Feiertagen tanzen sah, erinnerte sie sich ihrer Tänze in der Luft und bat ihren Mann, ihr ihre Flügel zu geben, damit sie auch wieder einmal in der Luft tanzen könne. Der Mann aber sagte stets: »Nein, du bekommst sie nicht, denn wenn du sie hast, fliegst du weg.« Als nun der Knabe fünf Jahre alt war und die Weihnachten kamen, bat sie den Mann wiederum, ihr ihre Flügel zu geben, und versprach ihm hoch und teuer, wiederzukommen, wenn sie sich satt getanzt hätte. Da ließ sich der Mann beschwatzen und gab sie ihr. Sobald sie sie angelegt hatte, schwang sie sich damit in die Luft, eilte zum Tanzplatz, wo die anderen Frauen tanzten, und flog dreimal um diesen herum. Darauf sprach sie: »Lebe wohl, Mann, und habe acht auf unser Kind!« und verschwand.

Von da an kam sie jeden Tag in das Haus, wenn ihr Mann weggegangen war, buk Brot für ihn, gab dem Kinde zu essen und besorgte alle Geschäfte. Dann flog sie auf den Acker, wo ihr Mann war, und sagte zu ihm: »Guten Tag, Mann, wie geht es dir?« Dieser aber sprach: »Was soll ich dir sagen? Du hast mich betrogen, und ich bin dumm gewesen.« Da lachte sie und sprach: »So betrügen euch die Nereiden.« Darauf sagte sie ihm, daß sie sein Haus bestellt habe und daß er auf den Knaben achthaben und ihn nicht schlagen solle, weil er noch klein sei. So machte sie es jeden Tag, war aber nicht zu bewegen, wieder in ihrem Haus zu wohnen.

Das Fischerkind und die Elfen

Es war einmal ein Mann, der wollte auf den Fischfang gehen und nahm auch seinen kleinen Knaben mit; weil der aber unterwegs müde wurde, setzte er ihn auf einen Baum und sagte zu ihm: »Bleib schön ruhig hier oben, mein Kind; wenn ich zurückkomme, so nehme ich dich wieder herunter.«

Als der Knabe eine Weile auf dem Baume gesessen hatte, kamen zwei Raben herzugeflogen und baten ihn, daß er ihnen ein Stück Fleisch teilen möge, und der Knabe tat das.

Darauf kam ein Trupp Elfinnen, die nahmen den Knaben und trugen ihn in eine Höhle, gingen dann zu ihrer Mutter und sagten zu ihr: »Wir haben einen Knaben gefunden.«

»Wo habt ihr ihn hingebracht?«

»In eine Höhle.«

»Geht und bringt ihn hierher.«

Da gingen sie hin und brachten den Knaben zu ihrer Mutter, und er lebte nun eine Zeitlang bei ihnen. Als aber eine der Elfinnen beim Baden vom Blitze erschlagen wurde, fragte die Elfenmutter: »Das kommt uns von dem Menschenkind, das wir bei uns haben; nehmt es also und bringt es wieder an den Ort zurück, wo ihr es gefunden habt, denn sonst tötet uns der liebe Gott.«

Da nahmen die Elfinnen den Knaben und trugen ihn wieder auf den Baum; und als der Vater von dem Fischfang zurückkehrte, holte er ihn wieder vom Baume herunter und ging mit ihm nach Haus, und als sie zu Haus waren, erzählte der Knabe, wie es ihm ergangen sei.

Das Dornröschen

Es war einmal ein König und eine Königin, die hatten keine Kinder, wünschten sich aber tagtäglich ein Kind. Zu einer Zeit geschah es, daß die Königin badete und seufzete, als sie so allein war: »Ach, hätte ich doch ein Kind!« Da hüpfte ein Frosch aus dem Wasser und sprach: »Was du wünschest, soll dir werden!« Und darauf hat die Königin ein Töchterlein bekommen, das war schön über alle Maßen, und der König hatte darüber die größte Freude, daß sein liebster Wunsch erfüllt war, und stellte ein großes Fest an, zu dem er alle seine Freunde einlud. Nun lebten in dem Lande auch weise Frauen, die waren begabt mit Zauber- und Wundermacht und genossen große Ehrfurcht vor allem Volke; die lud der König auch ein und sie sollten auf goldnen Tellern essen. Damals hatten aber die Könige nicht so viele Schüsseln und Teller wie jetzt, und dieser König hatte nur ein Dutzend, das sind zwölf, und der weisen Frauen waren dreizehn, da konnte er auch nur zwölf einladen, und die dreizehnte blieb uneingeladen, was sie aber übelnahm.

Die weisen Frauen begabten das Königskind mit gar köstlichen Gütern, nicht mit Schönheit, denn die besaß es schon, sondern mit Liebenswürdigkeit, Heiterkeit, Anmut, Sanftmut, Bescheidenheit, Frömmigkeit, Sittsamkeit, Tugend, Aufrichtigkeit, Verstand und Reichtum, und eben wollte die zwölfte weise Frau auch noch ihren Wunsch aussprechen, als die dreizehnte in das Zimmer trat, die nicht eingeladen worden war, und zornig ausrief: »In funfzehn Jahren soll die Königstochter sich in eine Spindel stechen und tot hinfallen!«

Mit diesen Worten war die böse Alrune wieder verschwunden, und die andern standen starr vor Schrecken, denn die weisen Frauen machten keine vergeblichen Worte. Ein Glück, daß die zwölfte weise Frau ihren Wunsch noch nicht ausgesprochen hatte. Sie konnte zwar das, was einmal eine weise Frau gedroht hatte, nicht abändern, aber ihm doch eine mildernde Wendung geben, und rief: »Die Königstochter soll nur in einen tiefen Schlaf fallen, der soll hundert Jahre dauern und nicht länger.« Der König ließ sogleich ein Regierungsmandat im ganzen Lande ergehen, kraft dessen alle Spindeln überall abgeschafft und dafür die Spinnräder eingeführt wurden; indes erwuchs die schöne Königstochter zu einem Fräulein, das an Schönheit, Holdseligkeit, Freundlichkeit, Milde, Demut, Züchtigkeit, Herzensgüte, Tugend und Verstand seinesgleichen suchte, und so kam es zu seinem funfzehnten Jahre, von allen, die es kannten, geliebt, ja angebetet. Und da bekam die Prinzessin gerade Lust, sich im Schloß ein bißchen umzusehen, ging durch mehre[re] Gemächer und kam an eine Treppe, die zu einem alten Turm führte; diese stieg es hinan und kam an ein niedrig Kammertürlein, da steckte ein alter verrosteter Schlüssel daran, und neugierig, wie die ganz jungen Mädchen sind, drehte die Prinzessin an dem Schlüssel, und die Türe ging gleich auf.

Da saß ein uraltes Spinneweiblein und spann emsig mit einer Spindel; es mochte wohl des Königs Gesetz nicht gehört oder gelesen oder es längst vergessen haben. Die umhertanzende, auf- und niederwirbelnde Spindel machte der jungen Königstochter viel Freude, sie haschte nach der Spindel, wollte auch spinnen und stach sich damit, denn es war gerade der Tag, an welchem die Prophezeiung der erzürnten weisen

Frau in Erfüllung gehen sollte. Und die Königstochter fiel nieder in einen Schlaf. Und da überkam derselbe Schlaf auch den König und die Königin und das ganze Schloß. Da mag es schön langweilig gewesen sein!

Der ganze Hofstaat schlief ein, vom Hofmarschall bis zum Küchenjungen, den der Koch wegen eines Versehens gerade an den Haaren zauste und ihm eine Ohrfeige geben wollte, und Koch und Kellner, Kammerfrau und Kammerjungfer, Kind und Kegel, Hund und Katze, ja die Tauben und Sperlinge auf dem Dache, die Pfauen und Papageien und selbst die Fliegen an der Wand, die schliefen alle. Und das Feuer auf dem Herd legte sich und schlief ein, und der Wind legte sich auch, und wurde alles piepstill, daß man kein Mäuschen im ganzen Schloß mehr knuspern hörte, dieweil die Mäuslein auch schliefen. Und da kam kein Mensch mehr in das verzauberte Schlummerschloß, um welches rund herum eine mächtige Dornenhecke emporwuchs, jedes Jahr einige Schuh höher, bis sie den höchsten Turm überwachsen hatte, daß man nicht einmal die Fahne und den Wetterhahn mehr sah, und so dicht, daß kein menschliches Wesen eindringen konnte. Und da wurde das Schloß allmählich ganz vergessen, und es ging nur die Sage, hinter den Dornen stehe ein Schloß, darin schlafe das Dornröschen, die verzauberte Prinzessin, wie lange schon und wie lange noch, wisse niemand. Zwar kamen von Zeit zu Zeit Königssöhne, die wollten hindurchdringen durch die Hecke, allein dieselbe war allzu dicht, und konnten es nicht erlangen, blieben wohl gar in den Dornen verstrickt und kamen elendiglich darin um.

Und so waren nun hundert Jahre vergangen, und die Zeit war da, daß das Dornröschen wieder erwachen sollte, es wußte dies aber niemand genau, und da kam auch ein Königssohn, der hörte die Mär von dem schlafenden Dornröschen aus dem Mund eines Alten, der sie ihm gewiß versicherte, denn sein Vater und Urgroßvater hätten ihm oft davon erzählt, und der Alte mußte den Königssohn hin an die verrufene Dornhecke führen. Und das geschah just am hundertsten Jahrestag, seit das Dornröschen in seinen Zauberschlaf gefallen war. Und die Dornhecke stand über und über voll Rosenblumen, das war seit Menschengedenken nicht der Fall gewesen, auch konnte der Königssohn frei durch die Dornhecke gehen, kein Dorn berührte sein Gewand, aber gleich hinter ihm schloß sich die Hecke wieder. Und da fand er alles unversehrt; kein Wind hatte geweht und kein Regen genäßt, das Jahrhundert war über den Häuptern der Schlummernden so leise hinweggeflogen wie ein Schwan über einen stillen See voll träumender Wasserlilien. Da schliefen noch alle Fliegen und alle Mäuschen, da schliefen Huhn und Hahn, Katz und Hund, Magd und Zofe, Kammerherr und Kammerknecht und auch König und Königin. Das alles sah der Königssohn mit großer Verwunderung, ging nun hinauf in den Turm und kam in die Kammer, wo das süße Dornröschen lag und so sanft schlief, hehr umflossen vom Heiligenschein seiner Unschuld und vom Glanze seiner Schönheit. Da beugte der Prinz sich nieder und küßte das Dornröschen, und alsbald schlug es die Augen auf. Der Königssohn sagte ihm, wie alles sich zugetragen, und führte es herab in das Schloß.

Da erwachte alles, König und Königin, Zwerg und Zofe, Hunde und Pferde, Feuer und Wasser, Wind und Wetterhahn, und der Koch gab dem Küchenjungen die Ohrfeige, die er ihm vor hundert Jahren schuldig geblieben war, und alles ging wieder seinen Gang, und es wurde eine stattliche Hochzeit ausgerichtet, nämlich des Dornröschens mit dem Königssohn, der es aus dem Schlummer erlöst, und sie lebten glücklich und zufrieden miteinander, bis an ihr Ende.

Die Schicksalsfrauen

Es war einmal ein reicher Mann, dessen Frau hatte ihm nur Mädchen geboren. Aus Trauer darüber strich er sein Haus mit schwarzer Farbe an. Zu der Zeit wurde seine Frau wieder schwanger, und er schwor, seine Frau zu töten, wenn sie wieder ein Mädchen zur Welt bringen würde. Als die Frau das hörte, wurde sie sehr traurig und versteckte sich.

Als die Stunde herankam, daß sie gebären sollte, und ihre älteste Tochter sah, daß sie sehr traurig war, sprach sie zu ihrer Mutter: »Mutter! Komm, laß uns ins Gebirge gehen, damit du dort das Kind zur Welt bringst, weil der Vater dich töten will, wenn es wieder ein Mädchen ist.«

Die Mutter war einverstanden, und sie gingen ins Gebirge. Es nahte die Stunde der Niederkunft.

Es war Mitternacht.

Tiefe, tiefe Finsternis.

Herz und Kreuz taten ihr weh.

Es war eisig kalt.

Sie gebar einen Jungen.

Sie freuten sich sehr.

In der Ferne sahen sie einen Lichtschein. Sicher waren dort einige Schäfer, die ein Feuer angezündet hatten, um sich daran zu wärmen.

Die Tochter ging auf den Lichtschein zu, um etwas Feuer zu holen, damit auch sie ein Feuer entzünden und das Neugeborene wärmen konnten.

Wie sie so auf das Feuer zuging, sah sie schon von weitem drei Frauen um das Feuer sitzen. Die erste spann mit einem Spinnrocken, die zweite nahm den Faden auf, die dritte aber hielt eine Schere in der Hand.

Diese drei Frauen unterhielten sich miteinander, und das Mädchen hörte, was sie sprachen. Die erste sagte, daß einem reichen Manne ein Junge geboren sei und daß sie aufschreiben sollten, wie lange er leben und welches Schicksal er haben solle.

Sie gerieten in Streit; die erste sagte, daß er ein Jahr leben solle, die zweite, daß er länger leben solle, die dritte aber sprach: »Ich bin dafür, daß er zwanzig Jahre leben soll. Wenn er aber im zwanzigsten Lebensjahr heiraten und sich eine Frau nehmen will, so soll er, noch ehe er das Haus betritt, auf dem Wege sterben!«

Damit waren die drei Schicksalsfrauen einverstanden, und sie schnitten mit der Schere den Faden durch, den die erste Frau gesponnen hatte.

Als die Tochter der Wöchnerin das hörte, kehrte sie zu ihrer Mutter zurück und merkte sich alles, was sie gesehen und gehört hatte. Als sie zu ihrer Mutter kam, fragte diese sie, warum sie kein Feuer mitgebracht habe. Sie antwortete ihr, daß die Stelle sehr weit entfernt gewesen und daß sie aus Furcht vor Räubern nicht dorthin gegangen sei. Die Tochter verbarg vor ihrer Mutter all das, was sie am Feuer gehört und gesehen hatte.

Noch vor Tagesanbruch machten sie sich freudig auf und gingen nach Hause, um dem Vater zu sagen, daß Gott sie mit einem Sohn gesegnet habe. Als sie nach Hause kamen, freute sich der Vater sehr, und alle Verwandten, Bekannten und Freunde freuten sich mit. Sogleich befahl er, das Haus frisch zu kalken und in verschiedenen Farben zu streichen. Ein Fest folgte dem andern, und so vergnügten sie sich lange.

Das Kind wuchs von Tag zu Tag, bis es zwanzig Jahre alt und ein ganzer Mann geworden war. Da wollte der Vater ihn verheiraten. Die Tochter aber, die den Schicksalsfrauen am Feuer zugehört, aber niemandem etwas davon gesagt hatte, wollte nicht zulassen, daß ihr Vater den Bruder verheiratete. Als sie schließlich nichts mehr machen konnte, stimmte auch sie zu. Man verlobte den Jüngling mit einer wohlbehüteten Tochter eines reichen Mannes aus einer anderen Stadt.

Die Hochzeit kam heran, und man lud viele Hochzeitsgäste ein. Der Bräutigam, sein Vater und die Hochzeitsgäste machten sich auf den Weg, um die Braut abzuholen. Seine Schwester aber, die den Schicksalsfrauen zugehört hatte, zog sich Männerkleider an und Stiefel bis zum Knie.

Die Hochzeitsgäste kamen beim Schwiegervater an; sie aßen und tranken und nahmen dann die Braut mit, um sie in das Haus des Bräutigams zu führen. Unterwegs wurden die Hochzeitsgäste von der Mittagshitze überrascht, und um sich etwas zu erholen, ruhten sie sich auf einer Wiese im Schatten aus.

Der Bräutigam und seine Schwester, die sich nicht von ihm trennte, setzten sich etwas abseits unter einen großen

Ahornbaum. Der Bräutigam legte sich ein wenig zum Schlafen nieder, seine Schwester aber paßte auf ihn auf, weil sie wußte, daß ihm nach den Worten der Schicksalsfrauen etwas Böses widerfahren konnte. Sie zog ihre Stiefel aus, blieb aber weiterhin wachsam.

Da stürzte sich plötzlich vom Baum herab auf den Bräutigam eine Schlange. Seine Schwester aber, die auf der Hut war, fing die Schlange, als sie sich vom Baum herabstürzte, mit ihrem Stiefel auf und drückte den Stiefelschaft zu.

Dann ließ sie in einiger Entfernung ein großes Feuer anmachen, um die Schlange darin zu verbrennen. Das Feuer wurde angezündet und der Stiefel mit der Schlange hineingeworfen. Zuvor jedoch war der Bruder auf Geheiß der Schwester in die Kutsche gestiegen, die von allen Seiten mit Glasfenstern verschlossen war.

Die Schlange, die man in das Feuer geworfen hatte, begann zu zischen und zu züngeln. Als der Bräutigam das Zischen hörte, öffnete er das Fenster der Kutsche, um nachzusehen, was da los sei.

Da schnellte die Schlange in die Höhe, sprang in die Kutsche und biß den Bräutigam in die Stirn.

Dieser fiel vor Schmerzen um und starb auf der Stelle.

Da erzählte die Schwester allen die Geschichte ihres Bruders, wie ihr Vater zornig gewesen war, wie er die Mutter töten wollte, weil sie ihm nur Mädchen geboren hatte, wie sie schließlich in das Gebirge gegangen waren, wie die Mutter dort einen Jungen zur Welt gebracht hatte, wie sie dann zu dem Feuer gegangen war und dort drei Frauen, die Schicksalsfrauen, getroffen hatte, und wie diese beschlossen hatten, daß das Kind, bevor es als Bräutigam mit seiner Braut das

Haus betrete, sterben solle, so wie es auch geschehen war. Deshalb habe sie sich auch Männerkleider angezogen, um aufzupassen, daß ihm nichts geschehe, aber alles war umsonst gewesen.

Da sagten alle zum Vater, daß das, was einem Menschen vorherbestimmt und niedergeschrieben sei, sich unwiderruflich erfülle.

Dann gingen alle nach Hause, die Braut aber kehrte zu ihrem Vater zurück.

Die weisse Katze

Es war einmal ein König, der hatte drei gutgewachsene und mutige Söhne. Er fürchtete aber, daß sie noch vor seinem Tode Lust bekommen könnten, regieren zu wollen, ja es hatte sich sogar das Gerücht verbreitet, sie würben Anhänger, um ihm sein Königreich zu nehmen. Der König merkte zwar, daß er alt wurde, aber die Kräfte seines Geistes hatten noch nicht abgenommen, auch empfand er nicht die mindeste Lust, seinen Söhnen den Platz zu überlassen, den er selbst gut ausfüllte. Er dachte also, das beste Mittel, um selbst in Ruhe leben zu können, wäre, sie mit Versprechungen hinzuhalten, deren Erfüllung er dann immer noch vereiteln könne.

Eines Tages ließ er daher seine Söhne zu sich rufen, und nachdem er lange Zeit sehr gütig zu ihnen gesprochen hatte, sagte er: »Ihr werdet zugeben, meine lieben Söhne, daß mein hohes Alter mir nicht mehr so erlaubt, mich den Pflichten des

Staates zu widmen wie früher. Aus der Sorge, daß meine Untertanen darunter leiden könnten, will ich meine Krone einem von euch aufs Haupt setzen. Aber ihr müßt mir für diese Gabe etwas leisten und mir helfen, damit ich mich aufs Land zurückziehen kann. Ich glaube, ein kleiner, schöner, treuer und geschickter Hund würde mir dort eine angenehme Gesellschaft sein. Deshalb werde ich denjenigen unter euch zum Thronerben erklären, der mir den schönsten kleinen Hund bringen wird.«

Die Prinzen waren über den Wunsch ihres Vaters, einen kleinen Hund zu besitzen, sehr erstaunt. Aber die beiden Älteren dachten, es würde ihnen leicht gelingen, einen solchen Hund zu finden, und sie nahmen deshalb das Angebot an. Der jüngste Prinz aber war zu schüchtern und zu ehrfurchtsvoll, um seine Rechte geltend zu machen.

Nun nahmen sie Abschied vom König, der ihnen Geld und Juwelen mitgab und hinzufügte, sie sollten sich übers Jahr genau am gleichen Tag wieder einfinden und ihre kleinen Hunde mitbringen.

Ehe sie aber abreisten, gingen sie in ein Schloß, das nur eine Meile von der Stadt entfernt lag, und gaben dort große Feste und versprachen sich ewige Freundschaft. Dann reisten sie ab, nachdem sie vereinbart hatten, sich bei ihrer Rückkehr im gleichen Schlosse wieder einzufinden, um zusammen zum König zu gehen. Sie wollten von niemand begleitet sein, veränderten ihren Namen, um unerkannt zu bleiben, und ritten ab.

Jeder von ihnen nahm einen anderen Weg. Die beiden älteren Brüder hatten viele Abenteuer, aber wir erzählen nur die des jüngsten. Der war freundlich und hatte ein fröhliches und heiteres Gemüt, einen hübschen Kopf, einen edlen Wuchs, regelmäßig geformte Züge und schöne Zähne, er besaß viel Geschicklichkeit in körperlichen Übungen, wie sie ein Prinz haben soll. Er sang sehr gut, spielte Laute und Harfe mit großem Geschick; dabei konnte er auch malen: mit einem Worte, er hatte eine gute Schule und war zugleich tapfer und unerschrocken.

Fast alle Tage kaufte er nun Hunde, große und kleine: Windspiele, Doggen, Schäferhunde, Jagdhunde, Pudel, Möpse, Rehpinscher und so weiter. Wenn er einen schöneren Hund bekommen hatte, ließ er den weniger schönen wieder laufen, um den anderen zu behalten, denn es wäre ja unmöglich gewesen, ganz allein dreißig- bis vierzigtausend Hunde mitzunehmen, da er weder Kammerherren noch Diener oder Pagen bei sich führte. So setzte er seinen Weg fort, ohne ein bestimmtes Ziel zu verfolgen, als er einst in einem Wald von Dunkelheit, Regen und Sturm so plötzlich überrascht wurde, daß er den Weg nicht mehr sehen konnte.

Er ritt so einen Pfad entlang, und nachdem er ihn eine Zeitlang verfolgt hatte, sah er in der Ferne ein kleines Licht. Schnell näherte er sich und kam so an das Tor des prächtigsten Palastes, den er je erblickt hatte. Die Tür war von Gold und mit Edelsteinen verziert, deren reiner und glänzender Schein die Umgebung erhellte. Das war das Licht gewesen, welches der Prinz von weitem gesehen hatte. Die Mauern waren von durchsichtigem Porzellan, auf dem in Farbe die Geschichten aller Feen seit Beginn der Welt gemalt waren. Der Prinz betrat das Schloß und kam an eine andere goldene Tür, an der eine Rehpfote an einer Kette aus Diamanten hing. Er zog an der Rehpfote und hörte alsbald ein Glöckchen klingen, das dem Ton nach aus Gold und Silber sein mußte. Einen Augenblick später wurde die Tür geöffnet, ohne daß man etwas anderes gesehen hätte als zwölf Hände, die ihn ziemlich heftig in den Raum stießen. Voller Unruhe ging er weiter und legte für alle Fälle seine Hand ans Schwert, aber als er in einen mit Porphyr und Lasuren ausgelegten Gang kam, hörte er zwei reizende Stimmen, die sangen: »Edler Prinz, tretet nur ein!«

Da konnte er nicht mehr glauben, daß man ihm Böses tun wolle, indem man ihn so freundlich einlud, und als er sich zu einer großen Tür aus Korallen geführt sah, die sich bei seinem Näherkommen öffnete, betrat er einen großen Saal aus Perlmutt und andere, die durch verschiedene Malereien und Juwelen verziert waren. Ein weiterer Saal war durch Tausende und Abertausende von Lichtern erhellt, die auf Kronleuchtern, Wandleuchtern und Armleuchtern Platz fanden.

Nachdem er etwa sechzig Gemächer durchschritten hatte, hielten ihn die Hände an, die ihn bisher geführt hatten. Da sah er einen großen Lehnstuhl, der sich ganz von selbst zum Kamin bewegte. Gleichzeitig wurde dort ein Feuer entzündet, und die Hände, die ihm sehr schön – weiß, klein und zierlich – dünkten, kleideten ihn aus, denn er war von dem Unwetter ganz durchnäßt. Man reichte ihm, ohne daß er jemand gesehen hätte, ein so schönes Hemd, als wenn sein Hochzeitstag gewesen wäre, und einen Schlafrock von Goldbrokat, mit kleinen Smaragden bestickt. Die körperlosen Hände rückten einen Tisch vor ihn, auf dem sich ein prächtiges Waschbecken befand. Dann kämmten sie ihn mit einer Zartheit und Geschicklichkeit, daß es ihm Vergnügen machte. Endlich kleidete man ihn wieder an, aber nicht mit seinen

Gewändern, vielmehr brachte man ihm viel schönere. Schweigend ließ er alles geschehen und bewunderte, was um ihn vorging.

Als man ihn frisiert, gepudert, angekleidet, geschmückt und schöner als Adonis selbst gemacht hatte, führten ihn die Hände in einen prunkvollen Saal mit vergoldeten Möbeln. An den Wänden sah man Bilder mit den Geschichten der berühmtesten Katzen: die Katze, die auf den Rat der Mäuse an den Füßen aufgehängt worden war, den gestiefelten Kater Marquis von Carabas, die in Katzen verwandelten Hexenmeister, das Katzenfest und alle seine Feierlichkeiten – kurz und gut: es gab nichts Kurioseres als diese Bilder.

Der Tisch war gedeckt; es lagen darauf zwei Gedecke, jedes mit einem goldenen Besteck. Der Kredenztisch überraschte durch die Vielzahl der kostbaren Gefäße aus Bergkristall und seltenen Edelsteinen.

Der Prinz wußte nicht, für wen die beiden Gedecke bestimmt waren; da bemerkte er mehrere Katzen, die sich auf ein kleines Orchesterpodium setzten, das man dort angebracht hatte. Eine Katze hielt ein kleines Notizbuch, die andere schlug mit einer Notenrolle den Takt, die anderen hatten kleine Gitarren. Schließlich fingen sie alle zusammen an, in verschiedenen Tonarten zu maunzen und mit ihren Krallen die Saiten der Gitarren zu zupfen, so daß die seltsamste Musik ertönte, die man je gehört hat.

Der Prinz dachte gerade über all diese kuriosen Dinge nach, die er in diesem Palast erlebt hatte, als er bemerkte, wie eine kleine Gestalt eintrat, die kaum eine Elle hoch war. Diese kleine Gestalt war mit einem langen Schleier aus schwarzer Gaze bedeckt, zwei Katzen führten sie, in schwarze Mäntel gekleidet und mit Degen zur Seite. Zahlreiche andere Katzen liefen hinterher, einige trugen Fallen voller Ratten, andere Käfige mit Mäusen. Der Prinz kam aus dem Staunen nicht heraus und wußte nicht, was er denken sollte. Das schwarze Persönchen näherte sich ihm, und als es seinen Schleier lüftete, sah er die schönste kleine Katze, die je gelebt hat und je leben wird. Sie sah sehr jung und sehr traurig aus, miaute so sanft und reizend, daß es ins Herz drang, und sprach zu dem Prinzen: »Sei willkommen, Königssohn, meine maunzende Majestät sieht dich mit Freude.«

»Madame Katze«, erwiderte der Prinz, »Ihr seid sehr großmütig, mich mit soviel Güte zu empfangen. Aber mir scheint, daß Ihr kein gewöhnliches Tierchen seid, denn die Gabe der Sprache und dieser prächtige Palast beweisen das.«

»Königssohn«, antwortete die weiße Katze, »ich bitte Euch, hört auf, mir Komplimente zu machen! Ich bin schlicht in meinem Reden und meinem Benehmen, aber gut in meinem Herzen.« Dann wandte sie sich an ihr Gefolge und befahl: »Tischt auf und heißt die Musikanten schweigen, denn der Prinz versteht ihre Sprache doch nicht!«

»Sprechen sie denn etwas, Madame Katze?« fragte der Prinz. »Allerdings«, erwiderte sie, »wir haben hier Poeten von großem Verstande, und wenn Ihr einige Zeit hier bei uns bleibt, werdet Ihr Euch selbst davon überzeugen können.«

»Oh, es bedarf nur Eurer Versicherung, um es zu glauben«, antwortete der Prinz artig.

Nun wurde das Nachtmahl aufgetragen, wobei die Hände, deren Körper unsichtbar waren, bedienten. Zuerst trug man zwei Suppen herein: die eine von jungen Tauben, die andere von fetten Mäusen. Der Anblick der letzteren erschreckte den Prinzen, und so zögerte er, auch von der Taubensuppe zu essen, da er dachte, der gleiche Koch hätte beide Suppen angerichtet. Aber die kleine Katze versicherte ihm, daß seine Gerichte eigens zubereitet seien und daß er alles ruhig essen könne, weil nichts von Ratten oder Mäusen darinnen sei.

Während der Prinz aß, sah er ein kleines Medaillon, das die Katze trug und das ihn überraschte. Er bat sie, es ihm zu zeigen, in dem Glauben, es handele sich um den Meister Minagrobis. Aber zu seinem Erstaunen merkte er, daß es einen schönen, jungen Mann darstellte, der ihm selbst aufs Haar glich, so daß man ihn gar nicht hätte besser treffen können. Der Prinz ahnte wohl, daß ein Geheimnis darunter verborgen sein könne, aber er wagte es nicht, danach zu fragen, aus Angst, der Katze zu mißfallen oder sie zu kränken.

Nach dem Nachtmahl lud die weiße Katze ihren Gast in einen Saal, wo ein Theater errichtet war, auf welchem zwölf Katzen und zwölf Affen ein Ballett tanzten. Und so ging der Abend zu Ende.

Die weiße Katze bot ihrem Gast eine gute Nacht, die Hände, die ihn bisher geführt hatten, geleiteten ihn in eine Kammer, die im anderen Flügel des Palastes lag. Sie war sehr hübsch und niedlich: alles war mit Schmetterlingsflügeln ausgelegt, deren verschiedene Farben tausenderlei Blumen darstellten. Auch waren Federn von seltenen Vögeln, die man sonst kaum kannte, zur Verzierung verwendet. Die Bettvorhänge waren aus Gaze, mit vielen Bändern und Schleifen gerafft. Spiegel reichten von der Decke bis zum Fußboden, und die geschnitzten goldenen Rahmen zeigten kleine Amoretten.

Der Prinz legte sich zu Bett, schlief aber nur wenig, da ihn ein dumpfes Lärmen weckte. Die Hände halfen ihm sogleich aus dem Bett und zogen ihm Jagdkleider an. Als er in den Hof blickte, sah er dort an die fünfhundert Katzen, von denen einige Jagdhunde an der Leine führten, während andere in Jagdhörner bliesen.

Nun gab es ein großes Jagdfest. Die weiße Katze wollte jagen und bat den Prinzen, daß er sie begleite. Die dienstfertigen Hände führten ihm ein hölzernes Pferd vor, das gesattelt war und gut gebaut. Der Prinz aber zögerte, es zu besteigen, weil er dachte, es fehle ihm noch viel zum Ritter Don Quijote. Sein Widerstand nützte jedoch nichts, denn man setzte ihn auf das hölzerne Pferd, das einen Sattel aus Goldstickerei mit Diamanten trug. Die weiße Katze bestieg einen Affen, nachdem sie ihren Schleier abgelegt und ein Dragonermützchen aufgesetzt hatte, das ihr ein so martialisches Aussehen gab, daß sich alle Mäuse der Umgebung vor ihr fürchteten.

Nun gab es die reizvollste Jagd, die man sich denken kann. Die Katzen rannten schneller als die Hasen und Kaninchen, und die weiße Katze veranstaltete ein Wettrennen. Auch die Vögel waren nicht in Sicherheit, denn die Katzen erklommen die Bäume, und der große Affe, auf dem die Katze saß, trug sie bis zu den Nestern der Adler in die Höhe.

Als die Jagd beendet war, kehrte man in den Palast zurück. Der Prinz ließ sich weiter von den Händen bedienen und vergaß darüber schier seine Heimat. Manchmal tat es ihm leid, kein Kater zu sein, um so ein ganzes Leben in dieser vornehmen Gesellschaft verbringen zu können. »Ach«, sprach er dann zur weißen Katze, »unter welchen Schmerzen werde ich Euch verlassen, da ich Euch so herzlich liebe!«

Ein Jahr verfließt gar schnell, wenn man keine Sorgen

noch Kummer hat. Die weiße Katze wußte die Zeit, da er heimkehren mußte, und da er selbst nicht daran dachte, erinnerte sie ihn daran: »Weißt du auch«, sagte sie, »daß du nur noch drei Tage hast, um den kleinen Hund zu suchen, den der König, dein Vater, zu haben wünscht? Und weißt du, daß deine Brüder bereits schöne Hunde gefunden haben?« Da kam der Prinz zu sich und sagte: »Welcher Zauber hat mich das Wichtigste der Welt vergessen lassen? Wie soll ich nun Ruhm gewinnen und mein Glück machen? Wo werde ich einen Hund erhalten, wie man ihn braucht, um das Reich zu erwerben, und wo kann ich ein so schnelles Pferd finden, daß ich den langen Weg rechtzeitig bezwingen kann?« Da tröstete ihn die weiße Katze und sagte: »Königssohn, ängstige dich nicht, denn du hast ja mich zur Freundin. Du kannst ruhig noch einen Tag hierbleiben, denn wenn es auch in deine Heimat fünfhundert Meilen wären, so wird dich das hölzerne Pferd doch in weniger als zwölf Stunden hinbringen.«

»Ich danke dir, schöne Katze«, antwortete der Prinz, »aber es reicht nicht, daß ich rechtzeitig zurückkomme, ich muß ja meinem Vater auch einen kleinen Hund mitbringen.«

»Schau«, sagte die weiße Katze, »hier ist eine Eichel, in der sich ein schönerer Hund befindet, als du unter diesem Himmel finden kannst.«

»Ach, Madame Katze«, versetzte der Prinz darauf, »Majestät spotten meiner.«

»Nein«, erwiderte die weiße Katze, »halte die Eichel an dein Ohr, dann wirst du ihn bellen hören!« Der Prinz gehorchte, und in der Tat hörte er den kleinen Hund bellen, was ihn sehr freute, denn ein Hund, der in einer Eichel Platz hat, muß außerordentlich niedlich sein. Er wollte die Eichel gar zu gern öffnen, aber die weiße Katze sagte, der Hund würde unterwegs erfrieren, und es sei besser zu warten, bis er vor dem König, seinem Vater, stünde. Da bedankte sich der Prinz tausendmal und nahm seinen Abschied.

Er traf als erster bei dem vereinbarten Schloß ein, und bald danach kamen auch seine Brüder. Sie umarmten sich und erzählten von ihren Reisen, nur unser Prinz verschwieg seinen Brüdern seine Erlebnisse und zeigte ihnen einen häßlichen Hund, der als Ziehhund gedient hatte. So sehr sich auch die Brüder mochten, so empfanden doch die beiden Älteren insgeheim eine gewisse Freude über die schlechte Wahl des Jüngsten.

Am nächsten Morgen reisten sie zusammen im gleichen Wagen zu ihrem Vater. Die beiden Älteren hatten kleine Hunde in Körbchen, so hübsch und zierlich, daß man sie kaum anzurühren wagte. Der Jüngste nahm den armen Ziehhund mit, der so schmutzig war, daß man ihn gar nicht anschauen mochte. Als sie in den Palast des Königs kamen, begrüßte man sie und geleitete sie in das Gemach des Königs. Der wußte zunächst nicht, für wen er sich entscheiden sollte, denn die beiden kleinen Hunde der Älteren waren gleich schön; so stritten sich beide um die Thronfolge. Da trat der Jüngste hinzu und zog die Eichel aus der Tasche, die ihm die weiße Katze gegeben hatte. Er öffnete sie, und es lag ein winziger Hund in einem Körbchen aus Flaum darin, der sprang durch einen Fingerring, ohne ihn zu berühren. Als ihn der Prinz auf den Boden setzte, fing er gar an, eine Barkarole mit Kastagnetten zu tanzen, so federleicht wie die berühmteste italienische Tänzerin. Sein Fell spiegelte in vielerlei Farben, und seine Ohren hingen bis auf den Boden herab. Der König war ganz entzückt, denn es war unmöglich, etwas gegen die Schönheit des Hündchens zu sagen.

Er hatte aber noch gar keine Lust, seine Krone loszuwerden, denn der kleinste Stein daraus war ihm lieber als alle Hunde des Universums. Er sagte daher zu seinen Kindern, daß er mit ihren Bemühungen sehr zufrieden wäre, weil ihnen die Erfüllung seines ersten Wunsches so gut gelungen sei. Er wolle jedoch ihre Geschicklichkeit noch einmal prüfen, ehe er sein Wort erfülle. Er ließ ihnen deshalb ein Jahr Zeit, damit sie ein so feines Linnen suchen könnten, das durch das Öhr einer englischen Nähnadel ginge.

Da waren alle drei Brüder sehr traurig, sich noch einmal auf die Suche begeben zu müssen. Sie sagten sich Lebewohl und zogen ihres Weges, ohne so zärtlich Abschied zu nehmen wie das erstemal, denn der Ziehhund hatte ihre Liebe abgekühlt.

Unser Prinz schwang sich auf sein hölzernes Pferd, und da er keine andere Hilfe suchen wollte, als er durch die Freundschaft der weißen Katze gewinnen konnte, ritt er schnell davon und kehrte zu jenem Palast zurück, wo er schon einmal so gut aufgenommen worden war. Er fand alle Tore offen, und die Hände, die ihn bereits früher so gut bedient hatten, nahmen sich wieder seiner an, führten das hölzerne Pferd in den Stall und den Prinzen selbst in das Zimmer der weißen Katze. Diese lag in einem Körbchen von weißem Atlas, ihre Kleidung war vernachlässigt, und sie selbst machte einen niedergeschlagenen Eindruck. Als sie aber den Prinzen sah, tat sie tausend lustige Sprünge, um ihm ihre Freude zu bezeigen. »Wenn ich auch Ursache hatte, auf deine Rückkehr zu hoffen«, sagte sie zu dem Prinzen, »so bin ich doch von diesem

Glück überrascht, weil ich für gewöhnlich in meinen Wünschen wenig Erfolg habe.«

Der dankbare Prinz überhäufte die weiße Katze mit Liebkosungen, erzählte ihr vom Erfolg seiner Reise, von dem sie vielleicht mehr wußte als er selbst, und berichtete, daß der König ein Stück Linnen zu besitzen wünsche, das so zart sei, daß es durch ein englisches Nadelöhr ginge, daß er die Sache allerdings für unmöglich halte, jedoch alles von ihrer Freundschaft und Hilfe erhoffe. Die weiße Katze antwortete mit ernster Miene, daß zu seinem Glück in diesem Schlosse Katzen wären, die sehr gut zu weben verstünden, und daß auch sie selbst spinnen wolle und er ganz ruhig sein könne.

Das zweite Jahr verfloß wie das erste. Der Prinz konnte keinen Wunsch aussprechen, den ihm nicht die Hände alsbald erfüllt hätten. Die weiße Katze allerdings, die immer über sein Geschick wachte, machte ihn darauf aufmerksam, als die Zeit seiner Abreise nahte. Sie sagte ihm auch, daß sie ein ganz wunderbares Linnen gewoben hätte. Dann übergab sie ihm eine Nuß und sprach: »Öffne diese Nuß erst in Gegenwart des Königs! Du wirst das Linnen, das du von mir erbeten hast, darin finden.«

»Liebe weiße Katze«, antwortete der Prinz, »ich muß dir gestehen, daß ich von deiner Güte so überwältigt bin, daß ich lieber mein Leben hier bei dir verbringen würde als in der Herrschaft, die mir zusteht.«

»Königssohn«, sprach darauf die weiße Katze, »ich bin von der Güte deines Herzens überzeugt. Es ist dies eine seltene Sache bei den Prinzen, die von jedermann geliebt sein wollen, aber niemand wiederlieben wollen. Du zeigst, daß du eine Ausnahme zur Regel bist. Ich werde deine Liebe zu einer kleinen weißen Katze, die nur zum Mäusefang taugt, nicht vergessen.«

Der Prinz küßte ihr die Pfote und reiste ab. Und obwohl sein hölzernes Pferd sehr schnell war, kam er doch nicht so früh zum Palast seines Vaters, weil er durch das Gefolge aufgehalten wurde, welches ihm die weiße Katze mitgegeben hatte.

Als seine Brüder merkten, daß er nicht rechtzeitig eintraf, sprachen sie leise miteinander: »Das ist sehr gut! Entweder ist er tot oder er ist krank und kann so in dieser wichtigen Sache nicht mit uns wetteifern.« Sie breiteten also ihre Linnen aus, die in der Tat so fein waren, daß sie durch das Öhr einer groben Nähnadel gingen. Als jedoch der König die feine englische Nadel vorwies, zeigte es sich, daß ihr Linnen dieses Öhr nicht passieren konnte, was der König mit Freude bemerkte. Die Prinzen und ihre Freunde murrten viel bei diesem Streit, als die Ankunft des Jüngsten gemeldet wurde.

Nachdem unser Prinz seinen Vater und die Brüder begrüßt hatte, zog er aus einer mit Rubinen bedeckten Schatulle die Nuß hervor, brach sie auf und erwartete, darin das Linnen zu finden. Statt dessen fand er jedoch eine Walnuß, in der wiederum Haselnuß, Kirschkern, Mandel, Weizen- und Hirsekorn steckten. Er antwortete zwar nicht auf das Spotten des Hofes, wurde aber doch mißtrauisch und sprach bei sich: »Weiße Katze, weiße Katze, du hast dich über mich lustig gemacht!« Im selben Augenblick spürte er eine Katzenkralle, die seine Hand so sehr zerkratzte, daß ihm das Blut herablief. Er wußte nicht, ob ihn diese Kralle ermutigen oder entmutigen wollte, öffnete aber dennoch auch das Hirsekörnchen. Die Überraschung aller war nicht gering, als er daraus ein Stück

Linnen zog, das an die vierhundert Ellen lang war, so wunderbar gewebt, daß man darauf alle Vögel, Fische und Bäume der Erde erblicken konnte. Als der König das Linnen erblickte, wurde er ebenso bleich, wie der Prinz beim langen Suchen rot geworden war. Man reichte ihm die englische Nadel, und die Leinwand ging sechsmal durch das Öhr. Der König verstummte. Endlich, nach langem Schweigen, wandte er sich an seine Kinder und sagte: »Nichts erfreut mich so sehr in meinen alten Tagen als eure Gefälligkeit wider mich. Ich möchte sie jedoch auf eine letzte Probe stellen. Reiset also noch ein Jahr umher, und wer dann das schönste Mädchen bringt, soll sie heiraten und König werden. Ich schwöre, die versprochene Belohnung dann nicht länger zu verzögern!«

Diese Ungerechtigkeit traf nun vor allem unseren Prinzen, aber er wollte nicht dem Willen seines Vaters widersprechen und kehrte deshalb zu seiner ihm so lieben weißen Katze zurück. Diese wußte den Tag seiner Rückkunft und hatte den ganzen Weg mit Blumen bestreuen lassen. Sie lag auf einem persischen Teppich unter einem Baldachin aus Goldbrokat in einem Gemach, von dessen Fenstern sie ihn kommen sah.

»Wie steht es, Königssohn«, redete sie ihn an, »du kommst ja wieder ohne Krone zurück?« Er antwortete: »Deine Güte hätte mich instand gesetzt, sie zu gewinnen, aber ich bin überzeugt, es macht dem König, meinem Vater, mehr Kummer, sich von ihr zu trennen, als es mir Vergnügen machen würde, sie zu besitzen.«

»Das macht nichts«, entgegnete sie, »du darfst nichts unversucht lassen, um sie zu gewinnen. Ich werde dir auch weiter helfen, und da du nun deinem Vater ein schönes Mädchen vorführen sollst, werde ich dir eines suchen, welches den Preis verdient.«

Nichts vergeht so schnell wie die Zeit, wenn man keine Sorgen hat. Wenn sich nicht die weiße Katze wieder des Zeitpunkts erinnert hätte, der Prinz hätte den Termin verstreichen lassen, ohne sich weiter darum zu kümmern. Am Abend vorher eröffnete sie ihm, daß er eine der schönsten Prinzessinnen werde mitnehmen können. Es sei nun Zeit, das verhängnisvolle Werk einer Fee zu zerstören, und er müsse sich entschließen, ihr den Kopf und den Schwanz abzuhauen und beides schnell ins Feuer zu werfen. »Wie«, rief er aus, »sollte ich so grausam sein, dich zu töten? Willst du mich nur prüfen? Aber du weißt ja, daß ich unmöglich vergessen kann, was ich dir an Freundschaft und Dankbarkeit schuldig bin.«

»Nein, mein Königssohn«, antwortete die weiße Katze, »ich habe dich nicht verdächtigt, untreu zu sein. Aber tu das, was ich wünsche, und wir werden beide glücklich werden. Du wirst, bei meiner Ehre, erkennen, daß ich wirklich deine Freundin bin.«

Der Prinz sprach noch alle möglichen Zärtlichkeiten, um sie umzustimmen, aber sie blieb eigensinnig und wollte von seiner Hand sterben. Schließlich zog er zitternd seinen Degen und hieb mit unsicherer Hand seiner guten Freundin, der weißen Katze, den Kopf und den Schwanz ab. Im gleichen Augenblick erblickte er die lieblichste Verwandlung, die sich denken läßt, denn der Körper der weißen Katze wurde groß und zu einem schönen Mädchen, wie man es reizender nicht beschreiben kann.

Als der Prinz sie erblickte, war er so überrascht, daß er glaubte, verzaubert zu sein. Er konnte nicht sprechen, seine

Augen reichten nicht aus, sie gebührend zu bewundern, seine Zunge war zu starr, seine Bewunderung auszusprechen. Noch mehr aber wuchs sein Staunen, als er sah, wie eine große Anzahl von Damen und Herren eintrat, die alle ein Katzenfell über die Schulter geworfen hatten und die nun vor dem Mädchen, ihrer Königin, niederknieten. Sie empfing alle mit Zeichen der Güte, und nachdem sie sich eine Weile mit ihnen unterhalten hatte, befahl sie ihnen, sie mit dem Prinzen allein zu lassen, und sagte zu ihm: »Denkt nicht, Monsieur, daß ich immer eine Katze gewesen bin. Mein Vater besaß sechs Königreiche. Er liebte meine Mutter zärtlich und ließ ihr volle Freiheit des Willens. Reisen war ihre Lieblingsbeschäftigung, und da sie einmal von einem Berg gehört hatte, von dem man sich wunderbare Begebenheiten erzählte, beschloß sie, dorthin zu fahren. Als sie unterwegs war, erzählte man ihr, daß in der Nähe ein Feenschloß stünde, in dessen Garten die besten Früchte seien, die man jemals genossen hätte. Da hatte meine Mutter, die Königin, eine große Lust, von jenen Früchten zu kosten. Sie kam an das Tor eines prächtigen Palastes, aber sie klopfte vergeblich an, niemand öffnete ihr, und der Palast schien wie ausgestorben. Ihr Verlangen nach den Früchten stieg durch diese Schwierigkeiten. Sie ließ Leitern holen, um über die Mauer in den Garten zu steigen. Sicher hätte sie auch ihren Zweck erreicht, wenn die Mauer nicht beim Hinaufsteigen immer höher geworden wäre, so als ob jemand unsichtbar daran arbeitete.

Es wurde zwar eine Leiter auf die andere gestellt, aber sie brachen schließlich nur unter dem Gewicht zusammen und verletzten diejenigen, die auf ihren Sprossen gestanden hatten. Die Königin war sehr verzweifelt: vor sich sah sie die hohen Bäume voller köstlicher Früchte, und sie verlangte, davon zu essen oder zu sterben. Sie ließ deshalb vor jenem Palast Zelte errichten und hielt dort hof, wohl sechs Wochen lang. Sie schlief nicht und aß nicht und sprach von nichts anderem als von den Früchten des unerreichbaren Gartens. Endlich wurde sie krank, ohne daß man ihr Hilfe bringen konnte. Die unerbittlichen Feen erschienen nicht, solange man auch vor dem Palast wartete.

Eines Nachts, als die Königin kaum eingeschlafen war, erwachte sie wieder und sah eine kleine häßliche Alte auf einem Lehnstuhl am Bett sitzen. ›Wir finden es sehr zudringlich, Majestät‹, sagte diese, ›daß Ihr unbedingt von unseren Früchten essen wollt, aber weil es um Euer kostbares Leben geht, so wollen meine Schwestern und ich Euch erlauben, soviel davon mitzunehmen, als Ihr tragen könnt. Aber Ihr müßt uns dafür ein Geschenk geben.‹

›Ach, Mütterchen‹, rief die Königin aus, ›sprecht, was Ihr wollt, ich gebe Euch meine Reiche, mein Herz, ja meine Seele, wenn ich nur von Euren Früchten bekomme.‹

›Wir begehren, Majestät‹ erwiderte die Alte, ›Eure Tochter, von der Ihr bald Mutter werdet. Wir werden sie holen, sobald sie geboren ist. Sie soll bei uns erzogen werden, sie soll mit Schönheit und Klugheit bedacht werden, kurz: sie soll unser Kind sein, und wir wollen sie glücklich machen. Aber Eure Majestät wollen bedenken, daß Ihr sie nicht wiedersehen dürft, bis sie verheiratet sein wird. Wenn Ihr unseren Vorschlag annehmt, so werde ich Euch sogleich gesund machen und in unseren Obsthain führen, denn trotz der Nacht wird es hell genug sein, daß Ihr nach Herzenslust auswählen könnt. Wenn Euch meine Worte nicht gefallen, so schlaft wohl, denn dann gehe ich zu Bett.‹

›Welch harte Bedingungen Ihr stellt‹, entgegnete die Königin, ›aber ich will sie lieber annehmen als sterben. Denn so könnte ich keinen Tag mehr leben und würde mit mir auch meine Tochter zugrunde richten.‹

Nun berührte die Fee meine Mutter mit einem kleinen goldenen Stab und sprach: ›Majestät, Eure Krankheit seid Ihr los.‹ Die Königin fühlte sich auf der Stelle gesund, ließ ihre Hofdamen kommen und teilte ihnen mit fröhlicher Miene mit, daß sie genesen sei und aufstehen wolle, da ihr die verschlossenen und verriegelten Tore des Feenpalastes nun geöffnet würden und sie so von den Früchten werde essen können. Ihre Damen kleideten sie an, und die Königin folgte eilends der alten Fee, die auf sie gewartet hatte.

Sie trat in den Palast ein, in dem alles schön und wunderbar eingerichtet war. Ihr werdet es leicht glauben, Monsieur«, fügte die weiße Katze hinzu, »wenn ich Euch sage, daß es derjenige war, in dem wir uns im Augenblick befinden. – Zwei andere Feen, etwas jünger als jene, die meine Mutter eingeführt hatte, empfingen sie freundlich am Tore. Die Königin bat sie, doch gleich in den Garten geführt zu werden, wo die besten Früchte hingen.

›Wir sind gern bereit‹, sagten die Feen, ›aber erinnert Euch des uns gemachten Versprechens, das Ihr nicht widerrufen dürft.‹

›Ich bin ja überzeugt‹, entgegnete die Königin, ›daß man sich bei Euch wohl fühlt; und wenn nicht der König, mein Gemahl, wäre, so würde ich bei Euch bleiben, denn dieser Palast ist wirklich sehr schön. Fürchtet also nicht, daß ich mein Wort breche!‹ Da waren die Feen sehr zufrieden, öffneten alle ihre Gärten und ließen die Königin darin drei Tage zubringen. Dann pflückte die Königin sich Früchte als Vorrat, denn die Feen-Früchte verderben niemals, und mit viertausend Tragtierlasten kehrte sie nach Hause zurück. Der König war entzückt, daß die Königin glücklich zurückgekehrt war, und der ganze Hof freute sich mit ihm. Es wurden Bälle, Maskenspiele und Festivitäten veranstaltet, wobei die Früchte, welche die Königin mitgebracht hatte, aufgetischt wurden. Der König bevorzugte diese Früchte vor allen anderen Speisen, und da er von der Vereinbarung der Königin mit den Feen nichts wußte, fragte er sie oft, aus welchem Lande sie diese Köstlichkeiten mitgebracht habe. Sie antwortete hierauf einmal, daß sie auf einem fast unzugänglichen Berge wüchsen, ein andermal, daß man sie in Tälern fände, und schließlich, mitten in einem Wald. Der König wunderte sich über diese Widersprüche und fragte ihre Begleitung, aber die Königin hatte so streng verboten, ihre Abenteuer zu erzählen, daß niemand davon zu sprechen wagte.

Im Laufe der Zeit wurde die Königin schwermütig, weil sie immer an ihr den Feen gegebenes Versprechen dachte. Sie seufzte ständig und veränderte sich sehr. Der König geriet darüber in Sorge und drängte die Königin, ihm die Ursache ihres Kummers zu entdecken, und nach vielen Mühen erzählte sie ihm, was zwischen ihr und den Feen vorgefallen war, und daß sie ihnen ihre Tochter versprochen habe, welche sie bald zur Welt bringen würde. ›Was?‹ rief der König, ›wir haben keine Kinder, und du weißt, wie sehr ich mir welche wünsche! Und wegen einiger Früchte versprichst du mir nichts, dir nichts deine Tochter! Du mußt gar keine Liebe zu mir haben!‹ Und damit ließ er sie in einen Turm sperren und stellte Wachen an die Tore, um zu verhindern, daß jemand sie besuche.

Die unguten Vorfälle zwischen König und Königin betrübten den Hof unendlich. Alle zogen ihre Staatskleider aus und legten schlichte Trauergewänder an, um sich dem allgemeinen Schmerz anzupassen. Aber der König war unerbittlich. Er sah seine Gemahlin nicht mehr an und ließ mich, sobald ich geboren war, in seinen Palast bringen, um mich dort erziehen zu lassen. Die Feen erfuhren alles, was geschah. Sie waren sehr zornig darüber und verlangten mich, denn sie betrachteten mich als ihr Eigentum und bezeichneten es als Diebstahl, daß ich ihnen nicht übergeben wurde. Als der König auf all ihre Vorstellungen taub blieb, ließen sie einen furchtbaren Drachen los, der alle Orte vergiftete und groß wie klein auffraß. Der König geriet dadurch in schwere Sorgen. Er hatte eine Fee zur Freundin, die schon sehr alt war; zu der ging er und machte ihr Vorwürfe, daß sie bei solchen Verfolgungen untätig bliebe.

›Was soll ich tun?‹ fragte die Fee. ›Ihr habt meine Schwestern erzürnt, und sie haben viel mehr Macht als ich. Auch handeln wir nicht gegeneinander. Sucht meine Schwestern zu besänftigen, indem Ihr ihnen Eure Tochter gebt, denn die kleine Prinzessin gehört ihnen.‹

Der König, mein Vater, liebte mich innig. Aber er sah keine andere Wahl, um mich von dem schrecklichen Drachen zu befreien, und so erklärte er sich bereit, mich den Feen zu übergeben, wenn ich geliebt und meinem Stande gemäß erzogen würde. Die Fee gab ihm endlich zu verstehen, er müsse mich in meiner Wiege auf den Blumenberg tragen, sie aber wolle ihre Schwestern verständigen.

In seinen Palast zurückgekehrt, ließ der König seine Gemahlin mit ebensoviel Pomp und Prunk zurückholen, als er mit Zorn und Wut sie einst verbannt hatte. Mit Tränen in den Augen bat er sie, den Kummer zu vergessen, den er ihr bereitet hatte. Die Königin antwortete ihm, daß sie ja selbst nicht unschuldig sei, weil sie ihre Tochter leichtfertig den Feen versprochen habe, und wenn etwas zu ihren Gunsten spräche, dann nur der Zustand, in dem sie sich befunden habe. Der König erklärte meiner Mutter, daß er mich den Feen übergeben wolle, und nach vielen Widerreden willigte sie schließlich ein, und man bereitete alles für die Übergabe vor.

Ich wurde in eine Wiege aus Perlmutt gelegt, und der ganze Hof begleitete mich, jeder nach seinem Range. Während man den Berg hinaufstieg, hörte man eine melodische Musik, die langsam näher kam. Da kamen die Feen – sechsunddreißig an der Zahl – in einem feierlichen Zuge. Sie trugen Ölzweige als Zeichen, daß sie mit dem König Frieden schließen wollten. Als sie mich empfangen hatten, überhäuften sie mich mit vielen Liebkosungen, so daß es schien, sie wären nur da, um mich ganz glücklich zu machen.

Der Drache, den sie zur Strafe gegen meinen Vater ausgesandt hatten, wurde mit diamantenen Ketten gebunden und mußte ihnen als Flugboot dienen, auf dem sie mit mir zum Palast zurückkehrten. Dort hatten die Feen für mich einen Turm errichten lassen, in dem man wohl tausend Gemächer für alle Jahreszeiten finden konnte. Doch besaß der Turm keine Türen, und man konnte nur durch die hochgelegenen

Fenster hinein. Oben auf den Zinnen des Turms befand sich ein schöner Garten mit vielen Blumen und einem herrlichen Springbrunnen. An diesem Ort zogen mich die Feen auf, und das mit einer Sorgfalt, welche das der Königin gegebene Versprechen weit übertraf. Sie lehrten mich alles, was meinem Alter und meinem Stande gebührte, und da ich außer ihnen niemanden sah, wäre ich wohl mein ganzes Leben glücklich dort geblieben.

Die Feen kamen immer auf dem Drachen, von dem ich schon gesprochen habe, nannten mich ihre Tochter, und ich glaubte, es zu sein. Niemand blieb bei mir im Turm als ein Papagei und ein kleiner Hund, den sie mir zu meiner Unterhaltung gegeben hatten.

Die eine Seite des Turms grenzte an einen Wald hoher Bäume, und seit ich dort war, hatte ich nie ein menschliches Wesen erblickt. Eines Tages aber, als ich an dem Fenster zum Walde stand und mit meinem Papagei und meinem Hund plauderte, hörte ich ein Geräusch. Ich sah mich überall um und erblickte endlich einen jungen Mann, der stillstand, um unsere Unterhaltung zu belauschen. Bis dahin hatte ich Männer nur auf Bildern gesehen, und daher kannte ich die Gefahr nicht und betrachtete ihn. Er machte mir eine tiefe Verbeugung und schien zu überlegen, wie er mit mir sprechen könne, denn er wußte wohl, daß ich in dem Palast der Feen war. Als es Abend war, blies er in sein Horn, dann ging er fort, ohne daß ich gesehen hätte wohin, denn es war bereits zu dunkel. In tiefen Gedanken blieb ich zurück und hatte nun keine Lust mehr, mich mit meinem Papagei oder mit dem Hündchen zu unterhalten. Der Papagei verstand alles, denn er war sehr klug, aber er ließ sich nichts anmerken.

Sobald es Morgen wurde, stand ich auf, eilte an jenes Fenster und war entzückt, wieder den jungen Mann am Fuße des Turms zu erblicken. Er sprach mit mir durch ein Sprachrohr, das den Ton der Stimme weiter trägt, und fragte mich, ob ich es ihm übelnähme, wenn er alle Tage zu dieser Stunde unter mein Fenster käme. Wenn ich es erlaubte, sollte ich ihm etwas hinunterwerfen. Ich hatte einen Ring aus Türkis, den warf ich ihm schnell hinunter, und machte ihm Zeichen, sich zu entfernen, weil ich hörte, wie von der anderen Seite sich die Fee Violanta auf dem Drachen nahte, um mir das Frühstück zu bringen.

Beim Eintreten sagte sie als erstes: ›Ich rieche hier die Stimme eines Mannes. Drache, such!‹ Ich erstarrte vor Schreck, daß er zum anderen Fenster hinausfliegen und den jungen Mann verfolgen könnte, der mir so sympathisch war. Deshalb sagte ich: ›Du scherzest, liebe Mama, wenn du meinst, eine Menschenstimme zu riechen. Riecht denn eine Stimme überhaupt nach etwas? Und wenn das so wäre, wer könnte so frech sein, in diesen Turm zu steigen?‹

›Du hast recht, Tochter‹, sagte die Fee, ›ich freue mich, dich so klug reden zu hören.‹ Und damit reichte sie mir mein Frühstück und meine Spindel. ›Wenn du gespeist hast, vergiß nicht zu spinnen‹, fuhr sie fort, ›denn du hast gestern nicht gearbeitet, und meine Schwestern würden sonst böse werden.‹

Sobald sie gegangen war, legte ich meine Spindel beiseite und stieg auf den Söller, um die Gegend besser überschauen zu können. Ich hatte ein gutes Fernrohr, und nichts beschränkte den Ausblick. Ich sah nach allen Seiten und entdeckte meinen Ritter auf einem hohen Berg, wo er von vielen

Hofleuten umgeben war. Nun zweifelte ich nicht, daß er der Sohn eines benachbarten Königs sei. Und da ich Angst hatte, der Drache könne ihn entdecken, wenn er zum Turm zurückkehrte, sandte ich meinen Papagei aus mit der Bitte, er möge zu jenem Prinzen fliegen und ihm sagen, er solle nicht zum Turm zurückkehren, weil ich die Wachsamkeit meiner Wärter fürchten müsse.

Der Papagei richtete diesen Auftrag wie ein Vogel von Verstand aus, und alle waren erstaunt, daß er sich dem Prinzen auf die Schulter setzte und ihm die Botschaft ins Ohr flüsterte. Er richtete hundert Fragen an den Papagei und dieser ebensoviel an ihn, denn er war von Natur neugierig. Dann übergab ihm der Prinz einen Ring für mich, der war herzförmig und mit Diamanten besetzt. ›Es gehört sich, daß ich dich wie einen Gesandten behandle‹, sagte er zum Papagei, ›hier nimm mein Bild, zeige es aber nur deiner reizenden Herrin!‹ Damit band er ihm sein Bild unter den Flügel und steckte ihm den Ring in den Schnabel.

Ich erwartete die Heimkehr meines Papageis mit großer Ungeduld. Er berichtete mir, daß derjenige, zu dem ich ihn geschickt hatte, ein großer König sei, der nur für mich leben wolle, und wenn ihn auch noch so viele Gefahren bedrohen sollten. Er würde an den Fuß des Turms kommen und lieber alles wagen, als auf meinen Anblick zu verzichten. Diese Botschaft brachte mich in Verlegenheit, und ich fing an zu weinen. Die Feen, die mich besuchten, merkten es und glaubten, daß ich an Langeweile litte. Deshalb wollten sie unter den Zauberern nach einem Gemahl für mich suchen. Sie sprachen von mehreren und einigten sich schließlich auf den kleinen König ... Der Papagei hörte alles mit an, und als wir wieder allein waren, sagte er: ›Ach, wie bedaure ich Euch, meine Herrin, daß Ihr die Gattin von König ... werden sollt, denn er ist so häßlich, daß man sich vor ihm fürchten muß.‹

›Kennst du ihn denn, Papagei?‹ fragte ich. ›Aber freilich‹, antwortete er, ›ich bin mit ihm zusammen ja auf dem gleichen Ast erzogen worden.‹

›Wie? Auf dem gleichen Ast?‹

›Ja, denn er hat Füße wie ein Adler.‹

Diese Nachricht erschreckte mich so sehr, daß ich die ganze Nacht nicht schlafen konnte. Der Papagei und das Hündchen plauderten deshalb mit mir. Erst gegen Morgen schlief ich ein, erwachte aber bald wieder und eilte ans Fenster. Da sah ich den König, der mir die Arme entgegenstreckte und mir durch sein Sprachrohr zurief, daß er ohne mich nicht leben könne. Er beschwor mich, entweder aus dem Turm zu fliehen oder ihn einzulassen. Ich befahl dem Papagei, ihm zu sagen, daß es kaum möglich sein würde, seine Wünsche zu erfüllen, daß ich aber Mittel und Wege suchen wolle.

Der König ging und ließ mich in der größten Verlegenheit zurück, denn ich wußte nicht, wie ich aus dem Turm entrinnen sollte. Als die Fee Violanta kam, fand sie mich mit verweinten Augen. Sie fragte mich nach der Ursache, und ich antwortete, daß ich so gern kleine Netze haben würde, weil ich sonst die Vögel nicht fangen könnte, die immer von den Früchten fraßen. Noch am gleichen Abend ließ sie mir diese Netze bringen, sagte jedoch, ich solle nicht vergessen, mich herauszuputzen, weil bald König ... kommen würde.

Sobald sie mich verlassen hatte, fing ich an, eine Strickleiter zu knüpfen, die mir gut geriet, obwohl ich noch nie eine gesehen hatte. Dann schickte ich den Papagei zum König und ließ ihm ausrichten, daß er am nächsten Abend kommen solle, er werde eine Leiter vorfinden und das Weitere erfahren. Ich befestigte also die Leiter, fest entschlossen, mit ihm zu entfliehen, aber als er die Leiter sah, stieg er schnell herauf und betrat mein Zimmer, während ich alles für die Flucht Nötige vorbereitete.

Sein Anblick erfreute mich so sehr, daß ich die Gefahr ganz vergaß. Er schwor mir seine Treue und flehte mich an, seine Gattin zu werden. Wir wählten den Papagei und das Hündchen zu Trauzeugen, und wohl niemals ist eine Hochzeit unter erlauchten Personen mit weniger Glanz gefeiert worden, aber auch niemals sind zwei Herzen glücklicher gewesen als die unsrigen. Der Morgen war noch nicht gekommen, als der König mich verließ. Ich hatte ihm von der fürchterlichen Absicht der Feen erzählt, mich mit einer Mißgeburt zu verheiraten, und er war ebenso entsetzt wie ich selbst.

Als ich dem davoneilenden König nachblickte, sah ich einen feurigen Zug durch die Luft kommen, da wußte ich, daß da eine Fee oder ein Zauberer kommen würde. Bald darauf betrat die Fee Violanta mein Zimmer und sagte: ›Ich bringe dir eine frohe Nachricht: Dein Bräutigam ist vor einigen Stunden angekommen. Hier sind schöne Kleider und Edelsteine. Bereite dich, ihn zu empfangen!‹

›Wer hat Euch denn gesagt, daß ich ihn heiraten will?‹ sprach ich, ›ich werde seinetwegen keine einzige Nadel mehr anstecken, denn es ist nicht meine Absicht, ihn zu heiraten, und er mag mich schön oder häßlich finden, ich bin nicht für ihn.‹

›Zum Henker‹, schrie die Fee zornig, ›was bist du doch

für ein Dummkopf! Ich verstehe keinen Spaß und werde dich ...‹

›Was wirst du tun, um mich noch trauriger zu machen? Kann man noch elender leben als ich? Eingeschlossen in einem Turm, mit einem Papagei und einem Hündchen als Gesellschaft!‹

›Undankbare!‹ rief die Fee erbost. ›Verdienst du soviel Sorgen und Mühen?‹ Und sie eilte zornig zu ihren Schwestern und erzählte ihnen von unserm Streit.

Ich aber war so stolz, das Herz eines Königs zu besitzen, daß ich die Feen verachtete. Ich kleidete mich nicht an, zerzauste mir im Gegenteil die Frisur, um auf den König ... einen möglichst schlechten Eindruck zu machen. Unser Zusammentreffen erfolgte auf dem Söller, wohin er in seinem feurigen Wagen gefahren kam. Niemals, solange es Zwerge gibt, sah man einen kleineren. Er hatte zwei Adlerfüße und stützte sich deshalb auf Krücken von Diamant. Sein Königsmantel war nur eine halbe Elle lang und schleppte noch um ein Drittel nach. Sein Kopf war so groß wie ein Scheffel und seine Nase so lang, daß darauf ein Dutzend Vögel saßen, deren Gesang ihn zu ergötzen schien. Seine Ohren standen um eine Armlänge von seinem Kopfe ab, aber man bemerkte es kaum wegen einer hohen und spitzen Krone, die er trug. Sein feuriger Wagen verbrannte alle Blumen, Gräser und Früchte, an denen er vorüberfuhr. Schließlich näherte er sich mir mit ausgebreiteten Armen, aber ich hielt mich so gerade, daß ihn sein Stallmeister in die Höhe heben mußte. Da wandte ich mich um und floh in mein Zimmer, dessen Tür und Fenster ich fest verschloß, worauf sich der Zwerg sehr aufgebracht zu den Feen begab.

Als es Abend geworden war, ließ ich wieder die Strickleiter hinab, fest entschlossen, diesmal mit dem König zu entfliehen. Mein Gemahl kam, stieg herauf, und wir sprachen noch zusammen, als plötzlich die Fenster meines Zimmers eingeschlagen wurden, denn die Feen kamen auf dem scheußlichen Drachen angeritten, und der Zauberer folgte ihnen in seinem feurigen Wagen. Mein Gemahl griff, ohne zu erschrecken, nach seinem Degen und suchte mich gegen diese fürchterlichen Ungeheuer zu beschützen. Aber, o wehe, die grausamen Feen hetzten ihren Drachen auf ihn, der den armen König sogleich verschlang.

In meiner Verzweiflung wollte auch ich mich in den Rachen des Drachen stürzen, um meine Pein zu enden. Schon schnappte er nach mir, als ihn die Feen zurückriefen. ›Sie muß eine längere Strafe haben!‹ schrien sie, ›ein schneller Tod ist zu gnädig für dieses böse Wesen!‹

Dann berührten sie mich mit einem Zauberstab und verwandelten mich in eine weiße Katze, brachten mich in diesen prunkvollen Palast und verwandelten alle Herren und Damen des Königreichs in Katzen. So geriet ich in den trostlosen Zustand, in dem Ihr mich gefunden habt. Dazu verfügten sie den Spruch, daß ich nur durch einen Prinzen, der meinem entrissenen Gemahl aufs Haar gliche, von meiner Katzengestalt erlöst werden könne. Ihr, Herr, habt diese Ähnlichkeit. Ich war sofort davon überrascht, als ich Euch sah. Ich wußte nun alles, was geschehen würde, um meine Qualen zu beendigen.«

»Und werden die meinen von langer Dauer sein, schönste Dame?« fragte der Prinz, indem er sich ihr zu Füßen warf. »Ich liebe Euch schon mehr als mein Leben, Monsieur«, antwortete die Prinzessin, »doch wir müssen jetzt zu Eurem Vater reisen, wir werden dann sein Urteil über mich erfahren und wissen, ob er unsere Wünsche billigt.«

Da reichte ihr der Prinz die Hand, und sie gingen hinaus und stiegen in einen Wagen, der noch viel prächtiger war als alle andern, die er bisher gehabt hatte. Die Gebisse der Pferde waren von Smaragden und die Hufnägel aus Diamanten. Ähnliches ist nie zuvor gesehen worden.

Als sie in die Nähe jenes Palastes gekommen waren, welchen die Prinzen immer als Treffpunkt wählten, ließ die Königin ihre Kutsche anhalten. Sie ließ sich in eine Sänfte aus Kristall einschließen, welche innen Vorhänge hatte, so daß man nicht hineinsehen konnte. Junge hübsche Männer trugen diese Sänfte, indes der Prinz in der Kutsche blieb. Sobald er mit seinen Brüdern, welche außerordentlich schöne Prinzessinnen bei sich führten, zusammentraf, fragten sie ihn, ob er auch seine schöne Dame mitbrächte. Da antwortete er, er sei leider unglücklich gewesen und habe nur eine kleine weiße Katze mitgebracht. Seine Brüder fingen an, über seine Dummheit zu lachen, und riefen: »Eine Katze? Hast du Angst, daß unser Schloß von Mäusen aufgefressen wird?«

Danach nahm jeder seinen Weg für sich in die Stadt zum Palast des Vaters. Dessen Kammerdiener beeilten sich, ihm die Botschaft von der Ankunft seiner Söhne zu bringen. »Haben sie schöne Prinzessinnen dabei?« fragte der König. »Unvergleichlich schöne!« entgegneten ihm die Kammerdiener. Da kamen auch schon die beiden Älteren mit ihren wunderschönen Prinzessinnen. Der König empfing sie sehr freundlich und wußte nicht, wem er den Preis geben sollte. Dann sah er den jüngsten Sohn und fragte: »Kommst du denn diesmal ganz allein?«

»Eure Majestät werden in dieser Sänfte eine kleine weiße Katze finden; sie hat so weiche Samtpfötchen, daß sie Euch gefallen wird.« Der König lächelte und ging zu der Sänfte. Im gleichen Augenblick drückte die Königin auf eine Feder, und die kristallene Sänfte öffnete sich. Die Königin erschien schön wie die Sonne; ihr blondes Haar floß auf ihre Schultern herab und fiel in Locken bis zu den Füßen. Ihr Haupt war mit Blüten bekränzt, ihr Kleid von leichter, weißer Gaze, mit rotem Taft gefüttert. Sie stand auf und machte vor dem König eine tiefe Verbeugung. Da konnte er sich nicht zurückhalten und rief voll Staunen aus: »Das ist die Unvergleichliche, die meine Krone verdient!«

»Gnädigster Herr«, entgegnete sie, »ich bin nicht gekommen, um Euch Euren Thron zu rauben, den Ihr so würdig besitzt. Ich habe selbst sechs Königreiche. Erlaubt mir, daß ich Euch eines davon anbiete. Eine gleiche Gabe will ich jedem Eurer Söhne machen. Als Belohnung erbitte ich nur Eure Freundschaft und diesen jungen Prinzen als Gemahl.« Da bezeigte der König seine große Freude und Entzücken. Man feierte sogleich die Hochzeit der drei Prinzen, und der Hof gab sich mehrere Monde festlichen Vergnügungen hin.

Dann begaben sich alle in ihre Reiche, und die schöne weiße Katze machte sich unsterblich sowohl durch ihre Güte und Freigebigkeit wie durch ihre seltenen Tugenden und ihre große Schönheit.

Moral

Der Königin, die ihr Kind verschenkt
Um einer schnöden Gaumenlust,
Man ihre Tat mit Recht verdenkt.
Der Prinz gewann schier unbewußt
Ein Königreich von seiner Braut;
Was er zuerst als Kätzchen fand,
Ward ihm als Königin anvertraut,
Und so fand er zu Thron und Land.

Nachwort

Die belebte und unbelebte Natur als wichtiger Teil unserer Umwelt hat seit alters die Phantasie des erzählenden Menschen in besonderem Maße beeinflußt, war doch die vorwissenschaftliche Welt von einem magischen Weltbild bestimmt. Damit zusammenhängende Ansichten über den Elementbegriff haben in der Antike, vor allem aber in der Spätantike und im Mittelalter als sogenannte Dämonenlehren (Dämonologie) große Bedeutung erlangt, bis schließlich die Naturwissenschaft Erklärungsmodelle für das Bestehen der Weltordnung liefern konnte. Die Natur ist eine Schöpfung und auf eine überpersönliche Ordnung bezogen, die den Menschen umgibt, ihn jedoch auch als Teil des Ganzen einbezieht. Ethnologie wie Religionswissenschaft bezeichnen den Glauben an Seelen- und Geisterwesen und an eine beseelte Pflanzen- und Tierwelt auch als Animismus (zu lat. anima: Seele, auch Luft, Hauch). Solche Vorstellungen von der Seele, die jedem Ding innewohne, sind weltweit verbreitet. Spuren davon lassen sich in vielen Volkserzählungen, in Mythen und Geschichten von Naturvölkern finden und können als Phänomen bei Kindern beobachtet werden. Ein von Forschern vor allem des 19. Jahrhunderts angenommener Zusammenhang mit der Evolutionstheorie, daß der Seelenglaube eine bestimmte Stufe der Entwicklung darstelle, ließ sich jedoch nicht bestätigen und ist mittlerweile obsolet.

In der germanischen Mythologie und in Märchen und Sagen gelten Elfen und Feen als Verkörperung übernatürlicher Wesen. Sie werden aufgefaßt als Mittelwesen zwischen

Göttern und Menschen. Sie leben unter der Erde und im Wasser, an feuchten und dunklen Orten, und in der Luft, gehören demnach zur Gruppe der Elementargeister und werden oft allgemein als Dämonen, Jenseitige oder als Wesen der niederen Mythologie bezeichnet. Elementargeister sind nicht etwa als eine Erfindung der Schöpfer von neueren Märchen und Sagen anzusehen, sondern gewissermaßen als Rudimente spätantiker und mittelalterlicher Dämonenlehren aufzufassen. Das Potential der einzelnen Geister ist dabei beträchtlich, die ihnen zugeschriebenen Charakteristika weisen bestimmte Konstanten auf. Als Luftgeister gelten Sylphen und Elfen. Feuergeister sind Vulcani und Salamander. Zu den Wassergeistern gehören Nymphen, Nixen, Undinen, Melusinen, Najaden und Nereiden, die häufig zeitlich begrenzte eheähnliche Verbindungen zu Menschen eingehen. In der Erde halten sich, mit einer Fülle regional bekannter Namen ausgestattet, Zwerge, Heinzel- oder Wichtelmännchen auf. In seiner *Deutschen Mythologie* widmete Jacob Grimm den Weisen Frauen und den Elben ein eigenes Kapitel (Kap. XVI, XVII).

Die Geistwesen leben in menschlich gedachten Gemeinschaften, haben ein besonderes Reich mit einem König oder einer Königin und stammen von einer Urmutter ab, wie die Elfen von der Elfenmutter. Elfen oder Elben (Alben), in der altnordischen Religion als álfar bekannt, später in Skandinavien unter dem Namen Huldren (huldu-folk = verborgenes Volk) und in Irland, England und Schottland als Fairies oder Banshees, haben wie alle Geister ein ambivalentes Wesen und stehen den Menschen gut wie böse gegenüber. Vor allem in Sagenüberlieferungen Europas ist die Gleichsetzung von Elfen mit Teufeln und Hexen weit verbreitet; ebenso spielt das Thema der Verbindung zwischen Elf, Fee und Sexualität, das heißt das Motiv der erotischen Verlockung (Feenliebe), überregional eine große Rolle.

Die Elfen erscheinen als mächtig und gütig, aber auch als verletzlich und zornig; sie verfügen über die Gabe des Fliegens. Sie geben häufig festliche Gelage, tanzen und musizieren und belohnen alle diejenigen, die sich ihnen gegenüber freundlich zeigen. Neugierige und solche Menschen, die ihrem Treiben unerlaubt zuschauen, werden bestraft, nicht selten mit einem Augenvergehen wie der Blendung oder einer Körperstrafe wie Verstümmelung; diese Übertretung eines Sichtverbots gegenüber Jenseitigen ist ein Zug, der schon in antiken Überlieferungen aufscheint. Bei Kallimachos (*Hymni* 5, 101–102) heißt es etwa: »Wer einen der Unsterblichen anschaut, es sei denn, daß ein Gott ihn selbst erwählt, werde ihn sehen (nur) um hohen Preis.«

Die in weißer Gewandung aufgefaßten Elfen sind häufig unsichtbar und tragen Tarnkappen, die auch erbeutet werden können. Die Elfen, eigentlich die Elfinnen, sind mit außergewöhnlicher Schönheit ausgestattet. Männlich gedachte Elfen haben dagegen wie die Zwerge greisenhaftes Aussehen. Sie wärmen sich gern in den Strahlen der Sonne. Die Frauen tanzen mit Vorliebe im Mondlicht. Wer die weiblichen Geistwesen erblickt, ist von ihrer Schönheit so sehr angezogen, daß er den Verstand verliert. Elfen entführen auch Menschen, öfter Kinder, in ihre Behausungen (Erdhügel, Heideland) oder vertauschen Kinder, was sich in einer Fülle von Wechselbalgsagen niedergeschlagen hat. Eintritt in das Elfenreich erhalten Menschen nur nach besonderer Aufforderung und müssen sich den dort herrschenden Bedingungen unterwerfen. Machen sie freiwillig mit, leisten Hilfsdienste oder lassen sich Haupt- und Barthaar scheren, erwartet sie eine große Belohnung. Streben sie dagegen die Begegnung mit den Jenseitigen aus Habgier und Eigennutz an, um deren Schätze zu erhalten oder zu stehlen, so endet der Besuch in der Jenseitswelt tragisch (unsere Nr. 2). Als äußeres Zeichen für das Zusammentreffen mit den Jenseitigen tragen die Besucher eine körperliche Mißbildung davon wie in der bekannten Geschichte von den Geschenken des kleinen Volkes (Nr. 46): Die Brüder Grimm haben sie nach einer Vorlage Emil Sommers, der das Geschehen allerdings nicht bei den Elfen, sondern im Zwergenreich angesiedelt hat, in ihre Sammlung von *Kinder- und Hausmärchen* aufgenommen. Dieses Märchen endet – wie übrigens alle vergleichbaren Märchen aus der Spätphase der *Kinder- und Hausmärchen* – versöhnlich: Dem habgierigen Goldschmied, dem die Zwerge zur Strafe einen Buckel aufbürden, wird die Möglichkeit zur Hilfe eröffnet. Sein ehemaliger Wandergefährte, der bescheidene Schneider, nimmt den Deformierten in Güte und Barmherzigkeit auf.

Feen spielen in Märchen, seltener in Sagen, eine ganz unterschiedliche Rolle, ihr Vorkommen ist ausschließlich literarisch geprägt. Eine der frühesten Feengeschichten (unsere Nr. 10) findet sich im *Itinerarium Kambriae*, einem mit Merkwürdigkeiten und Wundergeschichten durchsetzten Reisebericht des walisisch-normannischen Autors Giraldus Cambrensis (ca. 1146 – ca. 1223): Der zwölfjährige Eliodorus läuft aus Schulangst weg, weil er von seinem Lehrer ständig geprügelt wird, verbirgt sich in einer Höhle und wird von Zwergwüchsigen ins Feenland geführt, das ihm gut gefällt. Doch verliert er das Vertrauen der Jenseitigen durch einen unbedachten Diebstahl und muß für immer das Feenland verlassen. Gerade ein solcher Tabubruch beendet öfter das harmonische Miteinander von Mensch und Jenseitsfigur, so daß ein guter Ausgang der Geschichte hier fehlt.

Als weibliche Zauberwesen sind die Feen von den beiden Geschlechtern zugewiesenen Elfen zwar abzugrenzen, aber in ihren Eigenschaften und Fähigkeiten gibt es im ganzen sehr viele Gemeinsamkeiten mit ihnen und verwandten Figuren wie den dolomitischen Vikanes, den griechischen Moiren (Schicksalsfrauen), den iranischen Peris oder mongolischen und mandschurischen Feengestalten. Ihr in Europa bekannter Name, abzuleiten aus fata, fatare (lat. Zauber, verzaubern) und verwandten Bildungen wie engl. Faerie, Fairy oder frz. Fée, frühneuhochdeutsch Fei, deutet auf eine wesentliche Eigenschaft hin: Diese Figur der niederen Mythologie kann zaubern bzw. schicksalhaft bestimmen. Besonders in der romanischen Überlieferung treten die Feen oft in einer Dreizahl auf und erinnern an die weiblichen Schicksalsgöttinnen der Spätantike. Die fast völlige Negierung des Begriffs Fee in deutschen Volkserzählungen – er fehlt z. B. in den weitverbreiteten Sammlungen der Brüder Grimm und Ludwig Bechsteins – dürfte auf eine bewußt herbeigeführte Abgrenzung zu den seit dem späten 18. Jahrhundert in Frankreich beliebten »Contes des fées« zurückzuführen sein, die als Feenmärchen im 18. und frühen 19. Jahrhundert sehr beliebt waren, aber ihre französische Herkunft nicht verleugnen konnten. Weil bekanntlich im Gefolge der Aufwertung mündlicher Überlieferungen eine eigenständige Märchen- und Sagenüberlieferung angestrebt wurde, schienen Feen als romanisches Kulturelement entbehrlich. So ist im deutschen Märchen- und Sagengut der Begriff Fee zwar seltener zu finden, aber in der Figur der Weisen Frau, der Zauberin oder auch der Hexe sind die wesentlichen Merkmale jener Jenseitsgestalt vereinigt. Die Fee lebt außerdem weiter in der Gestalt der Frau Holle oder der Hulda bzw. Percht(a), nicht selten auch namenlos in der Bezeichnung einer Weisen Frau (oder mehrerer). Die wohl bekanntesten Ausprägungen begegnen uns im Märchen von der Frau Holle oder im *Dornröschen*-Märchen (Nr. 53).

Unsere Auswahl stellt die wesentlichen Themenkreise aus der internationalen Märchenliteratur vor: das Feen- und Elfenreich, Feen als Paten und Mütter, Elbische Feen und Schicksalsfrauen und Feen-/Elfenliebe und Feenraub.

Verzeichnis der Quellen

1. Die erzürnten Elfen. – Irische Elfenmärchen [Verf. Thomas Crofton Croker]. Übers. von den Brüdern Grimm. Leipzig 1826, S. 9–12.
2. Fingerhütchen. – Irische Elfenmärchen [Verf. Thomas Crofton Croker]. Übers. von den Brüdern Grimm. Leipzig 1826, S. 12–19.
3. Die Mahlzeit des Geistlichen. – Irische Elfenmärchen [Verf. Thomas Crofton Croker]. Übers. von den Brüdern Grimm. Leipzig 1826, S. 20–25.
4. Die Brauerei von Eierschalen. – Irische Elfenmärchen [Verf. Thomas Crofton Croker]. Übers. von den Brüdern Grimm. Leipzig 1826, S. 35–39.
5. Der Wechselbalg. – Irische Elfenmärchen [Verf. Thomas Crofton Croker]. Übers. von den Brüdern Grimm. Leipzig 1826, S. 39 f.
6. Die Flasche. – Irische Elfenmärchen [Verf. Thomas Crofton Croker]. Übers. von den Brüdern Grimm. Leipzig 1826, S. 42–55.
7. Die verwandelten Elfen. – Irische Elfenmärchen [Verf. Thomas Crofton Croker]. Übers. von den Brüdern Grimm. Leipzig 1826, S. 76–82.
8. Die Banshee von Bunworth. – Irische Elfenmärchen [Verf. Thomas Crofton Croker]. Übers. von den Brüdern Grimm. Leipzig 1826, S. 117–123.
9. Feenwäsche. – Rodenberg, Julius: Ein Herbst in Wales. Land und Leute, Märchen und Lieder. Hannover 1858, S. 117.

10. Eliodorus in der jenseitigen Welt (Überschrift vom Hrsg.). – Giraldi Cambrensis Opera. Bd. 1. Ed. J. S. Brewer. London 1861, hier Itinerarium Kambriae 1, 8.
11. Die drei Feen. – Basile, Giambattista: Der Pentamerone oder: Das Märchen aller Märchen 1–2. ed. Felix Liebrecht. Breslau 1846, 3. Tag, 10. Novelle.
12. Die Kalgam-Fee. – Doerfer, Gerhard: Sibirische Märchen. 2: Tungusen und Jakuten. Düsseldorf/Köln 1983, Nr. 43.
13. Die Feenmutter. – Eberhard, Wolfram und Alide: Südchinesische Märchen. Düsseldorf/Köln 1976, Nr. 3.
14. Die Meeresfee. – Eberhard, Wolfram und Alide: Südchinesische Märchen. Düsseldorf/Köln 1976, Nr. 7.
15. Drei Brüder und eine Fee. – Eberhard, Wolfram und Alide: Südchinesische Märchen. Düsseldorf/Köln 1976, Nr. 10.
16. Die Feenkutsche. – Eschker, Wolfgang: Serbische Märchen. München 1992, Nr. 44.
17. Wie Aryo Menak eine Fee heiratete. – Kratz, Ernst Ulrich: Indonesische Märchen. Düsseldorf/Köln 1973, Nr. 21.
18. Die Schlangenfee. – Laude-Cirtautas, Ilse: Märchen der Usbeken. Köln 1984, Nr. 11.
19. Der verstoßene Prinz und die Fee. – Laude-Cirtautas, Ilse: Märchen der Usbeken. Köln 1984, Nr. 19.
20. Die Feen. – Soupault, Ré: Französische Märchen. Düsseldorf/Köln 1963, Nr. 10.
21. Die Froschfee. – Soupault, Ré: Französische Märchen. Düsseldorf/Köln 1963, Nr. 23.
22. Die drei Jünglinge und die drei Feen. – Tegethoff, Ernst:

Französische Volksmärchen. [1:] Aus älteren Quellen. Jena 1923, Nr. 22e.

23. Die Fee von Cleibe. – Wildhaber, Robert/Uffer, Leza: Schweizer Volksmärchen. Düsseldorf/Köln 1971, Nr. 29.
24. Das Feenmärchen. – Wildhaber, Robert/Uffer, Leza: Schweizer Volksmärchen. Düsseldorf/Köln 1971, Nr. 34.
25. Die Mondfee. – Wilhelm, Richard: Chinesische Märchen. Düsseldorf/Köln 1979, Nr. 19.
26. Die drei Pomeranzen. – Nach Schneller, Christian: Märchen und Sagen aus Wälschtirol. Innsbruck 1867, Nr. 18.
27. Una, das Elbenmädchen. – Naumann, Hans und Ida: Isländische Volksmärchen. Jena 1923, Nr. 10.
28. Die Elbenkönigin Hild. – Naumann, Hans und Ida: Isländische Volksmärchen. Jena 1923, Nr. 57.
29. Die Elben und Helga, die Bauerntochter. – Árnason, Jón: Isländische Volkssagen. Übers. von M. Lehmann-Filhés. Berlin 1889, S. 55–60.
30. Der Mann vom Elfenhügel. – Aitken, Hannah/Michaelis-Jena, Ruth: Schottische Volksmärchen. Düsseldorf/Köln 1982, Nr. 23.
31. Drei Geschichten von den Nithsdale-Elfen. – Aitken, Hannah/Michaelis-Jena, Ruth: Schottische Volksmärchen. Düsseldorf/Köln 1982, Nr. 27.
32. Der Elfenpfeil. – Aitken, Hannah/Michaelis-Jena, Ruth: Schottische Volksmärchen. Düsseldorf/Köln 1982, Nr. 30.
33. Die Elfenburg von Dhun Gharsain. – Aitken, Han-

nah/Michaelis-Jena, Ruth: Schottische Volksmärchen. Düsseldorf/Köln 1982, Nr. 32.
34. Thomas der Wahrhaftige und die Elfenkönigin. – Aitken, Hannah/Michaelis-Jena, Ruth: Schottische Volksmärchen. Düsseldorf/Köln 1982, Nr. 35.
35. Das Elfenfest auf dem Gump-Hügel bei St. Just. – Briggs, Katharine/Michaelis-Jena, Ruth: Englische Volksmärchen. Düsseldorf/Köln 1970, Nr. 61.
36. Die gefangenen Elfen. – Briggs, Katharine/Michaelis-Jena, Ruth: Englische Volksmärchen. Düsseldorf/Köln 1970, Nr. 57.
37. Betty Schlampstrumpf und Monster-Jan. – Briggs, Katharine/Michaelis-Jena, Ruth: Englische Volksmärchen. Düsseldorf/Köln 1970, Nr. 59.
38. Die Abenteuer der Cherry von Zennor. – Briggs, Katharine/Michaelis-Jena, Ruth: Englische Volksmärchen. Düsseldorf/Köln 1970, Nr. 60.
39. Das Elfenkind. – Briggs, Katharine/Michaelis-Jena, Ruth: Englische Volksmärchen. Düsseldorf/Köln 1970, Nr. 62
40. Die Elfen auf der Selena-Moorheide. – Briggs, Katharine/Michaelis-Jena, Ruth: Englische Volksmärchen. Düsseldorf/Köln 1970, Nr. 63.
41. Die Hand mit dem Messer. – Brüder Grimm [d. i. Jacob und Wilhelm]: Kinder- und Haus-Märchen. Berlin 1812, Nr. 8.
42. Die gute Schwester. – Schmidt, Bernhard: Griechische Märchen, Sagen und Volkslieder. Leipzig 1877, Nr. 3.
43. Der Spruch der Schicksalsfrauen (Überschrift geän-

dert). – Schmidt, Bernhard: Griechische Märchen, Sagen und Volkslieder. Leipzig 1877, Nr. 2.

44. Der Bauer und die Elfin. – Hahn, J. G. von: Griechische und Albanesische Märchen 1–2. München/Berlin 1918, Nr. 77.
45. Die Elfenmühle. – Hahn, J. G. von: Griechische und Albanesische Märchen 1–2. München/Berlin 1918, Nr. 78.
46. Die Geschenke des kleinen Volkes. – Grimm, Jacob und Wilhelm: Brüder Grimm: Kinder- und Hausmärchen 1–4. Nach der Großen Ausgabe von 1857 [...] Ed. Hans-Jörg Uther. München 1996, Nr. 182.
47. Der Mann und die Elfen. – Hahn, J. G. von: Griechische und Albanesische Märchen 1–2. München/Berlin 1918, Nr. 79.
48. Die Frau und die Elfen. – Hahn, J. G. von: Griechische und Albanesische Märchen 1–2. München/Berlin 1918, Nr. 80.
49. Die Schnitterin und die Elfen. – Hahn, J. G. von: Griechische und Albanesische Märchen 1–2. München/Berlin 1918, Nr. 81.
50. Die Elfengelobte. – Hahn, J. G. von: Griechische und Albanesische Märchen 1–2. München/Berlin 1918, Nr. 82.
51. Die Elfin als Hausfrau. – Hahn, J. G. von: Griechische und Albanesische Märchen 1–2. München/Berlin 1918, Nr. 83.
52. Das Fischerkind und die Elfen. – Hahn, J. G. von: Griechische und Albanesische Märchen 1–2. München/Berlin 1918, Nr. 84.

53. Das Dornröschen. – Bechstein, Ludwig: Märchenbuch. Nach der Ausgabe von 1857, textkritisch revidiert [...] Ed. Hans-Jörg Uther. München 1997, Nr. 52.
54. Die Schicksalsfrauen. – Eschker, Wolfgang: Mazedonische Volksmärchen. Düsseldorf/Köln 1972, Nr. 35.
55. Die weiße Katze. – Diederichs, Ulf: Französische Märchen. Bd. 1. München 1989, Nr. 29.

Alvey, R. Gerald: Elf, Elfen. In: Enzyklopädie des Märchens. Bd. 3. Berlin/New York 1981, 1328–1339.

Balys, Jonas: Sagen von den litauischen Feen. In: Die Nachbarn 1 (1948) 31–71.

Berlioz, Jacques: Le clerc et la fée. Gerbert dans le De nugis curialium de Gautier Map. In: Autour de Gerbert d'Aurillac. Ed. O. Guyotjeannin/E. Poulle. Paris 1996, 346–352.

Brednich, Rolf Wilhelm: Volkserzählungen und Volksglaube von den Schicksalsfrauen (FFC 193). Helsinki 1964. London 1967.

Briggs, Katharine: A Dictionary of Fairies, Hobgoblins, Brownies, Bogies and Other Supernatural Creatures. (London 1976) Harmondsworth 1977.

Cheng Xun: Manzu shizu shenhua ›san xiannü‹ yanjiu zhong de jige wenti (Einige Probleme bei der Erforschung der ›drei Feen‹ in der Mandschu-Ursprungsmythe). In: Xueshu yanjiu congkan 4 (1987) 54–57 und Heilongjiang minzu congkan 3 (1987) 82–85.

Dong Wanlun: Lun Manzu san xiannü shenhua de xingcheng yu jiazhi (Zur Entstehung und zum Wert der Mandschu-Mythe von den drei Feen). In: Minzu yanjiu 3 (1992) 32–39.

Ertzdorff, Xenja von: Die Fee als Ahnfrau. Zur Melusine des Thüring von Ringoltingen. In: Festschr. H. Eggers. Tübingen 1972, 428–457.

Fitzsimons, E.: Jacob and Wilhelm Grimms Irische Elfenmärchen. A Comparison of the Translation with the English Original: ›Fairy Legends and Traditions of the South of Ireland‹ by T. Crofton Croker. Diss. Chicago 1978.

Früh, Sigrid: Märchen von Hexen und weisen Frauen. Frankfurt am Main 1986.

Gallais, Pierre: La Fée à la fontaine et à l'arbre. Un archétype du conte merveilleux et du récit courtois. Amsterdam/Atlanta 1992.

Gobrecht, Barbara: Basiles Feen, italienische Katzen und Grimms ›Frau Holle‹. Italienisch-deutsche Märchenbeziehungen. In: Märchenspiegel 7, 1 (1996) 3–5.

Gier, Albert: Comment on devient Fée. La féerie chrétienne d'Esclarmonde. In: Die Welt der Feen im Mittelalter/Le monde des fées dans la culture médiévale. Greifswald 1994, 59–66.

Grätz, Manfred: Das Märchen in der deutschen Aufklärung. Vom Feenmärchen zum Volksmärchen. (Diss. Göttingen 1984) Stuttgart 1988.

Grimm, Jacob: Deutsche Mythologie. 4. Aufl. Ed. E. H. Meyer. Bd. 1–2. Gütersloh 1876/[76]; Bd. 3. Berlin 1878 (Nachdr. Frankfurt/Berlin/Wien 1981).

Harf-Lancner, Laurence: Les Fées au Moyen Âge. Paris 1984.

Heinsohn, Gunnar/Steiger, Otto: Die Vernichtung der weisen Frauen. München ^{4}1989.

Kellner, Beate: Grimms Märchen. Studien zum Mythosbegriff und seiner Anwendung in der ›Deutschen Mythologie‹. Frankfurt am Main/Bern u. a. 1994.

Kulturhistorisk leksikon for nordisk middelalder 1 sqq. Kopenhagen 1961 sqq.

Lecouteux, Claude: Fées, sorcières et loups-garous au moyen âge. Histoire du double. Paris 1992.

Lecouteux, Claude: Les nains et les elfes au moyen âge. Préface de Régis Boyer. Paris 1988.

Lundt, Bea: Fee, Drache, Nixe. Die Wandlungen der Melusinengestalt vom 12. bis 16. Jahrhundert und ihre Deutungen. In: Zeitschrift für Kultur- und Bildungswissenschaften 7 (1999) 25–40.

Lysaght, Patricia: The Banshee. The Irish Supernatural Death-Messenger. Dublin 1986.

Narváez, Peter: The Good People. New Fairylore Essays. New York/London 1991.

Pieske, Christa: Amoretten, Elfen und Zwerge. Bildmotive der Luxuspapierzeit 1860–1910. In: Man and Picture. Ed. Nils-Arvid Bringéus. Stockholm 1986, 224–236.

Pócs, Éva: Fairies and Witches at the Boundary of South-Eastern and Central Europe (FFC 243). Helsinki 1989.

Röhrich, Lutz: Märchen und Wirklichkeit. Wiesbaden [3]1974, Reg.

Sorlin, Evelin: Cris de vie, cris de mort. Les fées du destin dans les pays celtiques (FFC 248). Helsinki 1991.

Williams, Noel: Fairy. In: Enzyklopädie des Märchens. Bd. 4. Berlin/New York 1983, 793–800.

Wolfzettel, Friedrich: Fee, Feenland. In: Enzyklopädie des Märchens. Bd. 4. Berlin/New York 1983, 945–964.

Zipes, Jack (ed.): Victorian Fairy Tales. The Revolt of the Fairies and Elves. New York/London 1989.

Die schönsten Märchen aus aller Welt

Zusammengestellt und herausgegeben
von Hans-Jörg Uther

Die schönsten Weihnachtsmärchen

Die schönsten Märchen von Himmel und Hölle

Die schönsten Märchen vom Heilen

Die schönsten Märchen von Müttern und Töchtern

Die schönsten Märchen von Sonne, Mond und Sternen

Knaur

Die schönsten Märchen aus aller Welt

Zusammengestellt und herausgegeben
von Hans-Jörg Uther

Die schönsten Märchen von
Liebe und Sehnsucht

Die schönsten Märchen von
schlauen Katzen und listigen Katern

Grossmutters schönste Märchen

Die schönsten Märchen von
Elfen und Feen

Die schönsten Märchen vom
Essen und Trinken

Knaur